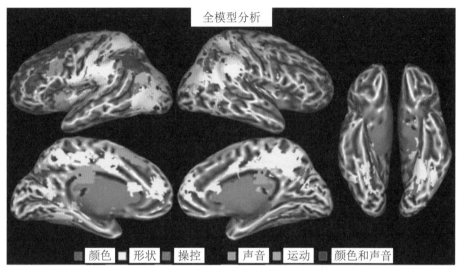

图3.5　具体概念在大脑皮层的映射

感觉和运动概念（词语）由大脑皮层的感觉运动区的神经活动的变化表征。颜色、形状、声音和运动等概念的表征，都具身地反映在相应的感知和运动皮层上（引自Fernandino et al.，2016：2023）。

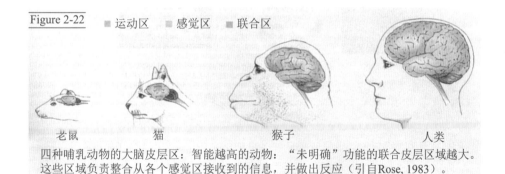

四种哺乳动物的大脑皮层区：智能越高的动物；"未明确"功能的联合皮层区域越大。这些区域负责整合从各个感觉区接收到的信息，并做出反应（引自Rose, 1983）。

图3.6　老鼠、猫、猴子和人四种哺乳动物的大脑皮层的比较

（Myers，1995：63）

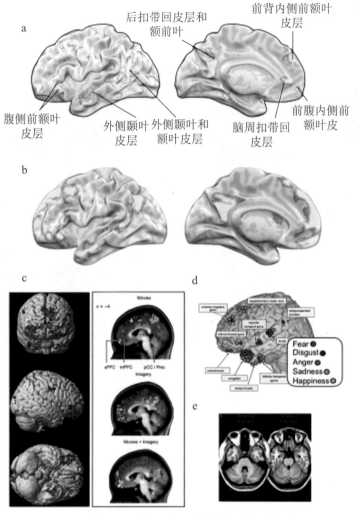

图7.7 参与加工语义和离散的情绪概念相关的脑区

（a）中的这些脑区是通过语义加工任务进行神经影像元分析发现的可靠的功能激活脑区（Binder et al., 2009）。

（b）是在社会加工中，参与概念抽象化的脑区（Spunt & Adolphs, 2014）。情绪词以及情绪词所指称的情绪都是对社会范畴中特定范畴（如恐惧）的抽象，它们可以指称不同情境下的多种特征（Barrett, 2006; Satpute & Lindquist, 2019）。注意，参与语义加工的脑区与参与情绪加工的脑区存在广泛的重叠。

（c）两个MVPA研究表明，离散情绪经验分类的像素信息包括前内侧前额叶皮层、腹外侧前额叶皮层和颞极（左边，Kassam et al., 2013）和前内侧前额叶皮层（右边，Saarimäki et al., 2016）。

（d）对与语义加工相关的脑区，如对颞极/颞叶皮层和腹外侧前额叶皮层进行颅内刺激，同样可以诱导出离散的情绪体验（Guillory & Bujarski, 2014）。

（e）在体素级症状病变映射研究中发现，颞极与语言加工和离散情绪的感知相关（Campanella et al., 2014）（引自Satpute & Lindquist, 2021: 208）。

本书是国家社科基金一般项目"英、汉原型情绪的概念化研究"
（项目编号17BYY041）的结项成果

读懂情绪
倾听身体的声音

周频 著

清華大學出版社
北 京

图书在版编目（CIP）数据

读懂情绪：倾听身体的声音 / 周频著 . -- 北京：
清华大学出版社 , 2025. 1. -- ISBN 978-7-302-67763-5

Ⅰ . B842.6

中国国家版本馆 CIP 数据核字第 20252CB015 号

责任编辑：张立红
封面设计：卓　雅
版式设计：方加青
责任校对：卢　嫣
责任印制：丛怀宇

出版发行：清华大学出版社

网　　　址：https://www.tup.com.cn，https://www.wqxuetang.com

地　　　址：北京清华大学学研大厦 A 座　　　　邮　　编：100084

社 总 机：010-83470000　　　　　　　　　　邮　　购：010-62786544

投稿与读者服务：010-62776969，c-service@tup.tsinghua.edu.cn

质 量 反 馈：010-62772015，zhiliang@tup.tsinghua.edu.cn

印 装 者：天津鑫丰华印务有限公司

经　　销：全国新华书店

开　　本：170mm×240mm　　　印　　张：17.25　　　字　　数：286 千字

版　　次：2025 年 2 月第 1 版　　　印　　次：2025 年 2 月第 1 次印刷

定　　价：79.00 元

产品编号：101692-01

致　谢

谨以此书献给我的母亲唐素珍女士！我所有的努力成果都渴望与您分享。

盼在天堂的您继续烛照我前行，如同您生前那样。永远怀念您！

汉语抒发的情感是具身的——用身体，用肺腑、肝肠、心血等去体验、感受和聆听，而英语的情绪是心智或灵魂认知、考问、剖析的结果。窥一斑而知全豹，中国人的思维是身心合一的，而西方人是身心二元的；中国人"尚和合"，西方人"重对立"。

——周频

夜 雨

白居易

我有所念人，隔在远远乡。

我有所感事，结在深深肠。

乡远去不得，无日不瞻望。

肠深解不得，无夕不思量。

况此残灯夜，独宿在空堂。

秋天殊未晓，风雨正苍苍。

不学头陀法，前心安可忘。

How do I love thee?

Elizabeth Barrett Browning

How do I love thee? Let me count the ways.
I love thee to the depth and breadth and height
My soul can reach, when feeling out of sight
For the ends of being and ideal grace.
I love thee to the level of every day's
Most quiet need, by sun and candle-light.
I love thee freely, as men strive for right.
I love thee purely, as they turn from praise.
I love thee with the passion put to use
In my old griefs, and with my childhood's faith.
I love thee with a love I seemed to lose
With my lost saints. I love thee with the breath,
Smiles, tears, of all my life; and, if God choose,
I shall but love thee better after death.

我是如何爱你？

伊丽莎白·芭蕾特·勃朗宁（方平 译）

我是如何爱你？说不尽万语千言。
我爱你之深邃，之宽广，之高远
尽我的灵魂所能及之处——犹如探求
玄冥中神的存在和美好之极。
我爱你如每日之必需，
阳光下和烛焰前都少不了。
我自由地爱着你，像人们争取他们的权利；
我纯洁地爱着你，如人们在赞美前会垂首。
我爱你，带着我昔日悲伤时的
那种激情，童年时的那种诚意；
我爱你，抵得上往日对圣者怀有的
如今似已消逝的那种爱——我用呼吸，
用微笑，用眼泪，用我整个生命来爱你！
——假使上帝愿意，我死后将更加爱你！

目录

中篇　情绪是语言塑造的结果

下篇　学会做自己情绪的主人

图目录

读
懂
情
绪
：
倾
听
身
体
的
声
音

第一章

导　言

　　当今社会，人们的生活节奏加快、竞争压力增大，心理健康和情绪问题也日益凸显。根据 2023 年 10 月 10 日发布的《2023 年度中国精神心理健康》蓝皮书的统计，我国超过 30% 的人口存在不同程度的心理健康问题，其中青少年的心理压力和焦虑水平更是居高不下。担心自己的孩子"输在起跑线上"，家长和孩子都被裹挟进了教育"内卷"的洪流之中，身心俱疲。年轻人要得到一份收入体面且稳定的工作，需要斩关过将，通过层层筛选，才能赢得百里挑一的机会；而进入职场后，还得面临"高压"的业绩考核；加上大城市高昂的生活成本，更让他们疲于奔命，精疲力竭。似乎物质生活水平的提高不仅没有让人们获得更多的幸福感，反而使心灵倍感煎熬、压抑、焦虑和无意义。

　　许多人为了摆脱负面情绪的困扰，试图压抑或逃避它们，但这些办法似乎不大奏效，因为消极情绪既无法被压抑，也无法被消灭。如何才能让自己"天天都有好心情"？希望您读了此书后，能了解什么是情绪，了解情绪与身体、大脑、语言、文化等是什么关系，并领悟与情绪和谐相处的方法以及调节和掌控情绪的方法。

　　这本书是在我上持的国家社科基金一般项目"英、汉原型情绪的概念化研究"的结项报告基础上改编而成。我希望它既有坚实的学术根基，又不失通俗读物的亲和力。虽然我既不是精神科医生，也不是心理咨询师，但作为一名大学的语言学教授，在承担这项科研任务过程中，我不仅学习了前沿的情感神经科学和内感受神经科学关于情绪的科学理论，而且从语言学的视角，获得了关于跨语际和跨文化的情绪认知比较研究的新发现，还建构了情绪概念化的新的理论模型。这本书的思想是我们历时 5 年的学习、思考和探索的结晶，希望读者们能从中获得新知和启迪。

近二十多年来，认知科学和神经科学的飞速发展推动了语言学向认知和神经层面的纵深探索。越来越多的语言学家、心理学家和神经科学家开展跨学科合作，共同探索语言的奥秘。虽然我自报家门为"语言学"教授，但作为一名探索型的研究者，无须画地为牢，故步自封，而应像行走在旷野里的探险者那样，走在"少有人走过的路"上。加之我对科学哲学、认知神经科学、情感神经科学、内感受神经科学、具身认知科学等颇感兴趣，这使得我的研究很大程度上是努力将语言学与这些学科的知识融合，去探索一些具有哲学意味的"大问题"，比如心智究竟与哪些因素有关？我们所感知的现象世界背后是否还有一个更加真实的"实在"？这个世界是可知的吗？怎样才能确保我们提出的关于世界的知识是正确的、可靠的？

当然，单纯像哲学家那样坐在扶手椅上，靠概念的组合、推理、思辨和思想实验等提出关于世界的宏论，恐怕已不能满足现代人的好奇心了。况且，很多哲学家已主动去拥抱认知科学和神经科学，让自己的哲学思考更接科学的地气，更令人信服。

1.1　邂逅内感受神经科学

我是怎样误打误撞走进了认知神经科学和情感神经科学的领域，乃至踏进了具身认知科学和内感受神经科学的殿堂的呢？从我 2006—2009 年在复旦大学读博士起，我就开始关注语言与心智、实在的关系问题。我的博士论文题目是《再论语言、心智和实在三者的关系——基于对三大语言理论的科学实在观的批评和认识论基础的反思》。毕业后，我申请进入了上海外国语大学的博士后流动站，跟随认知语言学家和外语教育专家束定芳教授做了两年研究。我研究的题目是《对莱考夫和约翰逊认知语言学理论的认识论及方法论基础的反思与批判》。该选题获批了第 47 批中国博士后科研基金项目资助。那时的我，可谓中年气盛，"初生牛犊不怕虎"，写了一系列挑战权威的批判性论文。幸运的是，这些文章还都被一些哲学和外语类的权威及核心期刊录用发表，比如《自然辩证法通讯》《科学技术哲学研究》《外国语》《中国外语》《外语学刊》等。其中有两篇还被《中国社会科学文摘》和《高等学校文科学术文摘》全文转载。这给了我极大的信心和勇气。

尽管我想从学理或方法论上找出一些语言学理论的哲学假定中存在的漏洞，但随着研究的深入，我越来越意识到仅在哲学层面做文章，只能提出疑问，却无法解决问题。换句话说，我只能说"它不是这般"，却无法回答"它究竟是哪般"。在读一些哲学文献时，我发现，学者们频频引用苏联的神经心理学家、神经语言学家卢利亚（Александр Романович Лурия），还有美国的认知神经科学家和哲学家安东尼奥·达马西奥（Antonio Damasio）的文章和著作。于是，我从阅读他们的书起步。还有一些美国出版的神经科学的入门教材，它们都编写得图文并茂、深入浅出、引人入胜，让我读得如饥似渴、如痴如醉。我决心要啃啃神经科学这块"硬骨头"。毕竟，做科研，有创新才有前途。早一天学习，早一天获益。时不我待，说学就学！

　　然而，认知神经科学的发展可以说是日新月异，面对这一片知识的汪洋大海，该如何找准自己的定位或研究方向呢？正当我迷茫之际，恰好在 2014 年我获得了由上海市教委公派出国访学的机会。我就斗胆给南加州大学的安东尼奥·达马西奥教授（想想他是美国医学科学院院士、美国艺术与科学院院士、欧洲艺术与科学院院士，我都有点佩服自己的"无知者无畏"了！）发了份邮件毛遂自荐，介绍了自己的研究兴趣和发表过的论文。让我欣喜的是，他很爽快地答应了我的访学请求。于是，在 2014 年 8 月，我怀着激动、兴奋，甚至有点朝圣的心情进入由达马西奥夫妇一手创办和领导的南加州大学的脑与创造力研究所（Brain and Creativity Institute，BCI）。他俩都是现代情感神经科学界的开创者之一。安东尼奥的妻子汉娜·达马西奥（Hanna Damasio）教授一直是他事业上的得力帮手和并肩战斗的伙伴。倘若您读过安东尼奥的书，就会发现他的每一本著作的扉页上，都写着"To Hanna"或"For Hanna"向他的妻子致敬（记得安东尼奥说过，每写完一本书，他想署上他俩的名字，但汉娜都会谢绝他的美意）。

　　他们在 BCI 为我准备好了工位，我十分珍惜这个机会，几乎每天都去 BCI 学习，读书，听讲座，参与达马西奥分配给我的导师丽莎·阿齐兹-扎德（Lisa Aziz-Zadeh）教授的组会。丽莎主要的研究方向是认知神经科学和具身语义学。我后来得知，在 2007 年 1 月的《发现》（Discovery）杂志上，她的研究被评选为 2006 年的 6 个最顶尖的关于心智和脑科学故事之一。此外，我也非常享受 BCI 那幢别致小楼里散发出的学术与艺术完美结合的氛围。因此，我感觉自己何其幸运！

　　达马西奥夫妇不仅是享誉世界的神经科学家，也是艺术发烧友，汉娜还是一名雕塑家。他们结交了许多著名的艺术家。可惜我记不住他们的名字，只知道大提琴演奏大师马友友是他俩的挚友，并兼任 BCI 的顾问。走进 BCI 的办公楼，走廊两边的墙上挂着许多他们收藏的现代派绘画作品，拐角处还摆放着抽象的雕塑作品。一楼还有一个音效超级棒的小型音乐厅，它的旁边是脑电和核磁共振实验室，以便扫描音乐家们的大脑，研究他们的创造力。他们常会邀请世界顶尖的音乐家来演奏，我也有幸享受了许多免费的音乐会。

接着，我开始真正接触到当时最前沿的认知神经科学和具身认知科学。其实，在去 BCI 之前，我囫囵吞枣地读了达马西奥已出版的四部著作《笛卡尔的错误：情绪、推理和大脑》《寻找斯宾诺莎：喜悦、悲伤和感受着的脑》《感受发生的一切：在意识产生中的身体与情绪》《当自我来敲门：构建意识大脑》。但对我这个新手来说，实在无法求其甚解。但几年后，我读到他 2018 年出版的《万物古怪的秩序：生命、感受与文化形成》和 2020 年出版的《感觉与认知：使思想有意识》时，无论是他的思想观点还是他的文笔，都让我读得陶醉、流畅、丝滑。可见，持续的努力会见证你的成长，"一万小时定律"果然不谬。

有时我会想，达马西奥为何会同意我的访学申请（到了美国才得知，有不少大学的访学者费了九牛二虎之力才找到愿意接收他们的导师，有些甚至不得不给他们所访学的学院支付上千美金的"板凳费"，即 bench fee）。尽管我没有当面问过他，但我猜，或许他从我的毛遂自荐信中看到了我的研究兴趣与他的"问题意识"有那么一点契合吧。他关心的绝不是琐碎的"小问题"，而始终是追问人类的意识、理智、情感、身体和大脑的关系，乃至是什么推动着文化和文明等的发生和发展等最根本性的"大格局问题"。而我对语言现象的"小问题"也始终感觉索然无味，而是希望把语言学与哲学、神经科学、认知科学结合起来，探究心智的奥秘。

沐浴在洛杉矶明媚阳光下，吹拂着清新的太平洋海风，我慢慢意识到，达马西奥之所以在世界"神"坛——认知神经科学、情感神经科学、哲学和心理学界等拥有领导者的地位，根本原因在于他石破天惊地提出了"躯体标记假说"（somatic marker hypothesis）。这一假说挑战了，甚至可以说颠覆了西方两千多年二元论的思想传统——把身体和心灵、理智与情感、主体与客体等看成是彼此分离和对立的实体。他以科学的理论和有力的证据证明柏拉图和笛卡尔都错了！身体和情感不仅不是人类理性或认知的障碍，反而还是它们的导航系统。

理性离不开情感和身体，人类的心智既是具身的，也受情感的引导。

我逐渐聚焦自己的研究方向，这其实是一个"知己知彼"的过程。即一方面我需要了解别人已经做过什么，另一方面还得权衡自己的优势和短板，找到自己还能做什么，也就是要学会"扬长避短"。我想，我可以把具身认知科学与英汉的情感认知比较结合起来。幸运的是，这种尝试让我在 2015 年获批了上海市哲学社会科学一般项目（"英汉躯体化情感隐喻的认知机制比较研究——以恐惧情感为例"），2017 年又得到了国家社科基金一般项目（"英、汉原型情绪的概念化研究"）的经费资助。

该如何比较英语和汉语对情绪的认知呢？我不喜欢走别人的老路，不甘心囿于认知语言学的那些根基不太牢靠的理论框架，如概念隐喻、转喻、意向图式等。因为在认知语言学理论框架内研究情绪概念的扛把子的大咖佐尔坦·考威塞斯（Zoltán Kövecses）本人都承认认知语言学理论不是科学理论，而是**"基于语言的民间理论"**（language-based folk theory）。所以，我得弄清楚，当今心理学和神经科学界究竟是怎样研究情绪的。

幸运之神再次降临。2019 年我再次获得出国访学的机会。找谁做我的导师呢？再去达马西奥那里，他们一定是欢迎的。丽萨也给我发来了邀请函。但我更想换一所大学，甚至去一个不同的国家，体验全新的工作和生活环境。一天下午，在阅读文献时，我偶然读到了后来成为我的良师益友的雨果·奎奇立（Hugo Critchley）教授团队的文章，我看到他在英国，就斗胆给他发了邮件，表达想去他的实验室访学的心愿。我猜可能是因为我曾经在达马西奥那里学习过一年，我不久就收到了他发来的邀请函。去后才得知，奎奇立教授是英国萨塞克斯大学的布莱顿-萨塞克斯医学院神经科学系的系主任，也是情感神经科学界和内感受神经科学界的重量级人物，以及心理学与神经科学界的高被引学者。不过，刚开始读他的论文时，我同样只能囫囵吞枣，消化不良。但我喜欢迎接挑战和学习新鲜事物带来的兴奋和刺激。

2019 年 9 月我去了英国最南部的美丽的海滨城市布莱顿，开启了在雨果领导的萨塞克斯大学特拉福德医学研究中心（Trafford Centre for Medical Research）为期一年的学习。没想到雨果对我的到访极为重视，专门把我安排在与萨拉·加芬克尔（Sarah Garfinkel）教授和杰西卡·埃克尔斯（Jessica Eccles）高级讲师同一间办公室。这倒让我有机会近距离了解这两位优秀的"80 后"女科学家的日常工作状态。尽管在后半年里，因新冠疫情在全球爆发，我们不得不居家办公，但这次的访学让我亲历了什么叫作科学发展的日新月异，什么才是卓越的英国科学家们只争朝夕的工作态度和高强度工作状态。因为他们需要不断追求卓越，才能争取到更多的科研经费，也才能吸引更优秀的博士和博士后来他们的实验室工作，进而取得更多优秀的科研成果，如此良性循环。简言之，科学家需要不断地努力才能保证实验室的正常运转和发展壮大。

让我没想到的是，离开 BCI 后短短 5 年的时间，神经科学和具身认知科学对情感和认知的研究已经深入了内感受领域，出现了一个新兴的研究领域——内感受神经科学。我到研究中心报到的第三天，雨果、萨拉和永井洋子（Yoko Nagai，她是雨果的夫人，也是一位杰出的神经科学家、高级讲师）就请我们刚加入的几位博士、博后和访问学者谈谈自己有什么计划，需要他们提供什么帮助。我就把手头一篇论文的思路向他们汇报了。我当时很忐忑，不知从他们的角度看，我的观点是否成立。没想到等我汇报完后，雨果来到我们办公室告诉我，他认为我的研究非常有趣，并凭直觉预感我的观点应该是成立的。因为很多西方神经科学理论用在西方被试身上，得到的数据是成立的，但换到非西方文化的被试身上就不行了。他认为有必要做一些跨文化的比较研究。我想这正是我们可以开展合作的切入点。

雨果的性格内敛、害羞寡言，却是我见过的心底最纯净和善良的人。与他还有萨拉的合作实现了我学术生涯的一次重要飞跃。萨拉·加芬克尔教授在 2018 年被国际顶级的期刊《自然》（*Nature*）评为全球 11 位"冉冉升起的新星"（Rising Star）科学家之一。她还不到 40 岁就评上了正教授，是临床和情感神经科学及内感受神经科学界的全球领导者之一。2020 年 9 月之后，她离开了萨塞克斯大学，现就职于伦敦大学学院的认知神经科学研究所，但还兼任萨塞克斯大学的荣誉教授。我们三人，还加上我指导的研究生高雅，合作在国际顶级期刊《神经学与生物行为评论》（*Neuroscience and Biobehavioral Reviews*）2021年第 6 期上发表了论文《情绪的跨文化概念化：基于内感受神经科学的模型》（*The conceptualization of emotions across cultures：a model based on interoceptive neuroscience*）。2022 年，我受《脑科学》（*Brain Science*）期刊编辑的邀请，与雨果、永井洋子，还有我指导的研究生王超合作，在该 SCI 期刊上发表了论文《英汉具身情绪的概念化差异》（*Divergent Conceptualization of Embodied*

Emotions in the English and Chinese Languages）。文章发表后，我们收到多所世界顶尖大学和知名的心理学家、精神病学家、神经科学家等发来的邮件，包括加州大学洛杉矶分校和旧金山分校、纽约大学、北卡罗莱纳州立大学等，对我们的工作表示赞许。目前已有五十多篇 SCI 检索的论文引用了我们的研究。因此，我对自己的研究方向更加笃定了，即探索情感认知的跨语际和跨文明机制，及其对人们的认知和行为，乃至文化和文明的影响。

1.2 "震碎三观"

认知科学和神经科学在理论和技术上的进步或革命刷新甚至震碎了传统的"三观"，即心智观、情绪观，以及感觉观。

首先，具身认知科学（embodied cognitive science）的兴起彻底改变了传统的心智观。过去，人们普遍认为心智对信息的加工过程就像计算机处理信息那样，是通过抽象符号进行运算，并且是纯理性的，与身体的感觉和运动通道完全无关。而具身认知科学研究表明，身体的解剖结构、活动方式、感觉和运动体验决定了我们怎样认识和看待世界，即心智是具身的。哪怕是对极为抽象的数学和科学概念的理解和加工，心智都不可避免地要以隐喻、转喻、意向图式等具身的认知结构，去组织或结构化我们的经验（Lakoff & Johnson，1980，1999；Beilock，2015；Gibbs，2006）。

其次，情感神经科学和内感受神经科学的兴起和发展彻底改变了传统的情绪观，特别是使传统的大脑、情绪、身体关系的观念发生了反转。一方面，过去认为大脑是身体的"统帅"或"主人"，身体是听从大脑指挥和调遣的"仆人"。现在发现，身体才是主人，大脑是帮助身体维持内稳态①的"仆人"

---

① "内稳态"的英文是"homeostasis"。这个词来源于希腊文，表示"相同"（same）和"稳定"（steady）的意思。指有机体或单个细胞能保持稳定的内部秩序，即使在环境发生变化，甚至威胁生存状态时，也能保持内部环境的稳定的能力。这个术语后来由美国的内科医生沃尔特·坎农（Walter Cannon）于 1932 年在他的一本名为《身的智慧》（*The Wisdom of the Body*）书中使用，并被大众接受。现代医学用以指身体保持体温以及血液中的水、盐、蛋白质、脂肪、钙和氧含量保持在可接受的范围内。即如果超出了适当的范围，比如体温过高或过低、血糖过高或过低等都会给身体造成伤害，甚至危及生命（Mlodinow，2022）。通俗点说，就像大家去医院拿到的体检报告一样，报告上写着身体正常指标应在某个范围内。如果你发现报告里有向上或向下的箭头，就说明身体指标高于或低于正常范围，即你的身体出现了异常。

（Damasio，2018，2021；Sterling，2020；Clark，2016；Petzschner et al.，2021）。另一方面，情绪不是西方传统哲学和心理学所认为的是理性决策和认知的障碍，而是引导注意力的高效分配，提升认知和理性决策效能的"导航系统"。

最后，内感受神经科学的兴起与发展也改变了我们传统的感觉观。过去，人们通常认为人类的感觉系统主要包括视、听、嗅、触、味这5种感觉。但现代神经科学发现，人体其实有8种感觉系统，即除了上述5种外，还有本体感受（负责肌肉和骨骼的感觉系统）、前庭感受（负责身体平衡的感觉系统）和内感受系统（Koscinski，2018；Mahler，2017）。内感受系统对情感和认知的重要性是近年才被科学家们发现的，并迅速成为了具身认知科学和情感科学研究的热点，学界还出现了新兴的研究领域——内感受神经科学。

不仅大脑与身体的地位发生了"从将军到奴隶""从奴隶到将军"的翻转，科学家们还提出，大脑的工作方式也不是传统所认为的"刺激反应式"的，而应是"预测推理式"的。因为人类身处变化无常的环境中，需要不断与外部世界进行物质和能量的交换才能维持其生存和繁衍，而大脑需要时刻监控和调节身体的状态，以防身体内稳态被破坏。从微观层面看，每个细胞要感受其内部状态和外部条件，并做出相应的反应，这个反应是有机体经过漫长演化形成的固定程序。从宏观层面看，由无数细胞组成的有机体同样需要感受其体内的状态，感知外部的环境，并做出相应的反应（Mlodinow，2022）。因此，作为身体"仆人"的大脑，如果是被动的刺激 - 反应系统就太迟钝、低效了，难以适应生存竞争的压力，它应该是主动的预测推理或建模的系统（Seth，2013；Seth & Friston，2016；Friston，2010；Corcoran & Hohwy，2018 等）。即大脑不是**被动**接收感官输入的刺激后做出反应，而是**主动**根据过去的经验、知识或信念（prior beliefs）进行提前预测（prediction）、预期（expectancy）或假设（hypothesis），以便预算（budget）在未来的类似情境下，身体需要多少水分、盐、葡萄糖和其他各种生物资源（图1.1），这是一个自上而下的过程，大脑的这种预算过程被称为应变稳态（allostasis）（Barrett，2017；Clark，2016；Parr，Pezzulo & Friston，2022）。

氧　二氧化碳

盐　胆固醇

水　脂肪

葡萄糖　阿片样物质

胰岛素　多巴胺

大麻素　血清素

致炎因子

图1.1　大脑是为维持身体的内稳态服务的"仆人"，时刻帮身体进行能量预算

为了保持身体内稳态的平衡，维持机体的正常功能和生存，大脑时刻为身体做预算，以便提前准备身体需要的水分、盐、葡萄糖以及其他各种生物资源。科学家把这种预算加工称为应变稳态（引自Barrett，2020：7）。

有机体演化出了感受七情六欲、喜怒哀乐等情感的能力后，能做出对自己或群体有利的事情，而规避对其有害的事情，进而提升其生存和繁衍后代的概率。因为情感能帮助大脑突显那些对有机体更重要的信息，过滤掉无关紧要的信息。倘若没有情感的引导，大脑会遭到来自身体的源源不断的信号流的"轰炸"而不知所措。

而情感神经科学的发展也改变了传统的情绪观。传统情感心理学把情绪看作是大脑中的"情感脑"专司的功能。美国国家精神卫生研究院"脑进化与行为实验室"主任保罗·麦克林（Paul D. MacLean）在1960年提出了"三脑理论"（Triune Brain Theory），也称"脑的三位一体理论"。他根据不同动物的大脑结构和功能，提出人类颅腔内的大脑并非只有一个，而是有三个。这三个脑作为人类进化不同阶段的产物，按照出现顺序，依次覆盖在已有的脑层之上，每个脑通过神经与其他两个相连，但各自作为独立的系统分别运行，各司其职。最深一层被称为爬行动物脑，是从爬行动物继承而来的，位于脑干和小脑，主要控制心跳、呼吸、血压和新陈代谢等本能行为；中间层称为边缘系统或古哺乳动物脑，是从远古哺乳动物遗传而来，主要包括海马体、海马旁回及内嗅区、齿状回、扣带回、乳头体以及杏仁核等区域，负责管理人的情绪；最外层被称为新哺乳动物脑，位于新大脑皮层，主要负责理性认知，能调节情绪和直觉。现在科学家们发现，情感并不是来自大脑的边缘系统，也不是纯精神的现象或心理的感受，而是归根结底来自于身体的内感受系统在大脑特定区，如脑岛和扣带回皮层的表征（Craig，2015；Cameron，2001；Barrett，2017）。

　　大脑是怎样通过预测推理，维持身体内稳态的呢？大脑每时每刻会根据过去的经验或知识——它们构成大脑的"生成模型"①（generative model）——主动推理和预测身体的需要。不过，预测未必每次都是精准的。大脑的预测需要与身体实际输入的信号（包括外感受、本体感受和内感受等信号）进行比较。当预测与传入信号相符，则按照惯例行事。当从内脏器官和组织传入大脑的内感受信号，以及从身体外部的感官输入大脑的外感受信号与大脑的预测或预期不符时，就产生了预测误差（prediction error）或"惊异"（surprise 或 surprisal）。这时，大脑可以通过自主神经系统调控身体，尽量减少这种误差或消除惊异，使身体恢复到稳定或平静的状态，即努力维持身体的内稳态，因为机体的内环境指标只有在一定的范围内才能维持正常的生理机能。比如体温、血压、心率、血糖、各种微量元素的浓度等都只能保持在适当的范围内，超过或低于正常范围，都会导致生理疾病。这些信号都是身体的内感受系统不断向大脑输送的身体内部的感觉信息，从而维持机体的动态平衡。因此，"应变稳态是实现内稳态目的的手段"（Corcoran & Hohwy，2018：275）。

　　我曾访学过的英国萨塞克斯大学的认知和计算神经科学教授及意识科学中心（该中心是萨赛克斯大学 12 个卓越研究中心之一）的主任阿尼尔·塞斯（Anil Seth，与我的导师奎奇立教授是该中心的联合主任）与同事们指出，"人要想成功感知、认知和运动，就需要成功地压制（suppress）[或通过解释消除（explain away）] 预测误差。对于内感受而言，预测编码（predictive coding）意

① 所谓"生成模型"，在概率统计理论中是指能够随机生成观测数据的模型，尤其是在给定某些隐含参数的条件下。它给观测值和标注数据序列指定一个联合概率分布。而在机器学习中，生成模型可以用来直接对数据进行建模（例如根据某个变量的概率密度函数，进行数据采样），也可以用来建立变量间的条件概率分布。条件概率分布可以由生成模型根据贝叶斯定理形成。因此，生成模型往往是根据既往的经验或知识，按照贝叶斯定理，预测未来某种结果发生的概率。

读懂情绪：倾听身体的声音

味着主观感受取决于大脑对身体内感受状态的预测。这其实是对詹姆斯-兰格（James-Lange）和沙赫特-辛格（Schachter-Singer）情绪理论的拓展"（Seth，2012：1）。内感受系统的预测编码模型如图1.2所示。

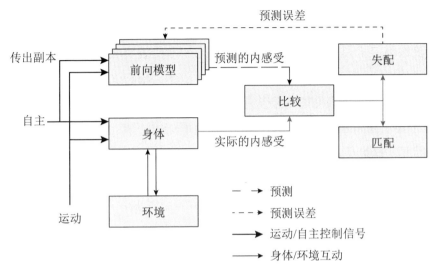

图1.2 内感受系统的预测编码模型

运动控制（motor）和自主控制（autonomic）信号通过肌肉骨骼系统与环境互动，从而直接或间接地唤起内感受反应（实际的内感受信号）。这些内感受反应与预测的反应（内感受预测）进行比较。内感受预测由层级结构的前向/生成模型产生，该模型接收来自运动和自主输出复制的信号。前脑岛皮层（anterior insular cortex，AIC）将预测的内感受信号与实际的内感受信号进行比较，如果实际传入的内感受信号与预测的信号相符，则产生平静的情感。反之，如果实际传入的内感受信号与预测的不符，即出现了预测误差，大脑就会修改和完善前向模型。因此，主观感受状态与预测的内感受信号[intero（pred）]密切相关（Seth et al.，2012：8）。

不过，大脑在这中间还需要用些手段才能达到让情绪帮它调控身体内稳态的目的，这些手段就是身体内的调节性神经递质，如多巴胺、5-羟色胺（即血清素）、乙酰胆碱和去甲肾上腺素等，它们会根据预测结果的对错给予奖惩。具体来说，当传入大脑的神经和化学信号与预估或假设的情况相符时，神经系统会释放多巴胺，让我们感受到积极的情绪，产生愉悦的心情（想象一下，考研成绩公布，与你预估的分数基本相当，甚或高于你的预期。这时，体内的多巴胺分泌激增，让你感到心满意足、心花怒放）。相反，神经系统释放乙酰胆碱，会让我们产生负面的情绪，如焦虑、抑郁、恐惧、悲伤、愤怒等（例如，研究生入学考试公布的成绩低于你预估的分数。这时，你体内会分泌大量乙酰胆碱，让你感到焦虑、情绪低落）。正因为大脑有了情绪调控机制，我们才能意识到身体的状态，也才能采取适当的行动去改变或矫正不好的状态，维持身心的和谐与稳定（Sterling，2020；Clark，2016；Frith，2007）。也就是说，当大自然给机体配备了情感这个特殊的"晴雨表"后，大脑就能更高效地调控身体的内稳态，努力让身体的内环境保持在适当的范围内（Damasio，2018；Barrett，2017；Craig，2015；Cameron，2001）。大脑纠正预测误差的途径包括：（1）通过调整大脑内的相关神经通路修改预测；（2）调整身体的位置/方位，以便输入的感觉信号与预测的情况保持一致；（3）改变大脑接收输入刺激的方式。内感受理论认为，内感受预测误差是导致许多生理和心理功能失调的根本原因（Barrett & Simmons，2015）。

因此，情绪是认知的"导航系统"（GPS）。正面的情绪引导我们趋向选择某项决策和行为，而负面情绪提醒我们要规避某些行为。情绪能引导心智的注意方向，缩小问题空间，提高大脑调控身体内稳态的效率（Damasio，1994）。关于身体、情绪、大脑之间的关系见图1.3。

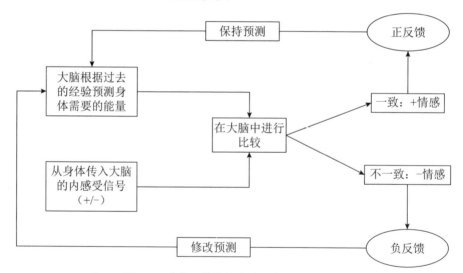

图 1.3　身体、情绪与大脑三者关系示意图

　　从身体内部传入大脑的内感受信号与大脑根据过去的经验做出的预测进行比较。如果预测与传入的内感受信号相符，则在大脑中表征为正向情绪，产生正反馈，提示大脑保持原有的预测。相反，如果大脑的预测与从身体传入的神经和化学信号不一致，则表征为负向情感，为大脑提供负反馈，从而提示大脑要修改过去的预测。

科学家们也用热力学的"熵"和"自由能"的概念来解释大脑的预测工作机制（Clark，2019）。当大脑对机体需要的能量预算与实际需求相当或误差较小，说明人体的自由能较小，熵也较小。反之，预测误差较大，产生了较大的

"惊异"，机体就需要进行动态调节，以最小化自由能。在热力学中，自由能是指对可用于从事有效工作的能量的度量。此概念后来被引入认知/信息加工领域，指人脑对世界的表征或建模方式与其真实状态之间的差异（对世界的建模或表征并不是指该模型与世界是被动拟合的或是世界的镜像反映）。每个人对世界的认知都会受到其先天遗传和后天经验的影响。因此，每个人关于世界的认知模型或多或少存在差异。如何判断一个人关于世界的认知模型或表征是否理想或有效呢？关键要看这个人与世界的交互过程中，他的知觉与行动之间的循环互动能否保障他更好地生存和发展。也就是说，认知模型的预测误差或"惊异"越小，自由能水平越低，说明我们关于世界的认知模型越成功。

内感受神经科学的发展也改变了传统的感觉观，"内感受"被置于了优先重要的地位。所谓"内感受"是指身体内部器官或组织的神经或化学信号传入大脑产生的感觉。这些信号每时每刻都在向大脑传递关于体内状态的信息。加州大学洛杉矶分校焦虑研究中心主任萨希卜·卡尔萨（Sahib S. Khalsa）教授领导的研究团队指出，内感受信号是反射（如当你饥饿难耐时，飘来一阵阵烤披萨的香味，你口腔里不自觉会分泌更多的唾液）、身体需要（如吃喝拉撒睡等）、感受（比如冷热酸甜等）、动机（是渴望成功，迎接挑战，还是希望安分守己，过安稳的小日子）、适应性反应（如炎炎夏日之所以会把我们裸露的皮肤晒黑，是因为身体为了保护皮肤不被紫外线灼伤，而生成大量黑色素来吸收紫外线）和认知以及情感体验等的基本构成要素，用于维持机体的内稳态功能，即维持身体内环境稳定的自我调节过程（Khalsa et al.，2018）。比如调节和保持体温（既不能过高，如高烧，也不能过低，如泰坦尼克号撞上冰山后，很多人不是被淹死，而是因泡在海水里时间过长，体温过低而丧生）、代谢率（既不能太高，如甲亢，也不能过低，如甲减）、血糖水平（既不能太高，如糖尿病，也不能太低，如低血糖）、血压（既不能太高，如高血压，也不能太低，如低血压）、心率和呼吸速率等在正常范围内。否则身体的内环境一旦失衡，不仅会让我们罹患疾病，严重时还会危及生命。我们身体的内脏器官和组织上分布着各种各样的感受器，包括伤害感受器、温度感受器、渗透压感受器和代谢感受器等，它们每时每刻都在向大脑输送神经或化学信号，并被大脑表征为疼痛感、温度感、饱腹感、瘙痒感、饥饿感、口渴感、肌肉疼酸感、关节疼痛感、皮肤接触感、脸红感、排便感、恶心感等（Craig，2015），这些都属于内感受。

尽管身体上配备了各种各样的感受器或传感器，包括外感受、本体感受和内感受等，但与其他的感觉信号相比，内感受信号拥有更加优先突出的地位。也就是说，当各种感觉信号涌入大脑后，大脑会把注意力优先分配给内感受信号。因为它们会被大脑表征为情感或动机的信息，使得我们感受到的外感受和本体感受等信号等都会被赋予特定的情感价值或效价（如积极的、消极的或中性的情感），然后大脑根据这些不同效价的情感，触发我们的行为和动机。比如，我们看到鲜花盛开时，会感觉心情愉悦（积极的情绪），而忧郁的林黛玉却会黯然神伤。因为盛开的鲜花会令她想到"花谢花飞花满天，红消香断有谁怜？"，也触动她收拾起锦囊和花锄，将落花埋葬。这么说来，多愁善感的林黛玉的内感受信号让她的大脑释放更多的乙酰胆碱，使她把周遭环境都涂上了悲观的情感色彩。而大大咧咧的史湘云则更多释放的是多巴胺，让她具有"英豪阔大宽宏量"的性格。所以，没有人的认知是完全客观的、无情感色彩的。

总之，现代具身认知科学和内感受神经科学等彻底颠覆了传统的心智观、情感观和感觉观。我们过去引以为傲的"人性的光辉"，比如人是有情感的、理性的，富有想象力、创造力或共情能力等，并不是生物界演化出人类的目的。巴雷特指出，**大脑最重要的工作是调控身体的内稳态，即在身体需要能量之前做出预判，以便身体能有效地运行并保持生命的活力**，换言之，是管理应变稳态。大脑不停地投入能量是为了获得更好的回报，比如获得食物、居所、情感支持或人身安全，以便能将基因传递给下一代（Barrett，2020）。尽管大脑能够思考纵横古今、横跨万里的问题，可以感受喜怒哀乐、冷热酸甜，想象和创造出无穷无尽的人生经验，但**大脑最重要的功能不是用于思考，而是竭尽全力地围绕着一个核心工作，那就是通过管理身体预算，不仅能让人活着，还能更好地活着**。大脑创造的每一样东西，从记忆到妄想，从狂喜到羞愧，都是这个核心任务的一部分，无论是为短期目标进行预算，比如为了备战第二天的期末考试，打算多喝几杯浓咖啡挑灯夜战，抑或是为了远景目标做预算，比如花四到五年的时间拿下博士学位——因为获得博士学位不仅能让你生存，更有可能收获事业上的成就感和生活的意义感，让你活得更好（Barrett，2017，2020）。

因此，现代神经科学和具身认知科学确立了身体的内感受和情感在心智的构建过程中的关键性作用或优先地位，这将彻底刷新或颠覆传统的心智哲学、认知科学、认知语言学和情感科学等的理论基础，给认知科学和情感科学研究带来一场科学革命。

回过头反观当今认知语言学界以及情感科学界对情绪概念化的研究，我发现上要存在以下几方面的问题或弊端。

第一，当前认知语言学界主要是通过"词汇法"（lexical approach），即观察某种语言中的情绪词及其用法，推测情绪的认知心理机制。然而，这并不是科学理论，而是"民间理论"（Kövecses, 1990, 2003, 2014）。并且认知语言学界主要还是基于传统的情绪心理学（affective psychology）理论，导致对构成情绪的基本要素、情绪认知加工的神经机制缺乏科学的认识，尤其是忽视了身体的内感受系统以及大脑对身体内感受信号的预测功能在情绪的感知和认知中发挥的关键作用。

第二，西方的情感科学家们在做研究时，主要是通过西方的话语系统和叙事系统研究情绪（Lindquist et al., 2016; Barrett, 2017; Wierzbicka,1994）。比如，在心理或行为实验中使用自我报告、心理量表、访谈等手段，其中采用的情绪词、包含情感色彩的句子以及叙述情感的语篇等都是"以西方语言为中心的"。但他们想当然地以为，西方的情感话语系统和概念系统是"普世的"，并以此为标准去衡量和评估非西方文化的情绪概念系统，导致对非西方语言和文化的情感认知结构的错误认知和偏见。

第三，现有的跨语际和跨文化的情绪概念化理论模型尚未将身体，尤其是身体的内感受，以及心智、脑、语言和文化等多种要素加以系统整合。而随着近十年来内感受神经科学和情感神经科学迅猛发展，之前的理论已经过时了，存在不够全面、系统，解释力不足等问题。

第四，国内有些学者由于对情绪的本质缺乏科学的认识，对中国文学作品中的躯体化情感词该如何英译，存在上观臆断的问题。特别是传统的翻译观是以过时的语义观和知识论为背景，没有认识到不同的语言系统其实是不同的概念系统或认知系统。

最后，关于如何管理情绪，目前各层次的研究各自为政，存在"盲人摸象"的弊端，尚未以"生态"的视角看待"情绪"，即未将文化、语言、心智、脑和身体各层面的研究加以系统整合。

因此，在本书里，我们打算主要探讨以下问题：

（1）在现代具身认知科学、情感神经科学、内感受神经科学等理论框架内，该如何重新定义情绪，即究竟什么是情绪？

（2）认知语言学理论对情绪概念化的解释存在哪些不足或错误？导致错误的根本原因是什么？现代神经科学理论对语义理论的发展会带来哪些影响？会给情绪的概念化研究带来怎样的范式改变？

（3）情绪与身体是什么关系？情绪概念的具身性究竟意指什么？

（4）情绪与语言是什么关系？

（5）如何比较不同语言和文化的情绪概念系统？在情绪概念的认知中，身体、脑、心智、语言和文化等之间是什么关系？能否构建一个涵盖所有这些要素的情绪概念化模型？

（6）导致英语和汉语的情绪认知差异可能的原因是什么？英语和汉语不同的情绪概念结构是否会塑造中西方不同的价值观和国民性？

（7）情感神经科学和内感受神经科学的情绪概念化模型，会给中国古典文学作品中的躯体情感词的英译带来哪些启示？该如何反思和重建传统的翻译观？

（8）新的情绪科学理论对我们管理情绪会有哪些启示？

1.3 本书的研究方法、目标和结构

全书共分上中下三篇，共十章。上篇是"情绪是身体的晴雨表"，中篇为"情绪是语言塑造的结果"，下篇是"学会做自己情绪的主人"。

上篇包含二至五章的内容。第二章，我们将从现代具身认知科学和内感受神经科学的视角出发，阐述什么是情绪，以及情绪与身体的关系。第三章讨论内感受神经科学的发展会对语义理论带来哪些影响。第四章将比较英汉语对"恐惧""愤怒""悲伤""喜悦/快乐"四种"核心情绪"或"原型情绪"（prototypical emotions）概念化的特点。在第五章，我将澄清一个被语言学界普遍误解的一个观点。即很多认知语言学理论的老粉都认为，用内脏器官和组织的感受（即内感受）描述情绪属于概念隐喻现象，而我们提出这应当是转喻现象。

中篇涵盖第六到第九章的内容。在第六章，我们将基于情感神经科学的情绪建构论探讨情绪与语言的关系。第七章将整合情绪与身体，还有语言的关系，构建情绪概念化的多维理论模型。第八章将通过比较中西文化的差异，阐释产

生英汉不同情绪认知结构的文化渊源。第九章探讨跨语际的情感词的翻译问题。

下篇也就是最后一章，将介绍几种与情绪健康有关的理论。科学家们的研究往社会聚焦于单一因素对情绪的影响，比如文化因素或神经因素等，但其实情绪是否健康不是由单一因素决定的，而是与文化、社会、语言、心理、神经，乃至肠道微生物等都有关系。因此，我希望您通过阅读此书，认识到情绪是一种复杂、多维的存在。要保持良好的心态，控制或纠偏我们的负面情绪，需要多管齐下，全方位地努力。

好啦，现在就让我们开启情绪的探索之旅吧……

上 篇

情绪是身体的『晴雨表』

第二章

究竟什么是情绪？

2.1　众说纷纭的情绪

"情绪"一词在英语中通常用 emotion 表示。当前的网络流行语 emo 是其缩写，但意思更负面，有"丧""忧郁""伤感"等涵义。其实，emotion 并不是英语的本土词，而是一个外来词。根据英国伦敦玛丽女王大学专门研究情绪史的史学家托马斯·迪克森（Dixon，2023）教授的研究，emotion 一词是17—18 世纪从法语的 émotion 引入英语的。在此之前，英国人主要是用 passion 和 affection 指代情感。直到 19 世纪，在心理学的文本中才开始用 emotion 指代情感或情绪。在情绪心理学（affective psychology）的研究领域，德语通常用 Affekte、Leidenschaft、Gef ühl 和 Empfindung 表示情绪，而在法语中，常用 passions、emotions 和 sentiments 等表示情绪。美国马萨诸塞大学心理学教授詹姆斯·埃弗里尔（Averill，1990）从词源学的角度区分了 emotion（情绪）和 passion（激情）。他指出，英语中的 emotion 来自拉丁文的 e+movere，意思是向外流动、移动或搬运物体（"to move out""to migrate"或"to transport an object"）。这个词最初用来描述自然界中变化无常的天气，进而引申为人们内心的阴晴不定和思维混乱。直到 18 世纪中叶，emotion 才开始用于指人类的情感。

埃弗里尔也认为，在西方历史上，表达"情感"一直是使用 passion 一词，它来自希腊语的 pathe，在拉丁文中是 pati[指"遭受痛苦"（to suffer）]。pati 的过去分词是 passus，由此产生了 passion。与情感相关的词有 pathetic（令人怜悯的，可怜的，伤感的）、empathy（共情，感同身受）和 antipathy（反感，厌恶，憎恶）等。在希腊文和拉丁文中，passion 的涵义比较宽泛，既可以指有生命的，也可以指无生命的事物因遭受外力而改变，如岩石受到铁锤重击而碎裂。换句话说，在西方的文化传统中，情绪被看成是因外部因素导致的"内部"变化，并在灵魂上留下的印记。另一个与情感（pathe）有关的义项表示因情绪困扰导致的疾病。因此，疾病被看成是由激情引起的对身体的伤害。这就是为什么医学术语（几乎都来自拉丁文）中的 pathology（病理学）、pathogen（病原体，病菌）、idiopathy（自发病）以及 patient（病人）与 passion（激情）都是同根词的缘故。也就是说，在古代西方，情绪与疾病其实是同根同源的。尤其是公元前 3 世纪前风行于古希腊与古罗马的斯多葛哲学派认为，人类是社会性动物，想要获得幸福，就不能随心所欲、为所欲为，而应通过智慧去认识世界，与人合作，公平公正地待人，并学会接受人生的跌宕起伏。因此，他们把情绪看成是心灵生病了。可见，emotion（情绪）在当代意义中，只是激情（passion）的一部分，主要指灵魂的 [包括心理的（psyche）、意向的（animus）、自我的（self）] 激情（Averill，1990）那一部分，而不包含生理和病理的内容。

在中国，现代意义上的"情绪"这一概念到了晚清时才出现。北京语言大学文学院的张冠夫教授指出，"陈独秀在他的《东西民族根本思想之差异》中指认东方民族'以感情为本位，以虚文为本位'。'情感'概念因之而进入了新文化运动的话语系统"（2016：57）。因"情感"与国民性以及传统文化的性质，以及新文化建设的方向等议题有关，当时的一些文化精英，像蒋梦麟、杜亚泉、李石岑、朱光潜、梁漱溟、梁启超、张竞生、吴稚晖与朱谦之等都围绕着"情感"问题展开了多重对话、论战，成为新文化运动的一道景观（张冠夫，2016）。不过，需要强调的是，此处的"情感"似可为"情绪"。因为按照情感神经科学家丽莎·费尔德曼·巴雷特（Lisa Feldman Barrett）教授（2017）和她的学生克里斯汀·林德奎斯特（Kristin Lindquist）教授（2015）等人的观点，emotion 应当译为"情绪"，affect 表示"情感"。情绪是指由社会、文化和语言对情感进行建构的结果，情感则是身体的内感受在大脑中产生的粗颗粒度的心理表征。因此，这里其实是情绪建构论所说的"情绪"而不是"情感"。

当然，那时的争论主要来自文人和思想家们的思辨和内省，尚无可靠的科学依据。随着时代的发展，对情绪的研究逐渐受到心理学、人类学、社会学、语言学和神经科学等领域的研究者的重视。情绪已成为了心理学的核心研究课题。临床心理学帮助有情绪障碍的患者控制他们有害或失常的情绪，认知心理学家研究情绪如何影响人们的思维和决策，社会心理学家和人格理论家则考察情绪对人际关系的影响等（Shiota & Kalat，2012）。不过，由于情绪具有较大的主观性、私人性和内在性，实验心理学家长期以来对它疏于研究，或只能通过人们的外在行为，推测情绪的心理加工过程，如行为主义心理学（ibid）。

得益于脑成像技术的出现和神经生理学的发展，人们终于可以深入大脑内部，破解这个"三磅宇宙"[①]的密码。因此，对情绪的研究从心理学深入神经科学的层面，情感神经科学应运而生，已成为目前学术研究的一个热门领域。加州理工大学的蒙洛迪诺教授指出，情感神经科学"不仅已被列入美国国家心理健康研究所的重点研究计划，甚至许多通常被认为是不以精神为研究重点的研究机构，如美国国家癌症研究所，以及一些貌似和心理学和医学毫不相关的机构，像计算机科学中心、营销组织、商学院以及哈佛大学肯尼迪政府学院等，都在为这门新兴的科学投入大量的人力和物力"（Mlodinow，2022：xiv）。他们的研究层次涵盖分子、单细胞、基因、脑回路、行为等。

然而，目前语言学界对情绪的认知研究相对滞后——仍然停留在"民间理论"的阶段。一名学者要创新，批判精神是必不可少的。因此，反思和批判认知语言学关于情感认知或概念化的某些观点是我撰写本书的初衷之一。作为一名在语言学界摸爬滚打了近二十年的学者，我惊讶地发现，被国人不断应用、引用和阐释的认知语言学理论，并无坚实的科学基础。因为该理论主要是通过"词汇法"探讨心智的认知结构，而这种研究方法本身存在致命的缺陷。

2.2 对认知语言学研究方法的反思

加州大学伯克利分校语言学系的乔治·莱考夫（George Lakoff）教授和俄勒冈大学哲学系的马克·约翰逊（Mark Johnson）教授开展了跨学科合作，于1980年合作出版了《我们赖以生存的隐喻》，这本书一经面世就在语言学界掀起了一场革命，并成为了认知语言学理论的奠基之作。在这四十多年里，原本以研究心智为主的认知科学和以研究大脑为主的神经科学联姻，诞生了认知神经科学。此外，又有各种新发明的脑成像、脑探测技术和设备的加持，认知神

---

① 人类大脑重约三磅（近 1.5 千克），被戏称为"三磅宇宙"（Three-pound Universe）。

经科学在近二三十年里的发展突飞猛进。

但在认知语言学界，能将前沿的神经科学与语言学结合，开展交叉研究的理论成果并不多见。认知语言学界主要还是采用哲学思辨和"词汇法"，即通过内省，或从词典、语料库中搜集一些表达情绪的词语、成语、短语的例证，推测某种语言和文化对情绪的认知模式（如 Lakoff & Johnson，1980，1999；Lakoff，1987；Johnson，1987；Kövecses，1990，1995，2003，2005，2014；Yu，2002，2008 等）。前面提到过的匈牙利罗兰大学的佐尔坦·考威塞斯教授就是世界上最著名的通过此方法研究情绪认知的语言学家。比如，他观察到英语中描述"恐惧"的语言表达有（Kövecses，1990：70）：

Just the face of the monster was enough to make my blood run cold.（光是那个怪物的一张脸就足以让我胆战心惊。）

I heard a blood-curdling scream.（我听到一声令人毛骨悚然的尖叫。）

It chilled my blood to hear a man I thought had been dead for years.（听到一个我以为已过世多年的人的声音，我感到毛骨悚然。）

他由此推测英语中存在"恐惧是体温下降"（FEAR IS DROP IN BODY TEMPERATURE）的概念隐喻（ibid）。同样，通过如下的语言表达（ibid）：

Don't get hot under the collar.（别生气了。）

Billy's a hothead.（比利是个急性子。）

They were having a heated argument.（他们正在发生激烈争论。）

When the cop gave her a ticket, she got all hot and bothered.（警察在给她开罚单时，她又气又恼。）

他猜测，说英语者对"愤怒"的概念化是通过"愤怒是身体产生热量"的概念转喻认知的。国内语言学界也大多采用此类方法研究汉语对所谓的"核心情绪"进行概念化的方式，即主要基于隐喻、转喻、理想化认知模型（Idealized Cognitive Model，ICM）、认知心理合成等理论（如袁红梅，汪少华，2014；陈家旭，2007，2008；李孝英，解宏甲，2018；李孝英，陈丽丽，2017；李孝英，2018；孙毅，2010，2011，2013 等）。

此外，在跨语际和跨文化的情绪概念化比较研究中，澳大利亚波兰裔语言学家安娜·维兹毕卡（Anna Wierzbicka）教授（1992，1994，1995，1999）提出，可以用自然语义元语言法（Natural Semantic Metalanguage，NSM）对不同语言和文化的情绪概念进行客观的比较和评价。她认为，无论文化和语言之间存在多大的差异，所有的语言都共享某些元语言，如：I，you，someone，something，this，want，don't want，think，imagine，feel，part，world，say，become，等等。因此，可以通过这些元语言，比较不同语言的概念。

2.2.1　基于民间理论的定义

尽管如此，考威塞斯（1990，1995，2003）本人多次强调，通过"词汇法"建构的理论只是基于语言的"民间理论"，不是科学理论。事实上，目前认知语言学的研究范式几乎都是通过对语言用法的内省，推测其底层的认知结构。然而，这种研究方法仍然缺乏来自神经科学的理论和证据的支撑。莱考夫和约翰逊说他们"并没有强有力的神经生理学的证据，即并没有来自正电子断层扫描仪或功能核磁共振成像的扫描结果证明，感觉和运动所使用的神经机制也同样用于抽象推理。我们所拥有的证据是这是可能的，并且有很好的理由相信它们共享相同的神经机制是合情合理的"（1999：38）。而情感神经科学家林德奎斯特教授团队指出，维兹毕卡的自然语义元语言法尚未被主流心理学界接受（参见 Lindquist et al.，2016 的综述）。

在我看来，无论是"词汇法"还是"自然语义元语言法"都具有两个致命的缺陷：一是它们都假定心智或大脑对情绪加工的全过程可以通过对语言内省和分析被人们意识到，并由此可以推测情绪的认知机制；二是研究情绪的认知语言学家们（如 Lakoff，2016；Kövecses，2003）对情绪的认识还停留在传统的情感理论基础之上（如 James，1884；Ekman，1992；Schachter & Singer，1962等），他们对情绪的本质、组成情绪的基本要素，以及这些要素之间互动关系的认识在今天看来有些可能是错误的。

具体来说，首先，他们忽视了无意识对情绪认知的加工。越来越多认知科学和神经科学的研究表明，心智的具身性不仅体现在语言现象的层面，更体现在无意识层面。事实上，心智加工不是仅靠大脑完成的，而是大脑与身体协同对感觉和运动信息加工的结果，其中大部分是无意识的（Mlodinow，2013；Gershon，1999；Mayer，2016；Tahsili-Fahadan & Geocadin，2017）。

美国著名理论物理学家和科普作家列纳德·蒙洛迪诺（Leonard Mlodinow）[他曾与伟大的物理学家斯蒂芬·威廉·霍金（Stephen William Hawking）教授

合著过举世闻名的《时间简史》（普及版）和《大设计》] 在 2012 年出版了一部惊世之作《潜意识：控制你行为的秘密》（*Subliminal: How your Unconcious Mind Rules your Behavior*）。该书因其内容的真知灼见、深入浅出、生动有趣，荣获了 2013 年威尔逊文学科学奖。在其中，他揭示了这样一个事实，即潜意识才是我们心智的主宰。蒙洛迪诺指出，由于大脑的特殊构造，大部分的心智活动是阈下的（subliminal），对于我们的意识是不可及的（inaccessible）。也就是说，心智的大部分活动在我们的意识之外。这是因为我们的感觉系统无时无刻不在向大脑"狂轰滥炸"大量的感觉信号，大约每秒发送 11 万比特的信息。而我们的意识能处理的大约只有 16—50 比特。也就是说，除了极少部分信息可以被意识加工，大部分信息由无意识"神不知鬼不觉地"替我们自动处理了。这些信息包括感觉信息、语言信息、记忆、日常的快速决策、判断和行动等。他认为，意识和潜意识是两条不同的轨道，并且潜意识更为基本，"它从人类进化早期就开始不断发展，以满足我们最基本的生存、感知和安全需求，从而更好地对外界做出反应。潜意识是所有脊椎动物大脑中的标配，而意识更像产品的附加功能。实际上，大部分非人类物种都可以不靠显意识的思考能力就能生存和繁衍，但是没有一种动物可以脱离潜意识而生存"（Mlodinow，2013：37）。很多看起来毫不费力的工作，其实都靠潜意识在帮我们打理。他还说，"进化提供给人类潜意识这种工具，帮助我们冲锋陷阵处理汹涌而来的信息流。我们的生理感知、记忆，每天做出的决定、判断看起来似乎都毫不费劲，可实际上，只是因为这些苦活都被大脑中意识之外的那一部分默默地承包了"（ibid：38）。倘若意识对输入的所有感觉信息流都进行处理，就会因负荷超载而"死机"。他还说，"一些科学家预计，我们只能察觉到大约 5% 的认知功能，而其余那 95% 都游离于我们的察觉力之外，并在我们的生活中施以巨人的影响——简单来说，就是让生命延续成为可能"（ibid）。

总之，目前认知语言学界仅靠"词汇法"推测心智的认知结构显然是完全忽视了无意识的作用。达马西奥也指出，"心理体验并不是大脑神经组织对物体或事件产生的'即时意象'，或苍白的映射，而是来自身体现象与神经现象的多维映射"（2018：120）。这告诉我们，传统的心智哲学和认知科学都过于强调心智或思想源自大脑的中枢神经系统对信息的加工，并认为大脑是身体的主宰。而这种心智观不仅过于简化，而且是错误的。他认为身体与中枢神经系统构成一个连续统，它们通过"融合"和"互动"的方式相互交流。心智不仅来自中枢神经系统，还来自身体中的内分泌系统、免疫系统、循环系统和周围神经系统。也就是说，我们的思想是身体和大脑协同合作的产物。心智对感觉经验的加工大部分是具身的、无意识的。这进一步说明，对语义的认知加工机制的研究，不能仅凭在意识层面的内省，或对语言现象的观察和分析加以推测。事实上，由于情感感受离不开身体，特别是内脏器官和组织的生理活动的参与，并且感受信号大部分是阈下的，不为我们意识或察觉，仅靠内省和对语言现象进行观察和分析，无法得出科学的结论，对心智的研究必定是不全面，甚至可能是错误的。

此外，认知语言学理论的情绪观是建立在传统的、过时的情绪心理学理论的基础之上的。这些理论尚未认识到内感受在情绪的感知和体验中发挥的关键作用，使得认知语言学理论对情绪的具身性的认识存在疏漏或错误。例如，把用内感受描述情绪的现象错误地看作是隐喻。而在内感受神经科学的理论框架内，这种现象理应被看成是转喻（详见第五章）。

最后，西方的情感科学家主要根据西方情感话语系统中的词语、概念或叙事研究情绪，并由此推测情感概念是心理的现象。事实上，很多非西方的语言和文化中的情感话语和叙事常会用身体的感觉和行动表达情感感受，即情感被"躯体化"（somatization）。西方的情感科学家则错误地把情感的躯体化现象看作内感受力弱和有"述情障碍"的表现（Tsai，et al.，2002，2004；Ma-Kellams et al.，2012 等）。他们还认为，这与社会经济水平落后及受教育程度偏低相关。即经济和社会发展水平越落后，群体和个人受教育程度越低，用躯体的感觉描述情绪的倾向越大。像汉语里有撕心裂肺、肝肠寸断、心花怒放等。日语、韩语、越南语还有波斯语等也都有用身体感觉表达情感的现象。例如，越南语中 vò đầu bứt tai（抓耳挠头）、Vỗ ngực và vỗ chân（捶胸顿足）都表示懊悔，mặt đỏ tía tai（脸红耳紫）、cả mặt đỏ bừng（满脸通红）等都表示生气、愤怒。波斯语中的 دلش کشیده گرگرگوش（心飞向某人）表示因为喜欢某人非常想念她，دل هایس ن（黑心）表示黑心肠等。而内感受神经科学的研究表明，情绪不仅是心理感受，更是生理感受，内感受是构成情感感受（feeling）必不可少的成分。因此，用身体的内感受描述情绪的语言和文化群体，并不是内感受力弱和有述情障碍（Zhou et al.，2021）。

我们认为，不同语言可能会凸显情绪的不同侧面，正所谓"横看成岭侧成峰，远近高低各不同"。英语更多凸显情感的抽象的、认知评价的方面，而汉语更多凸显情感的具身的、内感受的方面。这与注意分配（attention distribution）（Niedenthal，2008）和历史文化传统（Zhou et al.，2021）等有关，并不存在文化或文明优劣的价值判断。但站在"西方文明中心论"的立场，就会对其他文化的认知视角持有偏见或歧视。因此，不同文明之间需要交流互鉴，而不是自说自话，以偏概全。

2.2.2　对"情绪"的科学定义

读者们也许会问，那该怎样科学地比较不同语言和文化的情绪认知结构呢？现代情感神经科学又是怎样定义情绪的呢？其与传统情绪心理学理论对情绪的定义有何不同？下面，让我们先简要梳理心理学和神经科学界提出的一些关于情绪的理论模型，以便更科学地定义"情绪"。

1884 年，美国心理学之父威廉·詹姆斯（William James）发表了一篇题为《什么是情绪？》（*What is an Emotion*？）的论文。自此，"什么是情绪"这个问题就像幽灵一般萦绕在心理学家的心头，该如何给"情绪"下一个准确的定义着实让他们大伤脑筋。美国纽约大学情绪脑研究所主任，著名情绪神经科学家约瑟夫·勒杜克斯（Joseph LeDoux）[顺便说一句，他还是杏仁核（The Amygdaloids）摇滚乐队的主唱和词曲作者，是不是很酷？！] 曾说，"遗憾的是，关于情绪最根本的问题是，貌似人人都知道它，却无法给出一个确切的定义"（1998：23）。加上情绪貌似是一个人内心的感受，他人往往无法仅靠对其行为的观察准确推断出此人的情绪。很多时候，我们只能凭经验，以及我们对这个人的了解加以推测。由于情绪具有复杂性、主观性和内在性，导致人们给它下的定义五花八门。不妨让我们先看一些研究情绪的著名科学家对"情绪"的各种说法。

- 情绪只是我们给人类共同的经验贴上的一个方便的标签，就像给各种原本不相关的事物贴上"艺术"和"音乐"的标签一样。情绪与非情绪之间的界限就像艺术与非艺术、音乐与非音乐那样随意。在某些语言中，连"情绪"这个词都不存在（Russell，2003）。

- 情绪是对刺激产生的一系列反应，其中包括认知评价、主观心理的变化、自主和神经的唤起、行为的冲动，以及刺激引起的行动，这些行动往往会产生特定的效果（Plutchik，1982：551）。

● 情绪是人类对外部刺激事件产生的具有普遍性的功能反应。情绪在时间上整合了生理、认知、现象学和行为等，是为应对当下情况产生的适应性的、能塑造环境的反应（Keltner & Shiota，2003：89）。

● 情绪是身体中不断变化的内部状态（如平滑肌、骨骼肌、周围神经系统和神经化学/内分泌系统）的表征，并常常被描述为内稳态的晴雨表。情绪可帮助有机体了解世界中的事物对它是有利还是有害，是可以接近的还是应当回避的（Barrett & Bliss-Moreau，2009）。

● 情绪就是意义。情绪是对内感受变化和相应的情感感受给出的针对特定情境的解释。情绪是行动的标志。执行内感受网络和控制网络概念的大脑系统是产生意义的生物学基础（Barrett，2017：126）。

看来，对"威廉姆·詹姆斯之问"可能还会继续存在争论。不仅如此，西方科学家关于"核心情绪"是不是全人类普遍的、共通的现象也莫衷一是。

2.3 "核心情绪"是与生俱来的还是后天习得的？

是不是人人都有喜、怒、哀、乐等情绪呢？换句话说，这些情绪是人类与生俱来的、客观存在的心理现象吗？根据我们的日常经验和观察，不仅人类有情绪，一些动物，比如宠物猫、狗等都有它们的小情绪。貌似有些情绪是经过自然演化产生的，因而具有跨文化的普遍性。例如，生物都有趋利避害的本能。羊群在遭遇猛兽袭击时，会夺路而逃，而不是坐以待毙；在遇到水草丰美的草原时，会悠闲放松地大快朵颐。公羊为了传递自己的基因，而互相格斗厮杀。同样，人的某些行为也受本能的驱使，比如趋近与回避（approach and avoid）的本能驱使我们追逐享乐和奖赏（无论是获得物质的犒赏还是精神的愉悦），躲避危险和威胁。

达马西奥（2000）将情绪分为三类。第一类叫作初级情绪（primary emotions）或普遍的情绪（universal emotions），指经过生物演化而来的情绪，包括"喜悦""悲伤""恐惧""愤怒""惊讶"和"厌恶"等。他认为，这些情绪是人类与其他动物（至少是哺乳动物）共享或共通的。第二类为二级情绪

（secondary emotions）或社会情绪，是人在社会化过程中习得的情绪。比如"尴尬""嫉妒""愧疚""骄傲""钦佩""内疚""乡愁"等。因此，这些情绪是特定文化和社会塑造的结果。第三种他称为"背景情绪"（background emotions），像"幸福感"（well-being）或"心神不宁""忧心忡忡"（malaise）等，这些构成一个人在相当长时间内的情感底色或心境。

还有些情绪只属于特定的文化。比如德语中的 schadenfreude（指"幸灾乐祸"），在英语中找不到它的对等词。日语中的甘え（amae，指"撒娇"），尤其指少女跟恋人撒娇，表达依赖之情。这种情感对于西方人来说非常陌生，也无法感同身受。因为西方文化普遍提倡个人独立，他们不会通过撒娇的方式赢得恋人的宠爱。同样，"托物言志""借物喻志"的情感表达貌似在中西方里都很常见，例如中国古代士大夫们把梅、兰、竹、菊喻为"花中四君子"，分别代表君子所应追求的"傲、幽、澹、逸"四种品格。此外，他们常有"寄情山水"的情结。比如，"望春山而生欣然之意，观秋树而生凋零之叹。登山则情满于山，观海则意溢于海"。在英语中，用自然景象投射人的情感或情绪也很常见，特别是在英国浪漫主义时期的诗歌和小说中有大量象征主义的作品。比如浪漫主义诗人雪莱在他的诗歌《西风颂》中，用"西风"这一意象象征"胜利的希望，讴歌工人阶级的反抗像西风一样勇敢、猛烈，具有摧枯拉朽的力量，能够扫荡一切不平等，创造新世界新秩序"（吴蔚，2021：152）。在艾米莉·勃朗特的小说《呼啸山庄》中，粗犷、神秘、阴晦、萧瑟、狂风呼啸的约克郡的荒原既象征着男主人公"希斯克里夫扭曲的、郁结的隐秘心境"（ibid），也是自由、生命、爱情的象征。因为，荒原上没有文明世界的精巧、繁华、礼节和既有秩序，只有野性的自然和激荡的精神。

但由于中西方的认知结构和心理基础迥然不同，在人与自然关系的认知和表达方式上存在根本的差异：中国主要用"兴"①的手法，而西方主要用"象征"的手法，它们分属中国古典美学与西方美学的两个重要概念。"兴"更多作用于感觉，而"象征"更多作用于观念，前者是托事于物，后者是以物征事。二者呈现出不同的心理生成机制与表达路径。中国的"兴"源自物

① 赋比兴的"兴"。"比"是以彼物比此物，"兴"是先言他物，以引起所咏之辞（张节末，2021）。比如"人有悲欢离合，月有阴晴圆缺""花无百日红，人无千日好""花有重开日，人无再少年""常在河边走，哪有不湿鞋"，等等。

我交融的思维方式，即人和物是不分彼此的，自然物也仿佛浸润着人的情感和思想，体现出同根同源的生命力（天人合一，物我交融）；而西方的"象征"源自主客两分的认知方式。西方哲学受到绝对理念的指引，始终存在着主客体二分的观念，其认知方式是观察、分析、类比、综合、归纳、逻辑、语言。"象征"来自主体和客体合二为一，从客体的形象之中反衬出主体（人）的精神，比如崇山峻岭体现崇高，涓涓细流体现优美。而在"兴"的语义场里，根本就不存在主体与客体的说法。中国古典哲学的思维方式包括感受、体验、融合、体认、顿悟（吴蔚，2021），"兴"本质上远远超越于修辞术，是中国古人世界观的基本逻辑，旨在理解、诠释和把握像阴阳、天人合一、虚静、心斋、玄妙等更基本的原则（张节末，2021；吴蔚，2021）。因此，"兴"和"象征"的思维方式或认知机制完全不同："兴"诉诸心灵，而"象征"诉诸观念。

另外，世界著名的比较哲学家罗思文和安乐哲（2020）指出，在中国，"圈子文化"是乡土文化和集体主义文化在人际交往或人情世故中的体现。比如，中国民间底层从忠义思想演变出来的"江湖文化""哥们儿义气"，其主要特征就是不分贵贱，为朋友两肋插刀，勇于奉献，重在分享。这种江湖文化体现的是普通百姓的社会愿景和他们特有的情感体验和表达方式。而受个人主义熏陶的西方人对于这种文化与情感是难以理解和产生共鸣的。

研究面部表情的辨识和情绪与人际欺骗的美国心理学家保罗·埃克曼（Paul Ekman）认为，愤怒（anger）、恐惧（fear）、厌恶（disgust）、惊讶（surprise）、悲伤（sadness）和快乐（happiness）等是全人类普遍的或共通的，他将其称为"核心情绪"。并且人们可以通过这些核心情绪的面部表情，判断一个人究竟带有怎样的情绪（Ekman，1992；Ekman & Friesen，1971）。换句话说，传统的情绪心理理论认为，每一种情绪（如愤怒）都对应着一种特定的面部运动模式或"面部表情"（如瞪眼、皱眉）。因此，不同面部肌肉的运动被看成是不同的"情绪指纹"（emotion fingerprint）。在 20 世纪 60 年代，美国心理学家希尔文·汤姆金斯（Silvan S.Tomkins）和他的学生卡罗尔·伊泽德（Carroll E.Izard）和保罗·埃克曼精心设计了一组人类"核心情绪"的面部表情照片（如图 2.1 所示）。这 6 张照片分别代表 6 种"核心情绪"，即愤怒、恐惧、厌恶、惊讶、悲伤和快乐生物指纹（Barrett，2017）。

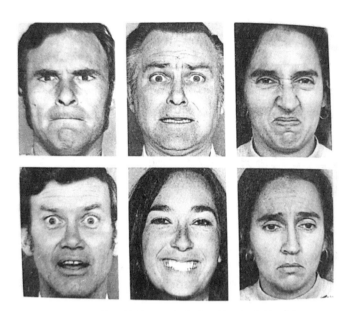

图 2.1　核心情绪法研究中使用的面部表情照片

　　汤姆金斯团队认为这些表情能够清楚地展示各种情绪。研究中给被试一张照片，并给他们提供一组词语（如快乐、恐惧、惊讶、愤怒、悲伤、厌恶等），让被试辨别一种面部表情与哪一个情绪词匹配。这种方法被称为"核心情绪法"（Barrett，2017：5）。

　　当时的科学家们普遍认为，不管生活在地球上什么地方的居民，对同一张照片上的表情都会准确无误地选出同样的词汇（或翻译成当地的语言）。即无论一个人生活在美国、日本、德国、中国，还是赞比亚、坦桑尼亚、乌兹别克斯坦等，也无论人们生活在什么时代，都可以识别出图 2.1 中这些美国人的面部表情所代表的情绪（Barrett，2017）。因此，这些情绪心理学家们认为核心情绪是全人类普遍的、共通的、客观存在的，而且是离散的心理实体。

　　情感心理学家凯尔特纳和盐田（Keltner & Shiota，2003）也认为，情绪是人们在应对刺激事件时产生的适应性反应，并且这些反应是全人类共通的，它能帮助塑造我们的环境。他们认为情绪中包含生理、认知、现象学和行为等方面的内容。

　　达马西奥（2000）试图从神经生物学角度论述情绪的本质。他认为，情绪是有机体为了应对外部刺激产生的身体和大脑状态的变化。也就是说，身体中的生理变化（如肌肉紧张、心率变化、内分泌活动、身体的姿态、面部表情等）感觉信号传入大脑，被表征为情绪，以便让人们意识到他们受到了怎样的刺激。在决策过程中，这些躯体标记（somatic marker）和它们所唤起的情绪会与过去的经验发生联系（既可能是有意识的，也可能是无意识的），从而做出趋利避害的决策。例如，当身体感受到的刺激与过去曾经标记过的某些负面情绪关联时，此刻的刺激就会再次唤起不愉快的感受。这样的感受就是躯体标记向大脑发出的警报，提醒人们要规避此类行为。人们之所以会"一朝被蛇咬，十年怕井绳"，就是因为曾经被蛇咬产生过身体标记，当人们看到绳子时，大脑会唤起恐惧感。同样，让你感觉舒服或不舒服的事情，必定是你愿意做或不愿做的事情。在决策过程中，这些身体感觉会引导你做出对你有利的事，规避对你不利的事。因此，身体感受（舒服还是不舒服）与特定情绪（积极的还是消极的，愉快的还是不愉快的）相关联，从而影响我们的决策。

达马西奥把控制躯体标记的神经环路分为两种。一种是由环境刺激直接引起的生理变化，这种生理变化信号投射到大脑中形成"身体环路"。例如，一个人在野外突然看见十米开外的灌木丛里有一条花蛇在爬行，时不时吐着它长长的信子。这个意外的刺激会立马唤起他大脑里"战斗或逃跑"的身体反应，如心跳加速、嘴巴发干、肌肉紧绷、身体颤抖等，他顿时感到极度恐惧。在第二种神经环路中，情绪的心理表征不是直接来自外部刺激，而是一个人想象他身处此种情形下，身体会有怎样的感受。比如想象你在野外，突然看见不远处一条大花蛇在灌木中爬行，时不时吐着它长长的信子。尽管只是这么想象，你都会感觉脊背发凉、心口发紧、毛骨悚然。虽然想象发生这种事件的身体感受的强度比真实情境中感受刺激的强度要小，但这种想象或模拟依然会激活大脑的相关神经回路。达马西奥称这种为"假设身体环路"（as-if loop）。

显然，大脑演化出了这种"假设身体环路"的功能后，就不再是一个被动的信息处理器，而能成为一个主动推理的引擎。即不必等危急情况出现后，再启动"战斗或逃跑"的反应，而是提前做好预案，设想当发生这种危急情况时，我们是该选择拔腿逃跑，还是准备好打蛇棍，将花蛇打晕。如果选择前者，那要评估一下自己是不是短跑飞人，冲刺的速度能否赛过毒蛇追赶的速度；如果选择后者，就评估自己的肌肉力量是否强大，是否了解蛇的习性，能否一棍打中它的七寸。大脑还要计算做出这两种选择时，身体分别需要消耗多少能量等，以便意外出现时，可以迅速、高效地应对（Clark，2016;

Sterling，2020；Frith，2007）。大脑中的杏仁核和腹内侧前额叶皮质 [在眶内侧前额叶皮质（Orbital and Medial Pretrontal Cortex，OMPFC）] 都会参与这种"假设机制"，它能让大脑具有预见性，可以预测或预算身体需要的能量，提前做好计划和安排，以趋利避害。因此，倘若杏仁核和腹内侧前额叶皮质这两个大脑结构中的任何一个受到了破坏，大脑的预测功能就会受损，影响我们做出合理决策的能力。比如，我们会做出一些对自己前途不利的事情，或无法有效规划自己的未来。总之，我们对身体状态的感知，既来自过去的经验，也会被设想的未来状况引导。因为躯体标记通过不同效价的情感，引导人们做出趋利避害的行为，因而具有适应性。

达马西奥（2000）猜想，人类特有的快速、高效的抽象思维能力与腹内侧皮质的发展是同步的，也与演化而来的可利用躯体标记引导人的行为的能力是同步发展的。那些腹内侧皮质受损的人更有可能做出有损他们长期利益的行为，却不一定会做出损害他们眼前或近期利益的行为，因为前额叶皮质的演化与预见未来的事件的表征能力有关。蒙洛迪诺（2022）指出，每个人的大脑其实都不一样，每个人处理情绪的方式也不相同。有些人遇到困难，会牢骚满腹、患得患失，或瞻前顾后、优柔寡断，而有些人会高瞻远瞩，有雄才大略和大局观，这或多或少与人们的前额叶功能的发达程度有关。这让我想起毛泽东主席的词《七律·和柳亚子先生》中的一句"牢骚太盛防肠断，风物长宜放眼量"。可见，伟人之为伟人，与他们发达的前额叶功能不无关系。

一个极端的反面例子是 2015 年发生的北大高材生吴谢宇弑母案。吴谢宇为了杀害母亲做了周密的预谋：在网上购买作案工具，策划了杀人手段以及作案现场的布置和清理，包括用活性炭和保鲜膜将他母亲的尸体层层包裹，并设置监控探头，伪造他母亲的笔迹向她单位提出辞职，多次使用他母亲的 QQ、手机短信与亲友进行文字联系，且交谈内容逻辑缜密，情境创设足以让亲友认为他母亲仍存活于世。在逃亡期间，他在网上购买了三十多张身份证，然后逃到重庆，在酒吧等娱乐场所做男模，把他从亲友那里骗来的四十多万元挥霍一空。但他竟然没有设想过，杀害母亲、诈骗亲友钱财、买卖身份证这些行为会带来怎样的法律后果和道德谴责，会对他的前途有哪些影响。如果是思维正常、懂得趋利避害的人，只要设想一下自己会被绳之以法和遭遇众叛亲离——轻则被判刑坐牢，重则被处以死刑，前程和名誉尽毁，就会感到恐惧、羞愧和内疚，以及伴随有非常不舒服的身体感受，并放弃以身试法的念头。而吴谢宇尽管能做出许多有利于他一时享乐的行为，却一手毁了他本该光明的前程。因此，躯体标记假说可以有效解释，身体输入大脑的生理信号能影响大脑在复杂和不确定的情况下做出对自己有利的决策，并规避对自己有害的决策。即伟人的丰功伟绩部分可归功于他们能预见未来、从长计议的大脑功能。反之，有些人尽管能贪小便宜（penny wise），却吃了大亏（pound foolish），或许因为他们的前额叶预见未来的能力不那么发达。

在达马西奥的躯体标记假设的理论框架内，情绪的定义主要包含以下内容（Damasio，2000：15-6）。

（1）情绪是由复杂的化学和神经反应产生的一种身体模式。所有的情绪都具有特定的调节功能，能产生这样或那样有利于有机体生存的生理环境。情绪是关涉生命或有机体身体的，它们的作用是帮助维持有机体的生存。

（2）尽管通过学习和文化熏陶可以改变情绪的表达方式，并赋予情绪以新的意义，但从本质上看，情绪是由生物属性决定的，是经过长期演化而来的、与生俱来的大脑设置。

（3）大脑中许多涉及情绪加工的脑区位于亚皮层区，从脑干向上到达更高层的脑区。这些负责情绪的神经构造也用于调节和表征身体。

（4）所有的情绪设置可以无需意识的参与而自动地加工。尽管情绪感知存在个体和文化差异，但不可否认存在一些基本的、程式化的、发挥调节功能的情绪。

（5）所有的情绪都以身体（内环境、内脏、前庭感受和骨骼肌系统）为舞台，但情绪也会影响许多脑回路的工作方式：情绪反应会深刻地改变身体和大脑的图景。这些改变的总和构成了我们情绪感受的神经模式。

因此，在达马西奥看来，有些情绪是全人类普遍的、共通的，因为它们是生物演化的产物。尽管不同语言、文化、种族的人群习得的情绪表达方式不同，但情绪本质上是由生物属性决定的，因而具有全人类的普遍性或一致性。另外，他赞同埃克曼提出的情绪的普遍论和演化论。他说，"我的情绪观与埃克曼（1992）的不谋而合"（Damasio，2000：15）。

有些心理学家却认为，情绪并不是客观存在的心理现象，各种情绪（如愤怒、恐惧或惊讶）之间并没有清晰的界限。拉塞尔（2003）认为，情绪只是人们为了方便，给某些共同的经验贴上的标签，就像给各种原本不相关的东西贴上了"艺术"和"音乐"标签一样。比如，人们把绘画、音乐、舞蹈、书法、电影、摄影、服装设计、珠宝设计等这些貌似没有多少共性的东西都统称为"艺术"。同样，中国的丝竹乐（如由笛子、古筝、萧、笙、二胡或琵琶等演奏的音乐）、西方的管弦乐（如由小提琴、中提琴、大提琴、低音提琴、小号、圆号、长号、大号、短笛、长笛、双簧管、单簧管、巴松管或萨克斯等演奏的音乐）、打击乐（如由定音鼓、三角铁、木琴、钢琴、响板、沙锤、小军鼓、大军鼓、钹等演奏的音乐）、现代的摇滚乐（如由吉他、贝斯、键盘、鼓等演奏的音乐）等，从表面上也看不出它们有什么相同之处，但它们都被贴上了"音乐"的标签。因此，有些情感心理学家们认为，情绪与非情绪之间的界限其实是非常随意的。在有些语言中，甚至找不到"情绪"这个词。拉塞尔和巴雷特（1999）认为，我们所感知的情绪（如愤怒、恐惧、喜悦等）并不是离散的范畴，它们之间没有必然的、清晰的界限，而是分布在由"效价"和"唤起"这两个维度组成的坐标系上的不同点。在他们的情绪二维环状模型中（见图2.2），坐标系的纵轴是"唤起"或"激活"的维度[分为活跃或不活跃（activation or deactivation）]，横轴是"效价"维度[分为愉快或不愉快（pleasant or unpleasant）]。人类的核心情绪都分布在这个二维环形的不同区域上。

维兹毕卡（Wierzbicka，1992，1994）则认为，并不存在全人类共通的、普遍的情绪。她指出，尽管许多文献都认为存在一些核心的、普遍的、离散的、与生俱来的人类情绪，如伊泽德和比希勒认为，兴趣（interest）、快乐（joy）、惊讶（surprise）、悲伤（sadness）、愤怒（anger）、厌恶（disgust）、鄙视（contempt）、恐惧（fear）、羞愧/害羞（shame/shyness）和内疚（guilt）是核心情绪（Izard & Buecheler，1980），埃克曼（1980，1989）以及约翰逊-莱尔德和奥特利（Johnson-Laird & Oatley，1989）等人也持类似观点（参见Wierzbicka，1992 的综述），但维兹毕卡发现，在波兰语中并没有与英语中的disgust（厌恶）对等的词语。澳大利亚的吉丁加利（Gidjingali）土著语也不像

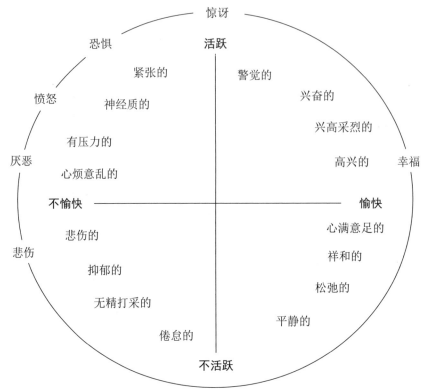

图2.2 拉塞尔与巴雷特提出的二维情绪环状模型
（Russel & Barrett，1999：808）

英语那样把"恐惧"（fear）与"羞愧"（shame）看作是两种不同的情绪范畴。她设想，如果研究情绪的心理学家恰好是说波兰语的，或是说吉丁加利语的，而不是说英语的人，他们还会认为"厌恶"是一种全人类应有的情绪吗？抑或"恐惧"与"羞愧"还是两种核心的、离散的情绪吗？她认为，英语中的一些情绪概念或情绪词只不过是一种"民间的分类法"（folk taxonomy），并不是客观的、可以脱离文化的分析框架。因此，不能假定英语中的"厌恶""恐惧"或"羞愧"是全人类共通的、普遍的概念，或核心的心理实在（basic psychological realities）。但她发现，"诸如此类的词语通常被英语母语者当作是客观的、与文化无关的'自然类'（natural kind）"（Wierzbicka，1992：119）。她认为要是在一种语言中，没有词汇能将"恐惧"与"羞愧"区分开来，即如果没有这样两个情绪词，说这种语言的人也就无法感知到"恐惧"与"羞愧"的区别。因此，不同的情绪术语系统其实反映了不同语言和文化对情绪的概念化方式。另外，如果有两种文化对情绪的概念化方式相似，这也会体现在它们的情绪词或情绪标签上。她提出可用自然语义元语言法，对不同语言和文化的情绪概念系统进行客观的比较和评价。

情感神经科学家（如 Barrett，2006，2017，2020；Lindquist，et al.，2015；Lindquist & Gendron，2013 等）也认为不存在全人类普遍的情绪神经生物指纹。也就是说，在我们的大脑里找不到专门负责愤怒、悲伤、喜悦或恐惧的脑区。他们认为，应当把"心情"（mood/affects）与"情绪"（emotions）区分开来。前者指比较粗疏的、模糊、混沌的情感，比如是可靠近的还是应回避的，是令人愉悦的还是令人不愉快的，是积极的还是消极的心情，是活跃的还是懒散的（activated or idle）。这些不同效价（valence）的情感是全人类，乃至所有生物共有的，它们能帮助生物体维持生命的内稳态和基本的生存（见图2.3）。而那些具体的、离散的情绪，像喜悦、恐惧、悲伤、愤怒、骄傲、嫉妒、惊奇、厌恶、钦佩、憎恨等是由不同语言和文化给粗疏、混沌、模糊的心情或情感赋予的意义。即身体的内感受是一连串没有任何意义的神经或化学信号流，它们需要大脑的概念系统和语言系统给这些信号流赋予意义，给予解释（Barrett & Simons，2015）。因此，情绪并不是全人类共通的、普遍的，而是由特定的社会和文化

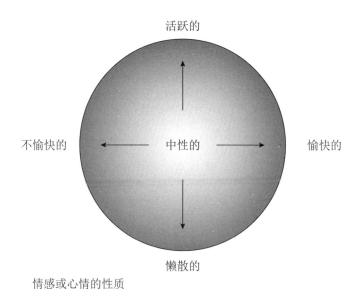

情感或心情的性质

图 2.3　巴雷特认为，人类的情感或心情具有不同的效价

从愉快、中性到不愉快，从活跃、中性到懒撒，这些情感或心情（affects / moods）是人类普遍的或共有的，可分为愉快或不愉快、活跃或懒散两个维度。而所谓的喜悦、恐惧、悲伤、愤怒、骄傲、嫉妒、惊奇、厌恶、钦佩、憎恨等情绪（emotions）是由特定语言和文化赋予这些情感或心情的意义，是受语言、文化和社会塑造的（Barrett，2020：105）。

环境以及语言系统塑造的或建构的结果。所有的情绪，包括以前普遍认为的"基本情绪"，如喜悦、愤怒、恐惧、悲伤、惊讶和厌恶（Ekman，1992），都是由特定社会和文化建构的产物，不同的语言和文化系统所建构的情绪概念系统也会不同。

总之，科学家们对情绪的认识还在不断深化中。2024年2月在国际顶刊《神经科学与生物行为评论》（*Neuroscience and Biobehavioral Reviews*）上刊登了一篇题为《人类情感组》（*The human affectome*）的论文，它是由来自全球26个国家的176位顶尖的情感科学家合作完成的。其中，对情绪给出的最新定义如下（Schiller et al.，2024）：

（1）情感是以第一人称意识到的生物状态，这种状态根植于生物的演化之中，并通过生理的和神经的回路（专门的或通用的机制）实现。

（2）情绪是由外部或内部的刺激驱动的，并根据生物的和/或心理的意义进行推理。

（3）情绪通过调节应变稳态（allostatic regulation）满足生存的需要。

通俗地说就是，情绪首先是人以第一人称的方式意识到的一种生理和心理的状态。比如，我意识到自己有某种情绪。其次，它是生物经过长期演化而来的能力，并通过大脑中的生理和神经回路表征为心理感受（如喜怒哀乐等感受）。再次，情绪的产生是由于受到身体外部的刺激（如闻到茉莉花的芳香，你感觉心情愉悦，闻到腐败食物的臭味，你感觉恶心厌恶）或内部的刺激（如长期心率过速让你感到焦虑，长期消化不良让你感到抑郁），大脑根据过去的经验，推测这些感觉信号流的意义。最后，情绪的功能是帮助生命体通过调节应变稳态，更好地活着。

尽管对情绪的定义还存在争议，但心理学家们大多同意，一个典型的情绪经验大致包含四个方面的要素：认知评价、主观感受、生理反应和情绪行为（Shiota & Kalat，2012）。事实上，不同的情绪理论会侧重其中的某些方面。比如，有些侧重情绪的身体感受或心理表征，有些强调情绪的认知评价，有的侧重情绪概念或情绪话语对情感经验的塑造作用，有些偏重社会文化因素对情绪感知和认知的建构作用，有的侧重情绪的神经生物学基础，还有的强调伴随情绪的行为或行动等。

此外，情绪的行为包括面部表情的变化、说话音量的大小、音调的起伏、词语的选择、伴随情绪的手势和身体姿态等。并且，不同的个体和不同的文化对情绪的认知颗粒度（granularity）也不尽相同。有些人表达情绪的词汇量较大，可以表达更丰富而细腻的情绪，有些人的情绪词汇量比较贫乏，对情绪的体验和感知的能力也相对较弱。例如，有些人只能用感觉好、不好或一般（pleasant，unpleasant or somewhere in-between）等简单的词语表达他们的感受。记得二十年多前，我在武汉大学工作时，那时有一个形容情绪的流行语是"郁闷"。我经常听到学生把"郁闷"挂在嘴边。但凡是不开心、不顺利、不那么积极的感受，他们几乎统统都用"郁闷"一词以蔽之。估计现在的大学生是用"emo"一言蔽之了。不知这是不是情绪词贫乏的一种表现呢？

情感神经科学家研究发现，情绪颗粒度越细的人，越能有效调节自己的情绪，也更有同理心（Barrett，2017）。因为在用语言表达和分析自己的情绪时，会激活负责语言的左脑和前额叶，这会抑制杏仁核和右脑的活跃程度，减轻我们的担忧、焦虑和恐惧等负面情绪（Fox，2012；Mlodinow，2022）。有些文化对情绪的认知程度较低，属于"低认知"（hypocognize）的语言，比如马来西亚的永旺语（Chewong）中只有 7 个情绪词。而有些文化对情绪的认知程度较高，属于"高认知"（hypercognize）的语言，比如英语中有 2000 多个描述不同情绪的词（参见 Barrett，2017；Lindquist et al.，2015 的综述）。

可见，随着情绪科学的发展，情绪不再被看作是纯粹心理的现象，而是与身体、脑、语言、社会和文化等密切相关的心理、生理和认知的总和，是多种因素相互作用的结果。这些因素之间究竟是怎样互动的，至今尚无定论。这也是本书要探讨的问题之一。

2.4　情绪是怎样产生的？

不同科学家采用不同的路径研究情绪。牛津大学莫德林学院（Magdalen College of Oxford University）的研究员、埃塞克斯大学（University of Essex）心理学系情感神经科学实验室主任伊莱恩·福克斯（Elaine Fox）教授（2008）指出，有些研究传统停留在常识的水平，主张主观感受或体验是情绪科学的核心内容。有些虽然承认主观心理感受的重要性，但认为它并不是情绪的核心内容，而认为对刺激产生的生理、神经和行为反应才是情绪的本质，它们先于心理的感受。不同的研究路径或研究传统不仅对情绪的定义迥然不同，而且对情绪的构成要素之间的时间顺序和因果关系也莫衷一是。不同的研究传统也导致它们采用不同的技术路线和研究方法。比如，在心理科学领域，尤其是认知心理学、社会心理学和临床心理学界，主要采用认知心理实验、社会调查法、临床观察和访谈等方法。而在神经科学界，尤其是认知神经科学家和情感神经科学家，主要采用神经科学实验的方法。下面我们简要介绍5种主要的情绪理论。

2.4.1 情绪的生物演化论

情绪的生物演化论认为，情绪是生物在自然界经过亿万年演化而成的能力，它被编码进了生物的遗传密码，可以代代相传。情绪的出现是自然选择、优胜劣汰的结果，这是因为具备感受情感能力的生物能迅速协调身体内的运动系统、能量代谢系统、生理反应系统和认知加工系统等，因此能更快速、高效地应对复杂的自然环境和社会环境，提高其生存竞争力。我们设想一下，在春暖花开、万物复苏的季节，大自然的飞禽走兽忙于求偶交配，繁衍后代。正当两只沉醉在热恋中的鸟儿在树梢上唱着清脆婉转的歌声，互诉衷肠时，一条蟒蛇正悄悄向它们逼近。其中一只敏感的鸟儿注意到了这突如其来的威胁，它的歌声戛然而止，立即发出了惊恐的啼鸣，并迅速扑打着翅膀夺路而逃。帮它拉响警报的正是恐惧情绪。如果鸟儿的大脑里没有设置"恐惧"情绪，它们恐怕还沉浸在"谈情说爱"的柔情蜜意中，而成为蟒蛇的腹中餐了。因此，恐惧能立即打断正在进行的行为，使生物迅速切换到应激状态，调动身体的运动、能量代谢、生理反应和认知等系统，以应对突如其来的危险，从而极大地提高生存的机会，也更有可能将自己的基因传递下去。

福克斯指出，情绪的生物演化论是基于这样一个基本假设，"情绪是由生物演化产生的对周围事物或环境做出反应的基因编码系统"（2008：3）。这一理论可以较好地解释，为什么很多人天生对蜘蛛、蛇、老鼠、旷野、突如其来的巨响等会感到害怕。虽然这些刺激对于生活在现代社会的人们来说，并不会造成太大的威胁或危险，但很多人还是本能地害怕这些事物，甚至远甚于枪支、刀械或电源插座等那些更可能危及生命的东西。这些事例说明，自然界的生物演化出了对某些刺激产生自主神经反应的本能。这些本能曾帮助我们的祖先避免各种危险和伤害，追逐对维持生命有益的东西。正因如此，埃克曼（1992）才提出了"核心情绪"的概念。他认为，全人类都拥有一些普遍的、共通的核心情绪。

总之，生物演化论认为，情绪是人类的祖先为了应对生存竞争的压力，适应自然，而演化出来的本能。拥有情绪能力的生物可以更高效地协调许多不同的生理加工过程，帮助它们解决一些迫在眉睫的问题，如图2.4（Fox，2008）。

图 2.4　情绪的生物演化论示意图

（Fox，2008：4）

2.4.2　情绪的社会建构论

受到人类学和社会学的影响，情感科学家提出了情绪的社会建构论。该理论认为，由于人是群居的社会性动物，情绪也具有社会性。社会化的情绪给我们的社会生活赋予了丰富多彩的意义，产生了符合特定社会规范的价值观和身份认同。因此，情绪不仅具有生物的属性，还有社会和文化的属性。人类学家克利福德·格尔茨（Clifford Geertz，1973）指出，思想和情绪都是"文化的人造物"，不同文化以不同的方式赋予情绪不同的价值。这些价值系统又会影响人们的情感体验。因此，这种理论认为，并不存在全人类普适的、共通的情绪，也不存在生物学意义上必然的情绪。对情绪的体验和感受，受到文化的塑造。生活在不同文化中的人们对情绪的体验也不尽相同（Averill，1985；Harré，1986；Kitayama & Markus，1994；Mesquita，2003；Mesquita et al.，1997；Wierzbicka，1994，1999），如图2.5。

例如，日本学者北山教授（Kitayama）和他的同事（2000）比较了日语和英语中的情绪词后发现，文化对人们生活目标的解读和识解影响极大。马库斯与北山（Markus & Kitayama，1991）认为，日本和美国人的自我观截然相反：

图 2.5 情绪的社会建构论或文化观示意图
（Fox, 2008：7）

日本人的自我概念是"相互依赖型自我"（interdependent self），而美国人是"独立型自我"（independent self）。"独立型自我"的本质是个人主义，强调人与人之间彼此独立，每个个体被看作是独一无二的，并且在不同环境下，对自我的认知保持稳定。人的行为受到内在因素，即内在动机的驱动。相反，"相互依赖型自我"的文化根植于集体主义的价值观，即自我的价值通过与他人的关系来定义，一个人的身份和地位取决于他与家庭成员和重要的社会关系等因素，而不是靠个人的奋斗。因此，相互依赖型自我更加注重一个人所承担的社会角色和义务，并且认为一个人的行为是由外在因素，比如社会环境决定的。这种自我识解观不会把一个人的身份看作是稳定不变的，而是随环境变化的。他们发现，独立的或个人主义的自我在北欧和北美比较盛行，而相互依赖的自我在亚洲、非洲、地中海地区的欧洲和南美洲更加常见。

北山等人（2000）还指出，受"相互依赖型自我"文化的影响，日本人更注重维系和谐的人际关系。因此，他们更注重人际间的感情（无论是积极的还是消极的情感）。相反，美国人更关注积极的自尊（追求快乐等）和情绪。他们发现，美国人在体验积极情绪（如快乐）时，往往较少体验到消极情绪（如悲伤），反之亦然（或许不像我们中国人会有"悲喜交加""喜忧参半"等混合的情绪——笔者注）。这比较符合美国社会的价值观，即更提倡和追求积极的情绪，弱化消极的情绪。而日本人偏重在积极情绪与消极情绪之间保持平衡与和谐，而不是一味地追求快乐（参见 Fox, 2008：5-6 的综述）。

因此，甘え（撒娇）之所以在日本文化中是一种基本情绪，是因为这种情绪与日本文化中强调和谐的人际关系是相适应的，但与西方的文化并不相容。在英语中找不到"撒娇"的对等词。福克斯（2008）认为，尽管西方人没有确切的词语可以表达这个概念，并且他们未必能真正体会这种情绪，他们依然可以理解甘え的涵义。

2.4.3　情绪的具身论

　　除了上述两种情绪理论外，另外还有两种基于科学实证研究情绪的方法。一种认为情绪来自人们对身体状态的感知。例如美国最早用科学方法研究心理学的先驱威廉·詹姆斯（1884）提出，当我们注意到一个物体（比如熊）时，会引起身体的各种生理变化（如大脑的自主神经系统被激活），对这些身体的生理变化的感知便是情绪。这种观点与人们的常识相悖。按照常识，我们是先体验到情绪（如恐惧），然后才感受到一系列的身体变化（如心跳加速、手心冒汗等）。詹姆斯则认为，我们不是因为害怕而逃跑，而是因为逃跑而害怕。丹麦心理学家卡尔·兰格（Carl Lange，1885）几乎在同一时期，得出了相同的结论。他们的理论被称为詹姆斯-兰格情绪理论。因此，按照情绪的具身论，你不是因为抑郁才感到痛苦，而是因为痛苦（包括身体的疼痛）才抑郁。

　　顺便说一下，神经科学家安东尼奥·达马西奥（1996，1999）继承并发展了詹姆斯-兰格的思想，提出了"躯体标记假说"（这个理论前面已经多次介绍过了，在此不再赘述）。不过，达马西奥的理论与詹姆斯-兰格的情绪理论存在一些区别。詹姆斯主张情绪与意识感受状态是等同的，即大部分情绪都会被我们意识到。但达马西奥认为，大脑可以探测到身体内部状态的变化，而不被我们意识。这是因为外感受主要受自主神经系统控制，有些可以被我们意识到，内感受由内感受神经系统控制，大部分是无意识的。因此，詹姆斯关于情绪与身体的关系主要侧重自主神经系统控制的外感受部分，而达马西奥所强调的身体不仅包含外感受，还包含内感受。总之，主张情绪具身论的科学家基于情感科学的实证研究认为，情绪本质上是因身体状态的改变所致（如图 2.6）。

图 2.6　情绪的具身论示意图
（Fox，2008：7）

抑郁症从何而来?

关于流行乐坛巨星李玟的抑郁症，媒体上有各种解读。有人认为她是"阳光型抑郁症"，在人前表现得热情洋溢、活力四射，却把痛苦隐藏在心底。阳光型抑郁症患者表面上看，显得自信满满，热爱生活，内心里却不接纳自己、甚至嫌恶自己。也有人认为她尚未出生时，父亲就已离世，这带给她母亲沉痛的心理创伤。由于"母子连心"，母亲的创伤经历也影响到了尚在母胎里的她。于是，抑郁的种子就已种在了她的脑回路里。她人前的阳光灿烂其实只是她伪装的心理防御机制。还有人认为，是因为她的洋丈夫花心，多次背叛她，让她伤心欲绝，生无可恋，等等。

事实上，抑郁症是一种非常复杂的身心疾病。科学家们至今还没有完全弄清楚它的发病机制，众说纷纭也就是自然的事情了。况且，各家说法恐怕都有一定的道理。我看到网上有一个叫范玥婷（Tina）的视频号说，李玟绝不是"恋爱脑"，也不是"阳光抑郁症"，而是因身体长期遭受病痛折磨而导致抑郁。

据网上报道，李玟的左腿有先天缺陷，并且这种疼痛几乎伴随了她的一生。哪怕是在舞台上又唱又跳，性感热辣，她其实一直是靠右腿支撑她的整个身体。2023年3月，她的先天腿疾复发，并且情况非常严重。经过手术后，她需要靠助行器与拐杖的支撑重新学习走路。但每迈一步都如同"走在刀尖上的美人鱼"，经常痛到呻吟。另外，她还罹患了乳腺癌。这些身体上的病痛和折磨摧垮了她的精神。

如果用情绪的具身论来解释，范玥婷的观点是不无道理的。因为，具身认知理论认为，身心是一体的。也就是说，大脑其实分不清是身体的感觉还是心理的感觉，大脑需要通过我们过去的经验和认知模式为这些感觉信号赋予意义。当身体长期遭受疼痛的折磨时，大脑不仅会将伤病的身体状态表征为疼痛，还会把身体的疼痛表征为负面的情绪。有研究显示，长期身体的疼痛会导致抑郁。

了解了真相，让我们对李玟的选择，既感到惋惜、悲痛、心疼，也能理解。毕竟身体的疼痛会折磨甚至击垮一个人的意志。

2.4.4　情绪的认知评价论

情绪的认知评价论认为，认知评价是产生情绪体验的必要前提。这种思想最早起源于古希腊的亚里士多德的哲学思想。他提出，感受是由我们关于世界的信念，以及我们与周围人的关系产生的。例如，他认为愤怒源于你或你的朋友感受到那种你认为是羞辱的事件而产生的"冲动"。1950—60年代美国情绪心理学家玛格达·阿诺德（Magda Arnold）等人提出了现代版的情绪认知评价理论（Arnold，1960；Arnold & Gasson，1954），其核心思想是：对一个事件意义的评价，决定了我们所体验的情绪类型。该理论认为，情绪包含两种参照物：一种是对物体或环境的评价，另一种是体验物体或环境的人。因此，认知评价是对自我与环境之间关系的评估（如图2.7）。通俗地说就是，你怎样评价一种经验才是情绪的核心。

图 2.7　情绪的认知评价论示意图

（Fox，2008：9）

该情绪理论可以较好地解释不同情绪之间的细微差别（不同语言和文化对情绪的认知评价的细微程度叫作"认知颗粒度"）。不同个体对同一诱发事件产生的情绪反应不一定相同。比如，当人们走在张家界的玻璃栈桥上，看到桥下的万丈深渊和山间的云雾缭绕，心跳会不由自主地加快，有的还会手心冒汗、两腿发抖等。这些生理反应其实是肾上腺素激增所致，但对于这些生理反应的认知评价可能会因人而异、因文化而异。比如，有些人感到的是兴奋和刺激，而有些人感觉恐惧和害怕。然而，情绪的演化论无法将兴奋与恐惧的情绪区别开来，它只是认为，这些生理反应是我们远古的祖先经过亿万年的演化，形成的适应生存竞争的能力。而认知评价模型将与情绪相关的身体感受与情绪意义的评估过程和应对能力的评价关联起来了（Lazarus，1966）。比如，在拥挤的地铁上，有人对你做出了非礼的行为。如果你将之解读为"羞辱"，你会感到愤怒，并奋起还击；如果你将之解读为"威胁"，就会感到恐惧，于是你会避其锋芒，逃之夭夭。总之，评价理论模型可以解释为何面对相同的刺激，人们会产生不同的情绪体验。换言之，并不是情境本身产生了某种情绪，而是人们根据其特定的目标，对该情境的评价产生了情绪。

2.4.5 情绪的语言建构论

莎士比亚说"人是宇宙之精华，万物之灵长"。的确，经过亿万年的演化，人脑无论在结构上，还是在功能上，都比其他哺乳动物的大脑复杂得多，尤其是新皮层的面积 - 体重比更是在所有哺乳动物中独占鳌头。这使得人脑拥有许多高级的认知功能，包括语言能力、想象力（概念的组合和创造的能力）、抽象思维能力、自我意识的能力、换位思考的能力等。因此，人类在一定程度上，可以超越生物遗传的局限，拓展和细化他们对经验的概念化和范畴化能力。也就是说，语言不只是帮助我们给感觉经验贴上符号标签，还可以创造出新的感觉体验，对混沌的、模糊的、流动的感觉生理信号流进行切分，赋予意义，并用词语加以锚定。还有些学者（如 Lieberman, et al., 2011; Gottman et al., 1996）认为，语言有助于我们将模糊、朦胧、混沌的情感转化为可控制的和可管理的概念实体，进而通过认知分析的方法调节情绪。而有些情感心理学和神经科学家（如 Barrett, 2017; Lindquist et al., 2016; Barsalou, 2009 等）认为，情绪概念和情绪词不仅能调节情绪，还是构成情绪的必不可少的要素。也就是说，没有情绪概念，就没有情绪感受。他们称这种理论为情绪的建构论（the constructionist theory of emotion），如图 2.8。

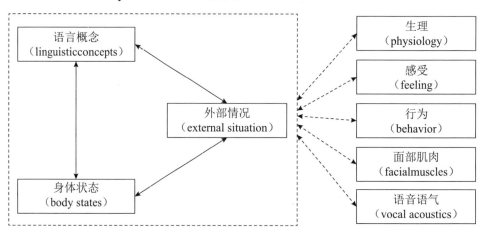

图 2.8 情绪的语言建构论示意图

情绪词或情绪概念会根据特定的情境，将混沌、模糊、连续的身体状态，切分为离散的情绪概念。情绪词或情绪概念是构成情绪的基本要素，并参与情绪经验的创造（引自 Lindquist et al., 2015: 19）。

首先，并不存在人类普适的情绪实体，无论是面部表情、身体反应还是大脑的神经回路等，都没有全人类普适的、共通的"情绪指纹"。相反，情绪是大脑根据我们过去的经验，为了保持身体内稳态，对身体的新陈代谢、温度变化、血压、心率等的感觉信号流赋予的意义。

其次，人类的大脑天生拥有对事物分类的能力。比如：这是男人，那是女人；这是成人，那是小孩；这是动物，那是植物；这是矿石，那是珠宝；这是江河，那是湖泊，等等。用专业术语来说，就是人类有范畴化和概念化的能力。人脑不仅对自然界中存在的事物进行分类，还能创造出新的概念和关于世界的心理模型。比如，虚构的文学作品或神话故事里的人物和情节，以及一些社会建制，例如将学校分为小学、中学和大学，大学分为综合类、理工科类、师范类和专业类大学等。近年来，还区分了双一流大学和双非院校等。这样的范畴化、概念化能力对人类的生存和繁衍是有利的，它能提高我们处理信息的效率。不过，它也是我们制造偏见和歧视的根源。比如：这是上等人，那是下等人；这是富人区，那是贫民区；这是"白富美"，那是"矮矬穷"；这是人生赢家（winners），那是失败者（losers），等等。

最后，情绪词并不只是给情绪贴标签那么简单，研究发现，人们的情绪经验是由情绪概念和情绪词创造的。也就是说，关于情绪的词语、话语和叙事是构成情绪不可或缺的一部分。加拿大裔的美国情感神经科学家丽莎·费尔德曼·巴雷特教授是情绪建构论的创立者。她现在担任美国东北大学的杰出教授，兼任麻省总医院和哈佛医学院教授。2019—2020 年，她当选了美国心理科学协会会长。她还是当今世界上的高被引科学家之一（位列前 1%）。她指出，"如果没有概念，你所体验的世界就是一片此起彼伏的噪音"（2017：85），"你必须先有情绪概念，才能体验或感知到某种情绪。如果没有'恐惧'的概念，你无法体验到恐惧。没有'悲伤'的概念，你无法感知他人的悲伤。你既可以学习一些生活中必需的概念，也可以通过概念组合，建构和创造出新的概念。但无论如何，你的头脑里必须要用概念预测感受。否则，你的情绪体验将是一片空白"（2017：141）。

汉语对水系分类的颗粒度之细着实令人惊叹！

汉语对水系或水与陆地之间关系的区分或颗粒度相当细致。根据辞海上的分类，包括：岸指江、河、湖、海水域邻接陆地的分界；湾指水流弯曲的地方；渚指水中的小块陆地；岛指散处在海洋、河流或湖泊中的小块陆地；礁指海洋或江河中隐现水面的岩石；洲指水中的陆地；江河用作水道的通称；塘指堤岸或堤防，也有将圆的水池叫池，方的叫塘；浦指通大河的水渠；湖指积水的大泊；荡指积水长草的洼地。

此外还有半岛，指深入海洋或湖泊中的陆地；群岛指海洋中彼此相距很近、在成因上有一定联系的岛屿；列岛指成线状或弧状排列的岛屿；湄指水与草交接的地方；渚指水中的小洲；涯指水的边际；洼指水坑；潭指深水处；渊指深潭；沼泽指湿地；埂指河边的空地；渠指人工开凿的水道；运河是人工开凿的通航水道；榭指建在高土台上的敞屋；堰指明渠中壅水的建筑物；坝指建在水流中拦截水流的建筑物；埠指码头；港指港口……[参考《辞海》(第七版)]

可见，如果没有这些词语对各种水陆关系进行命名或切分，上述实体都是不存在的。我们所能见到的只是一片模糊无界的水陆相连。

她指导的博士生，现任北卡罗莱纳州立大学教堂山分校心理学系教授的克里斯汀·林德奎斯特与她的同事们通过研究指出，语言不仅有调节情绪的功能，还能"赋予人们的情绪状态以意义，是构成情绪感受的必要成分"（Lindquist et al.，2016：589）。她的研究团队指出，我们不是"将感受放进词语里"（feelings get put into words），而是把"词语放进感受里"（words get put into feelings）（ibid：590）。"语言可以表征人们的范畴知识，尤其是抽象的范畴，尽管这些抽象范畴不一定能带给我们身体上的感受……但抽象词就像'黏合剂'一样，可以将一些看似没有共性的事物、事件或经验黏合在一起，并忽略它们之间的差异"（ibid：581）。

为了帮助读者理解这段话的意思，我以"中药"为例加以说明。了解中药的人都知道，中药房里有各种各样晒干的草本植物、木本植物、昆虫，还有动物的骨头、犄角，甚至还有矿石等。这些貌似完全不相同的东西被统称为"中药"。也就是说，"中药"这个抽象概念把上述那些性质和形态迥异的东西黏合在了一起。又如，在西方的圣诞季，超市的货架上摆满了各式各样的红酒、巧克力和鲜花等，这些貌似完全不同的东西，都被归入"圣诞礼物"的范畴。同样，主张语言建构论的情感神经科学家认为，在英语里，人们把心率加速、血压升高、肌肉紧绷等生理变化概念化或范畴化为"愤怒"。

中药材的分类

（一）植物类的中药材：（1）根及根茎类，（2）茎木类，（3）皮类，（4）叶类，（5）花类，（6）果实种子类，（7）全草类

（二）动物类的中药材

（三）矿物类的中药材

语言建构论还认为，不同个人、社会和文化群体对情绪认知的颗粒度不尽相同。另外，个人与文化之间对情绪概念化的差异性或多样性源于他们对情绪的选择注意分配的差异（Niedenthal，2008）。例如，有些人将注意力聚焦于心率、呼吸、面部表情和肌肉的张弛等身体状态的变化，有些人则凸显情绪的认知方面。但选择注意的偏向都是在特定的社会和文化环境中，从幼年发展出来的，是在与养育者的互动中，通过学习习得的适应社会的情绪认知能力（Fotopoulou & Tsakiris，2017；Barrett，2020）。

结 语

通过对以上五种情绪理论模型的介绍，我们知道，情绪是身体的感觉-运动系统、大脑的中枢神经系统、语言和文化等多种要素互动产生的心理表征。上述五种情绪的理论模型分别将情绪的遗传基因、社会文化环境对情绪的建构、产生情绪行动的自主神经系统、产生情感感受的内感受神经系统、心智表征和语言符号系统对情绪的认知评价等作为各自理论的焦点或核心。它们都尚未将这些不同侧面组装成一幅关于情绪理论的完整拼图，也尚未厘清各个要素之间的先后顺序或因果关系。就像"盲人摸象"，每个盲人只摸到大象身体的一部分，却以为摸到了它的全部。

此外，目前的语义理论和跨语际的情绪概念化比较研究大多还是基于哲学思辨，或是通过对语言用法的内省构建的民间理论，并不是科学理论（Kövecses，1990，2003）。我们希望基于当今前沿的情感神经科学和内感受神经科学，把关于情绪的不同侧面拼缀成一幅更加完整的图画——提出更加科学、系统和全面的情绪概念化理论模型。在下一章，我们将讨论神经科学的发展对语义学有何影响，以及该如何在情感神经科学和内感受神经科学的理论框架下，研究情绪的概念化。

第三章

神经科学的发展与具身语义学的兴起

　　没有人是一个孤岛。一个人的生存既需要从周围环境获取物质和能量，也需要从周围环境中获取社会资源和情感支持。人既依赖于自然和社会环境，也能通过自己的智慧和劳动改造世界。当然，有时，甚至多数时候，要想获得这一切，需要与自然抗争或与他人竞争。人脑如何应对复杂的生存环境和竞争压力呢？大自然赋予了人脑理解和产生意义的能力，这或许是我们能成为"宇宙之精华，万物之灵长"的一个重要原因。以我们日常生活中常吃的苹果为例。它对于我们到底意味着什么呢？对它的了解对我们的生存和发展有何益处呢？我们不妨在百度百科上搜索一下"苹果"的释义：

　　苹果：落叶乔木。叶互生，叶片有齿。是中国北方重要果树之一。也指这种植物的果实。品种很多，如国光、红玉、富士等。

　　再搜索"吃苹果的好处"会发现：

　　（1）可以降低血脂，苹果中含有非常丰富的维生素、微量元素，特别是含有纤维素，可以帮助人体减少胆固醇的吸收，降低脂肪的含量。

　　（2）苹果可以缓解和治疗便秘，特别是老年性便秘、活动差、饮食结构不合理，可以通过吃苹果进行调整。

　　（3）苹果可以帮助降低血压，因为苹果中含有非常丰富的钾，可以导致人体的血压出现平稳和下降。

　　（4）苹果有助于缓解情绪，苹果中含有一些果糖，可以使人心情舒畅，可以使抑郁和焦虑等不健康的心理状态得到缓解。

　　显然，植物学和营养学提供的关于苹果的知识，对我们的生存是有益的。当我们血脂高、血压高、便秘或心情不好的时候，每天吃一个苹果会对我们的身心健康有益。生物制品公司甚至可以从苹果中提取有效成分，制成保健品等。

此外，不同文化给"苹果"赋予的寓意也不同。苹果在中国也叫"平安果"，因为"苹"与"平"谐音，象征着平安与祥和。而在在西方文化里，苹果代表智慧，据说是因为夏娃受到撒旦的诱惑，偷吃了伊甸园里的智慧果，即苹果。苹果还代表心爱之物，因为英语成语 the apple of one's eye 有掌上明珠、心爱之物、心肝宝贝的意思。此外，苹果还有纷争之意，因为古希腊神话中，神级最高、最美艳的三位女神——众神之母赫拉、智慧女神雅典娜和爱神兼美神阿佛罗狄忒（罗马名维纳斯）为了抢夺金苹果而争论不休。

毫不夸张地说，我们生活的世界并不是一个客观的世界，而是被各种意义建构的世界。试想一下，人们为什么要投入大量的人力、物力、财力去举办和参加奥运会？女士们为什么会不惜重金去购买昂贵的珠宝和奢侈品包包？为什么一些老人平时省吃俭用，却舍得大把花钱购买保健品？为什么到了母亲节、情人节、圣诞节等节日时，商家会大力推销各种时令礼品和鲜花？其实，背后的动机都是受意义驱动的。营销高手往往是炮制意义的能手，他们会炮制各种诱人的名义让人们参与消费。这是因为他们会利用人类的认知很大程度上受到意义系统的影响或塑造这一事实。

读者也许会说，难道奥运会不是全人类都心向往之的一场体育盛事吗，与意义有啥关系？没错，每四年举办一次的奥运会起源于两千多年前的古希腊，现代的奥林匹克运动却是工业革命的产物。因为工业革命极大地扩展了世界各民族之间在经济、政治和文化等方面的联系和交往，人们需要以各种沟通手段加强国际互动和交流。奥林匹克运动正是为适应这种社会需要而出现的，是人类社会发展到一定阶段的产物。为了让举办和参加奥运会的意义听起来更加神圣和具有普世性，国际奥委会创设了一系列独特而鲜明的象征性标志，如奥林匹克标志、格言、会旗、会歌、会徽、奖牌、吉祥物等，这些标志有着丰富的文化含义，形象地体现了奥林匹克理想的价值取向和文化内涵。各承办国还会利用奥运会大力推广自己国家的文化、塑造国家形象、提升自己国家的国际影响力。以奥运格言为例，1920 年国际奥委会正式确认"更快、更高、更强"为奥运会的格言，旨在倡导奥林匹克运动的不断进取、永不满足的奋斗精神。它不仅提倡在竞技运动中要不畏强手、敢于拼搏，而且鼓励人们在自己的生活和工作中要不甘平庸、朝气蓬勃、积极进取、超越自我，将自己的潜能发挥到极限（赵岷，李翠霞，王平，2011）。可见，正因为奥运会承载了极其非常丰富的文化内涵，每个国家的政府机构、运动员和教练员等与其说是在为奖牌而拼搏、奋斗，不如说都在为国际奥委会创设的意义而奋斗、拼搏，商家也在利用奥运营销自己的产品和企业形象。如果奥运会没有负载这些意义，也就失去了它存在的价值。同样，在国际事务和外交领域，各国政府都在争夺国际话语权，试图用自己的意义系统去影响或主导世界。

就连商店的售货员也要懂得跳出商品本身，为商品制造新奇、诱人的意义。比如，你打算去珠宝店给闺蜜买一份生日礼物，却不知该选哪种宝石。突然，你被一块澄澈透明的黄水晶吊坠吸引了。懂得营销的店员立刻向你介绍佩戴黄水晶的好处，她告诉你黄水晶有三种寓意：第一，黄水晶是平安、健康的象征，长期佩戴对身体有益；第二，黄水晶代表自信，戴上它能够增加气质；第三，由于黄水晶与黄金的颜色相似，戴黄水晶是招财的。听完店员的这番营销输出后，原先在你眼里只是一块黄色玻璃的黄水晶，顿时勾起了你强烈的购买欲。

哪怕是家养的宠物狗，也会给狗粮和骨头赋予可食之物的意义。此外，狗狗的小便还是它们标示领地主权和向异性示爱的隐秘信号呢。因此，对于狗来说，狗尿味蕴含着丰富的信息或意义。

总之，生活在地球上的人类会给他们生活中遇到的、想象的或虚构的事物或事件赋予意义，形成关于这些事物或事件的概念、观念乃至理论（如科学理论、民间理论、神学理论、玄学理论等），从而认识世界和改造世界。无疑，我们每个人的头脑里都装有各种各样的概念、观念和理论。学习、阅读、听讲座、聊天等都是丰富、刷新或创造概念、观念和理论的有效途径。认知心理学家把给感觉经验赋予意义的过程叫作概念化（conceptualization）。简言之，概念化是人脑对现实或虚拟的世界以及身体外部和内部的感觉经验赋予意义的过程和结果。因此，要弄清楚情绪是如何被概念化的，就是要弄清楚情绪的意义是如何被大脑的神经系统加工，以及如何被我们的心智表征的。

那什么是意义呢？这个的问题貌似很简单，却一直困扰着哲学家、语言学家、心理学家、人类学家等。近年来，认知科学家和神经科学家也加入了讨论。传统的语义理论的发展大致经历了逻辑语义学、情境语义学（或语用学）和认知语义学等不同阶段。随着认知神经科学、具身认知科学、情感神经科学、内感受神经科学等的兴起和发展，大脑如何表征意义则成为了神经科学的一个研究课题。也使得语义问题从传统的主要通过哲学思辨和对语言现象的内省建构

"民间理论"的研究范式，走向了以科学理论和实验证据为基础的研究范式。具身语义学便是神经科学与语义学联姻的结果。

此外，我还把具身语义学的发展分为两个阶段。早期受认知神经科学的影响，是以脑为中心（brain-centered），聚焦于身体外感受（exteroception-based）的阶段（简称"外感受的具身语义学"）。不过，这个阶段只能解释与身体的感觉 - 运动通道（sensory-motor modality）有关的具体概念的具身性，却无法解释像"自由""民主""正义""文明""道德""真""善""美"等抽象概念的具身性（周频，2020）。尽管认知语义学家（如 Lakoff，1980，1999，2008，2014；Gibbs，2006 等）认为，人是通过概念隐喻认知抽象概念的意义的，但概念隐喻最终可归结为身体的感觉和运动经验。比如"人生是一段旅程"就是用"旅程"这样的具体概念去认知"人生"这样的抽象概念。还有，我们日常语言中充满着隐喻，但我们常用而不自知。比如"他花了五年时间拿到了博士学位""她为了家庭，付出了毕生的心血"，这两句话用了"花了"和"付出"，其认知的底层有"时间是金钱"的隐喻。又如，在"真抓实干，要切实抓好工作落实"这句话中，"抓"的本意是"手指聚拢，使物体固定在手中"，而对于"工作"这种抽象概念，我们用"抓"这个隐喻指"加强领导，特别着重（某方面）"的意思。认知语义学家认为，隐喻最终来自于人与世界互动中身体的感觉 - 运动经验。

不过，神经科学的研究表明，有些抽象概念无法还原为"具身的简单概念"（embodied primitive concepts）和"基本隐喻"（primary metaphors）（Desai et al.，2011）。抽象概念（包括抽象的情绪概念如"愤怒""悲伤""恐惧""喜悦"等）的具身性是否存在？如何确定它们的神经真实性（neural reality）或"神经指纹"（neural fingerprint）？这些不仅是神经科学家研究的课题，也是心理学家和语言学家关心的问题。

随着情感神经科学和内感受神经科学的兴起和发展，这些问题似乎有望得到更科学的解释。越来越多的证据显示，抽象概念的表征与负责情绪加工的脑区（如喙前扣带回皮质）有关。也就是说，大脑中加工情绪的脑区参与了抽象概念的加工。此外，神经科学研究表明，我们心理上感受到的情绪归根到底来自于身体的内感受。这些内感受信号经过脑岛等的加工，表征为喜怒哀乐等情绪。这表明，抽象概念的具身性很可能与身体的内感受系统有关。换言之，加工内感受的脑区也参与了加工像"自由""民主""正义"等抽象概念。因此，那些听起来高大上的概念，像"女权""文明""平等""公正"等其实都受到我们内感受的调控，带有感情的色彩。

事实上，情感神经科学的研究表明，我们的一切感知、认知和行为等都受到内感受系统与大脑的共同调控。即使是最理性的思想都要蒙上内感受的滤镜，带有情感的色彩（Barrett, 2017）。甚至对外感受的感知和认知也绕不开内感受，即内感受是产生外感受的前提和基础。因此，认知语义学声称的所谓抽象概念的具身性是通过隐喻或转喻投射，归根到底来自感觉 - 运动系统（主要指外感受）的观点是不全面的。语义的具身认知理论不仅需要研究身体的外感受，更需要关注内感受。

可以说，具身语义学的兴起是神经科学的发展的必然结果。在这一章，我将首先梳理语义理论的沿革；其次，介绍外感受具身语义学的相关研究及其不足之处；最后将结合前沿的内感受神经科学的相关理论和研究证据指出，今后更应当关注内感受具身语义学，并展望未来语义理论研究的发展趋势。

3.1　语义理论的沿革

现代语义学是怎么诞生的呢？说起来还得"归功于"19 世纪末、20 世纪初西方传统哲学面临的一场危机，其结果导致了现代哲学的"语言转向"（linguistic turn）。一群号称分析哲学或逻辑经验主义的哲学家试图通过对语言进行逻辑分析，探讨传统哲学关于世界、客体、思想、自我、真理、规律、经验、善恶、美丑等问题（赵敦华，2001）。他们认为，传统哲学中充斥着大量没有指称对象的概念和词语。由这些词语组成的句子或命题既无所谓真，也无所谓假，而是无意义的伪命题。建立在此基础之上的哲学体系则是形而上学。因此，他们认为哲学的首要任务是改造语言，清除其中有歧义和谬误的词语，进而摒弃传统认识论中的形而上学。

后来，随着人们对意识、心智等认识的加深，语义学开始将社会文化语境及心智的认知结构等要素纳入其研究的范畴，先后出现了情境语义学和认知语义学等。近年来，随着神经科学的迅猛发展，语义研究逐渐与神经科学联姻，出现了具身语义学。下面，我将梳理语义理论演变的脉络，并力图把这些概念讲解得通俗易懂一些。

3.1.1 逻辑语义学（Logical Semantics）

现代语义学发轫于逻辑语义学，迄今已有两百多年的历史了。它的产生缘于西方传统哲学经历的一场危机。让我们穿越到两百多年前的欧洲，体验一下当时身处危机中的哲学家们的困惑和忧虑吧。19 世纪末到 20 世纪初的西方传统哲学正面临着生死存亡的危机——哲学即将丧失其研究的对象。这是因为，康德将西方传统哲学的研究对象概括为三大主题——上帝（第一存在）、物质（自然界）和灵魂（精神界）（赵敦华，2001；书杰，2022）。然而，随着启蒙运动席卷欧洲，以及自然科学的发展和实验心理学的兴起，20 世纪初的西方传统哲学快要成为时代的弃儿了。

这是为何呢？去过欧洲的人都知道，无论在城市还是乡村，最高大、宏伟、壮观的建筑都是教堂。因为在中世纪，人们笃信上帝，对基督教的信仰根深蒂固。教堂不仅是上帝的居所，还是人们日常生活的中心：一个人出生后，要去教堂受洗礼；长大后，每周都要去教堂做礼拜；结婚时，由牧师在教堂主持并见证他与新娘的婚礼；离世时，又要由牧师为他主持葬礼。但 17—18 世纪一场伟大的反封建、反教会、高扬"理性主义"的思想文化解放运动——启蒙运动席卷了欧洲。"the Enlightenment"（启蒙）本意是"光明"的意思，就是用理性之光驱散愚昧的黑暗。受到启蒙运动的洗礼，人们逐渐摆脱了专制统治和教会的压迫，中世纪基督教哲学讨论的"上帝"也不再是哲学领域的主要讨论对象了。

此外，19 世纪的自然科学得到飞速发展，加上受到孔德开创的实证主义思潮，特别是马赫在物理学领域发起的现象主义的影响，哲学家对上帝和传统哲学关于"世界的本原是什么"的经典问题不再有发言权了。一方面，人们无须借助上帝就能认识世界。因为认识世界的工具不是上帝的启示，而是人的理性思考。另一方面，关于物质世界的问题，也不再需要靠哲学家给出关于物质世界的一般性原理和结论，而是留给科学家来回答（赵敦华，2001；书杰，2022）。

最后，在灵魂层面，由于 20 世纪初冯特开创了实验心理学，传统哲学关于精神或灵魂的研究阵地也被心理学所占领。于是，哲学又失去了"精神"和"灵魂"这一最后的研究对象（ibid）。因此，传统西方哲学面临着失去地盘、大厦坍塌的危机。

除此之外，当时一些英国的哲学家对形而上学的空谈表示极度不满，他们认为造成空谈的根本原因在于语言中存在"表征危机"。传统哲学认为，语言是现实世界的一面镜子，它能忠实、透明地映现现实。语言与它所表示的意义是一一对应的，例如"苹果"对应于现实世界的苹果，"学校"对应于现实世界中的学校，等等，因此，语言描绘出来的是一个真实的世界。然而，当时在英国哲学界占主导地位的是新黑格尔主义。他们建立了庞大的哲学体系，其中使用大量的哲学术语和概念，像"神""始基""自在之物""理念""无限""绝对""自我""非我"等，来论证黑格尔的绝对精神的存在。当时英国的哲学家伯特兰·罗素（Bertrand Russel）和乔治·穆尔（George Moore）等人认为，这些人造的概念或术语完全没有经验对象与之对应。由它们组成的句子也不能经受经验的检验。此外，形而上学把有意义的词用违反逻辑发展的方式组合在一起。它们看起来像是句子，其实没有逻辑结构（赵敦华，2001）。因此，建构在这些概念与不合逻辑的句子基础之上的，貌似蔚为壮观的形而上学的哲学理论，就像建筑在沙滩上的大厦一样，根基不牢。

为了给哲学的生存危机和语言的表征危机寻找出路，当时的哲学家们试图通过对语言进行逻辑分析，开辟一个新的哲学研究领域——语言的意义。分析哲学由此兴起。分析哲学家大多是数理方面的科学家。他们反对建立庞大的哲学体系，主张在解决哲学问题时，从小问题着手，由小到大地逐一解决。因此，所谓"分析"就是把复杂的大问题拆分成更简单的小问题，然后梳理这些"小问题"之间的逻辑关系，从而解决问题。分析哲学的研究对象就是语言，即分析语言的内容和形式。语言的内容是语言所表达的思想内涵，语言的形式指语言的逻辑结构和句法（书杰，2022）。因此，分析哲学也叫语言哲学。

语言哲学的研究内容包括：探究意义的本质、意向性、指称、句子成分、概念、学习和思维等（Blackburn，1995）。建立在语言哲学基础上的语义研究也叫作逻辑语义学。逻辑语义学家假定，理想语言应当与实在（即世界真实的、本质的存在，而非感官感知的现象世界）在逻辑上是同构的。哲学家可通过对语句或命题进行逻辑分析，清除认识中的谬误和主观臆断的形而上学错误。

逻辑语义学的哲学基础是本质主义（essentialism）和身心二元论（dualism），即主张外部世界独立于人的思想或精神而存在，它们具有不依赖于人的思想的客观本质。人类只有通过理性的、逻辑的思维，才能揭示外部世界的客观本质（Gelman，2003）。因此，理想语言应当是理性的、逻辑的、先验的（a priori）。并且，理想语言的意义不受我们身体的感觉 - 运动经验影响，是离身的（disembodied）和非通道的（amodal）——即与感觉 - 运动经验无关的、稳定的抽象符号对外部世界的逻辑表征（Gärdenfors，1999；参见 Meteyard et al.，2012 的综述），如图 3.1。

图 3.1　逻辑语义学关于语言与外部世界关系的假定

逻辑语义学假定语言与外部真实的世界/实在是逻辑同构的。人们可以通过对语言的逻辑进行分析和运算，确定语言与实在的关系，从而确定语言的意义或命题的真值。

但后来人们发现，日常生活中使用的语言不可能是时时处处都遵循逻辑的理想语言。语义也不是固定不变的，而是随使用环境的改变而变化，因此，出现了情境语义学。

3.1.2　情境语义学（Situational Semantics）

情境语义学（也称作"语用学"）认为，意义取决于语言使用的语境和社会文化环境。该理论认为，意义不是先验的、固定的，而是可变的（flexible），因人们的经验不同而不同。比如，"*我们今天晚上七点去看电影*"这句话中，"我们"和"今天"的意义并不是固定不变的，而要看由谁说的。"我们"中的"我"是谁，以及我和谁？同样，"今天"的意思也不是固定不变的，而是取决于说话者在说这句话时的具体日期。还有些语言的用法不能按照字面意思去理解，需要听话者根据语境推理说话者的言外之意，或会话含义。比如，"他家首饰的镀金可是镀金工艺的**大花板**"，其中"天花板"并不是指房屋的天花板，而是指他家镀金的工艺水平达到了顶级水平。还有些语义取决于特定的社会或文化语境，比如"他为人非常**谦虚低调**，*而且孝顺父母*"，评价一个人"谦虚低调""孝顺父母"究竟是正面的、负面的，还是中性的，取决于社会文化语境。在中国，大多数人或许同意这些都是正面的评价，在西方则未必。

因此，情境语义学是反本质主义的。也就是说，否认存在独立于语境和社会文化环境的客观的、本质的意义（Gärdenfors，1999；Meteyard et al.，2012），如图 3.2。不过，情境语义学家并未考虑加工意义的主体，即人的心智或大脑。

在他们看来，意义貌似无需大脑加工就存在。他们更没有考虑语义与身体和大脑的关系。因此，意义被看成是与身体无关的、非通道的、离身的。随着1980年代第二代认知语言学的出现，意义开始被看作是经过心智的认知结构塑造的产物，由此出现了认知语义学。

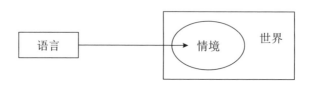

图3.2 情境语义学关于语言与世界关系的假定

情境语义学认为语言符号的意义取决于使用该语言符号的情境。

3.1.3 认知语义学（Cognitive Semantics）

认知语义学强调，意义是经过心智的概念结构的塑造，从而产生的关于外部世界的心理表征或心理模型（mental model）（Lakoff，2008）。认知科学家认为，我们心智或大脑对感觉信息的加工不是任意流淌的信息流，而是按照一定结构组织起来的。这些结构包括概念隐喻、概念转喻、意象图式、框架、脚本、心理空间融合等，它们就像做圣诞糖霜曲奇姜饼用的模具，感觉信息流就像那张大面皮。感觉信息流经过这些概念结构的加工，产生了具有特定认知结构的、关于外部世界感知和认知的心理表征或心理模型。也就是说，我们经验到的世界是经过那些概念结构塑造的心智模型。而这些概念结构来源于身体的感觉-运动系统与环境的互动，因而是具身的（Lakoff，1987；Lakoff & Johnson，1980，1999等），如图3.3所示。

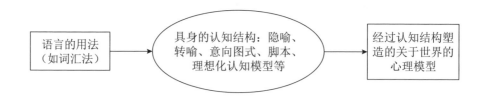

图 3.3 认知语义学关于语言、心智的认知结构和外部世界三者关系的假定

认知语义学是"基于语言的民间理论"（Kövecses，2003），即通过对语言用法的内省（比如"词汇法"），推测心智的具身认知结构，并认为我们对世界的认识（心理模型）是经过心智的具身认知结构塑造的产物。

按照认知语义学理论，由于心智受具身的认知结构的塑造，意义来自心智对感知事件的概念化，因此语义也是具身的。我们所认知的世界是经过具身心智塑造的具身的实在。因而，不存在脱离认识主体的、客观的、本质的世界。有怎样的概念化过程，就有怎样的语义（Lakoff & Johnson，1999）。

需要强调的是，认知语义学理论从方法论上看，并不是科学理论，而是属于考威塞斯（2003）所谓的"基于语言的民间理论"。由于缺乏科学的依据，认知语义学可能存在以下问题。

（1）对心智"只见有意识，忽视了无意识"，因而是不全面和不科学的。认知语义学理论主要是通过"词汇法"推测心智的认知结构。在第一章已经论述过，心智除了有意识的心智外，大部分是无意识的，也无法用语言表达。因此，仅凭词汇法推测心智的概念结构和认知过程，无法全面地揭示心智的认知结构。

（2）对心智的具身性"只见外感受，忽视了内感受"，因而是不够科学和全面的。认知语义学把心智的具身性都归结为感觉 - 运动经验（其实主要是外感受系统），却忽视了更加根本的身体内感受对心智的影响。认知语义学理论认为，所有的概念，包括抽象概念，甚至逻辑、数学、科学等概念，归根结底都来自具身的感觉和运动经验（Lakoff，1987；Lakoff & Johnson，1999；Lakoff & Núñez，2000；Brown，2003）。但这一论断过于简单化和狭隘，不符合神经科学的事实（我们将在 3.2.2 节详细论述）。

（3）心智的加工"只见中枢神经系统，忽视了内感受神经系统"，因而也是狭隘的、不科学的。认知语义学假定，一切感知和认知都由大脑的中枢神经系统加工。而现代神经科学表明，心智来自身体的内感受系统（包括内分泌、免疫、循环系统和周围神经系统等）和外感受与大脑中枢神经系统的密切互动所建构的具身的心理模型（Damasio，2018，2021；Craig，2015；Barrett，2017；Petzschner et al.，2021）。也就是说，我们头脑中的思想不只是大脑里的中枢神经系统加工的结果。我们整个身体，包括体内的五脏六腑、血管、血液等，以及眼耳鼻舌皮肤等感觉器官都会塑造我们思想（是不是听起来十分奇妙？）。

总之，关于大脑如何加工语义不能仅凭对语言现象的观察、内省、猜测和推理，还须结合神经科学才能获得更科学、可靠的解释。

概念结构与圣诞饼干

什么是"概念结构"呢？我不妨举例说明一下。记得在上大学二年级时，我们班来了两位美国的外教夫妇沃尔特和埃莉诺，他们都是爱达荷大学的教授。为了让我们了解美国文化，他们领着我们庆祝了许多美国的节日，包括感恩节、万圣节和圣诞节等。有一次，埃莉诺问我们班哪些同学愿意去他们的寓所帮忙做一些圣诞糖霜曲奇姜饼。我非常乐意地成为了这批志愿者的一员。到了他们家，埃莉诺已经提前揉好了面团。她先让我们把面团用擀面杖擀成一张大约2—3毫米厚的大面皮。她从厨房拿出一套有松树、梅花鹿、雪花、圣诞袜子、铃铛和圣诞老人等形状的模具，让我们将这些模具扣在那张面皮上。于是，我们扣出了各式各样的饼干。她又让我们把五颜六色的奶油抹在上面后，放进烤箱里烤成了花花绿绿、可爱又香甜的糖霜曲奇饼干。

圣诞糖霜曲奇饼干　　　　　　　　　　圣诞饼干模具

3.2　基于神经科学的具身语义学（Embodied Semantics）

现代神经科学的飞速发展为语义学研究带来了一场革命，出现了具身语义学。换言之，具身语义学是神经科学与语义学交叉，产生的新的语义研究范式。早期的具身语义研究把脑当作心智认知的唯一来源，主要是基于认知神经科学，聚焦于身体的外感受（即感觉 - 运动）系统（如 Arbib，2005；Aziz-Zadeh & Damasio，2008；Barsalou et al.，2003；Gallese & Lakoff，2005；Hauk & Pulvermüller，2004 等）。但基于外感受的具身认知理论无法解释抽象概念，像"政治""数学""经济""法治""伦理"等，以及抽象的情绪概念，如"愤怒""喜悦""悲哀""恐惧"等的具身性问题。

尽管一些研究者对抽象概念如何在大脑中表征给出了不同的解释（如Lakoff，2008，2014；Damasio，1989等），但仍存在一些问题或困难。我们注意到，情感神经科学和内感受神经科学的发展，有望为抽象概念的具身性提供神经科学的解释，进而出现新的研究范式。因此我们提出，要解释抽象概念的具身性，有必要探讨内感受系统与心智的关系。下面我们先介绍基于认知神经科学的外感受具身语义学。

3.2.1 外感受具身语义学

外感受的具身语义学主要通过认知神经科学的实验，研究感觉和运动的概念如何在大脑躯体特定区（somatotopic areas）表征。我于2014—2015年在南加州大学访学时的导师，丽萨·阿齐兹-扎德教授当时主要研究认知神经科学和具身语义学。她在一篇论文中指出，"具身语义学认为加工我们感觉-运动的神经回路也加工表征那些感觉-运动的概念"（Aziz-Zadeh，2013：273）。也就是说，大脑中，对"温暖""寒冷""酸""甜""苦""辣"等感觉概念和关于"跑""跳""投""咀嚼"等运动概念进行表征的其实就是在大脑中专门负责那些感觉的脑区和控制运动的脑区。比如，神经心理实验显示，当我们听到关于颜色的词语时，大脑中加工颜色知识的脑区，如腹侧枕颞交界处的神经活动会增加。听到与触觉相关的词语时，会激活躯体感觉皮层（Barsalou，1999；Barsalou et al.，2003；Gallese & Lakoff，2005；Gallese & Vittorio，2008）。同样，"投掷"（throwing）这个动作概念，由大脑负责投掷动作的感觉-运动脑区表征（如Pulvermuller et al.，2005；Glenberg & Kaschak，2002）。豪克等人发现，在阅读与脚、手或嘴的动作有关的词语（如kick、pick、lick）时，会激活负责这些动作的身体部位相邻或相同的脑区（Hauk & Pulvermüllor，2004）。泰塔曼蒂等人研究也发现，听到与动作相关的句子时，会激活相关的躯体特定区（Tettamanti，et al.，2005）。意大利帕尔马大学的心理生物学和认知神经科学家维托里奥·加莱塞（Vittorio Gallese）教授与认知语言学家乔治·莱考夫教授称这种再利用感觉-运动脑区加工感觉-运动概念的理论为"神经再利用假设"（Hypothesis of Neural Exploitation，HNE）（Gallese & Lakoff，2005）。

按照认知语义学理论，隐喻是我们赖以生存的认知方式。几乎所有的抽象概念都是通过隐喻认知的（Lakoff & Johnson，1980，1999）。人们会用熟悉的、具体的经验去理解抽象的、不熟悉的概念。比如"人生是一段旅程"，就是用具体的概念"旅程"去理解"人生"这个抽象的概念。认知语言学把具体概念称为"源域"（source domain），把抽象概念称为"靶域"（target domain）。概念隐喻就是用具体概念映射抽象概念，从源域投射到靶域的过程。但这个理论假说在神经科学上是否成立呢？

早在 1997 年，认知语言学的开山鼻祖莱考夫教授的博士生斯里尼·纳拉亚南（Srini Narayana），尝试基于赫布学习原理（Hebbian Learning Principle）解释隐喻的神经机制，并提出了"隐喻的神经理论"（the Neural Theory of Metaphor，NTM）（Narayanan，1997）。所谓赫布学习原理是指经常在一起放电的神经元会连接在一起（neurons fire together wear together），相反，不常在一起放电的神经元之间的连接会减弱（Hebb，2013）。纳拉亚南认为，隐喻产生的神经机制在于，如果人类的两种经验经常同时出现，那么负责这两种经验的脑区会经常被同时激活。久而久之，就产生了较为稳固的神经联结，形成较固定的脑回路。例如，一个小孩如果从小经常得到父母的爱抚，久而久之，她既会感受到与父母身体接触产生的温暖感，也会体会到父母对她的爱。于是便有了"爱就是温暖"（AFFECTION IS WARMTH）的隐喻，却不会产生"爱是寒冷"（AFFECTION IS COLDNESS）的隐喻。因此，纳拉亚南认为，隐喻来自于大脑中建立的不对称的神经回路（引自 Lakoff，2016），如图 3.4。

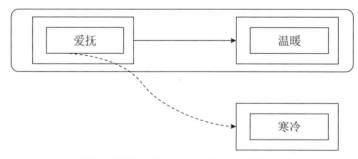

图3.4 纳拉亚南基于赫布学习原理解释隐喻的具身性问题

纳拉亚南认为，具身经验中"爱抚"与"温暖"在大脑中经常被同时激活，导致它们之间的联结越来越强化，形成了短路径，并被优先激活，最终成为一个神经回路。而"爱抚"与其他感觉经验的联结就越来越弱化（Lakoff，2016）。

然而，NTM 主要是基于赫布学习理论提出的猜测性解释，并未得到确凿

读懂情绪：倾听身体的声音

实验证据的支持。此外，埃弗里尔指出，概念隐喻并不一定都是从具体概念向抽象概念投射，也会出现从抽象概念向具体概念投射的情况。例如，在神话故事中，情绪经常作为源域投射给无生命的电闪雷鸣、山川雨雪等自然现象，如"The sky 'threatened'（天空受到威胁）；the storm unleashed its 'fury'（暴风雨发泄着它的暴怒）；the storm unleashed its 'fury'（狂怒的风成了龙卷风）…"（Averill，1990：105），粗体为笔者所加，下同。动物也会作为情感的靶域，如"Eagles are 'proud', lions 'courageous', deer 'timid'（雄鹰骄傲，狮子勇敢，而小鹿胆小）"等（ibid）。埃弗里尔认为，究竟朝哪个方向投射，取决于语境。既可以说"暴风雨发泄着它们的愤怒"，也可以说"他的愤怒像暴风雨"（ibid）。他认为，这是因为隐喻除了具有描写或阐释的功能外，还有解释和评价的功能。解释性隐喻主要将知识从靶域转移给源域，而评价性隐喻是传递一种态度或情感，所以解释性和评价性的隐喻既可能成为源域，也可能成为靶域。

有很多研究证据表明，大脑中表征感觉-运动经验的具体概念与隐喻概念存在共享的神经基质。比如，实验中的被试在看到与运动有关的成语，如"John grasped the idea"（约翰领会了这个思想）和"Mary kicked the habit"（玛丽戒掉了这个习惯）时，其相应的大脑运动区也会被激活，如与手有关的成语在运动带（motor strip），与脚有关的成语在背侧脑区（Aziz-Zadeh，2013），但格林伯格等人的实验结果显示，隐喻表征存在"特定效应器的疲劳效应"（effector-specific fatigue effects）（Glenberg et al.，2008）。如动词 give 的具体用法"You give the computer to Mark"（give 在这句话里是字面义）和抽象用法"You give the idea to Mark"（give 在这句话中是隐喻义），随着人们使用频率的增加，会变得"习以为常"或规约化，就不再能激活大脑特定的运动区了。也就是说，隐喻用法"Your give the idea to Mark"中的"give"使用的时间久了后，就不再能激活大脑中负责手部运动的脑区。阿奇兹-扎德等人的功能核磁共振实验研究也发现，一些隐喻的用法，如 bite the bullet（咬紧牙关，勇敢面对）、grasp the meaning（领会意思）、kick the bucket（翘辫子，死了）等这些与嘴、手和脚的动作有关的隐喻用法，并没有在相应的躯体特定区出现显著的激活。他们猜测，这可能是由于这些隐喻被过度使用后，不再能唤起运动皮层上的表征（Aziz-Zadeh，et al.，2006）。

保兰格等指出，虽然脑成像研究发现，字面义和隐喻义（比如上面的

give）都会激活大脑中负责运动的躯体特定区，但并不清楚抽象概念（如understanding a concept）是如何通过隐喻（如 grasping a concept）衍生出来的。也就是说，还不清楚隐喻义与抽象意义是怎样匹配的（Boulenger et al.，2009）。德赛等人（2011）的研究也显示，尽管大脑对字面义的加工（如 grasping a chair）与隐喻义的加工（如 grasping a concept）之间存在较大重叠区，却没有发现与抽象概念（如 understanding a concept）脑区有重叠区域（Desai et al.，2011）。

可见，外感受的具身认知理论虽然能较好地解释具体概念的具身性，关于隐喻与抽象概念如何匹配却似乎缺少一些必要的环节。将抽象概念的具身性直接归结为身体的感觉 - 运动机制则显得过于简化。阿奇兹 - 扎德指出的，"神经心理学的数据表明，大脑的运动区对于表征动作概念是必要的，但对它们的定位（是靠前还是靠后），以及这些脑区如何形成更大的概念表征网络，至今尚无定论。根据神经心理学的研究数据和我们目前对前运动皮层的了解，考察躯体特定区恐怕并不是研究这个问题的理想方法。由于相比简单的躯体特定区，动作概念在前运动皮层的表征要复杂得多，因为可能涉及多个脑区"（Aziz-Zadeh，2013：280）。

语言学界的老前辈徐盛桓教授（2016）也注意到神经再利用假说的解释力是有限的，因为它无法解释抽象词、情绪词和非人体词等的具身性。他指出，像翘尾巴、撕破脸、摇尾乞怜、怒发冲冠、发指等身体 - 情绪转喻和一些人们看不见的内脏活动和感受，如肝肠寸断、大倒胃口、心都碎了、肺气炸了、心一沉等，都有待于进一步的探讨和研究。也就是说，用神经再利用假说，无法解释像翘尾巴、撕破脸、肝肠寸断、肺气炸了等语言现象的具身认知机制。

事实上，用概念隐喻理论解释抽象概念的具身表征仍存在科学证据不足的问题。根本原因在于，这个阶段的具身语义学只关注了身体的外感受部分，即躯体的感觉和运动经验。加莱塞和莱考夫指出，"概念知识是具身的，即在我们的感觉 - 运动系统映射的……感觉 - 运动不仅为概念内容提供框架结构，而且以我们的身体在世界上的行动方式刻画概念的语义内容"（Gallese & Lakoff，2005：456）。然而，这种局限于外感受的具身认知观，无法解释抽象概念，因此还存在许多争议。比如，有些研究者持强具身观认为，所有的概念都是具身的（如 Lakoff & Johnson，1999；Gibbs，2006）。但有学者只承认弱具身认知观（如 Meteyard et al.，2012），他们认为概念从具身性和通道特异性到离身性和符号性，构成一个连续统。虽然那些感觉和运动的概念可以在大脑中找到对应的躯体感觉和运动脑区（如图 3.5），但在大脑中，很难找到负责加工像"民主""自由""正义""美"等抽象概念的特定脑区。

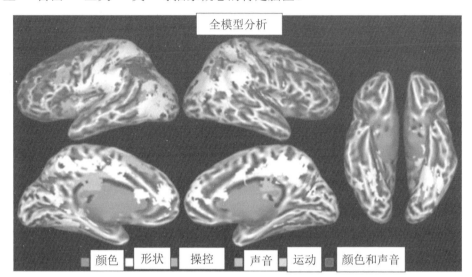

图 3.5　具体概念在大脑皮层的映射

感觉和运动概念（词语）由大脑皮层的感觉运动区的神经活动的变化表征。颜色、形状、声音和运动等概念的表征，都具身地反映在相应的感知和运动皮层上（引自 Fernandino et al.，2016；2023）。

达马西奥通过对脑损伤患者大脑的研究，提出了抽象概念加工的汇聚区模型（convergence-zone model）。他认为，与感觉 - 运动相关的语义加工具有通道特异性，而对高层次的、抽象的语义加工，则需要在联合皮层的汇聚区进行整合、重组和创造（Damasio，1989）。

此外，从脑的解剖结构看，在所有哺乳动物脑中，人脑的联合皮层（associate cortex）的体积占大脑皮层体积的比例是最大的（如图 3.6）。这也可以部分解释为何人类拥有更高级的抽象思维能力。研究发现，人脑除了负责视觉、听觉、嗅觉、味觉、触觉等躯体感觉，以及运动、本体感受、情绪等脑区外，还有四分之三的大脑皮层对感觉和肌肉运动不起作用。它们属于联合区，负责对感觉区域加工的信息进行解释和整合，并根据这些信息做出反应。在大脑所有四个脑叶中，都发现了联合区。比如，位于额叶的联合区使我们能够做出判断、计划和加工新的记忆。额叶损伤会让我们无法规划未来，甚至改变一个人的性格。这说明复杂的心理功能，比如学习和记忆，并不位于某个单一的位置。记忆、语言和注意产生于不同脑区的同步活动。智能越高的动物，它们的"未明确用途"或联合皮层的区域也就越大（Myers，1995）（如图3.7）。

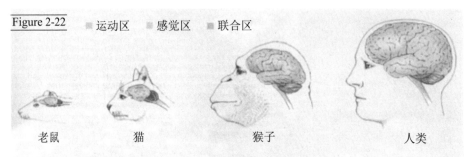

四种哺乳动物的大脑皮层区：智能越高的动物："未明确"功能的联合皮层区域越大。这些区域负责整合从各个感觉区接收到的信息，并做出反应（引自Rose，1983）。

图3.6 老鼠、猫、猴子和人四种哺乳动物的大脑皮层的比较
（Myers，1995：63）

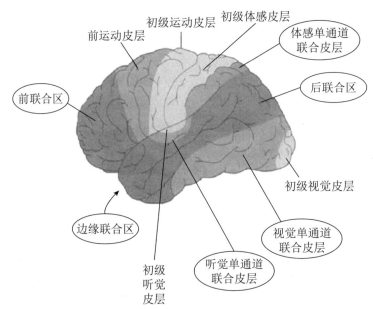

图 3.7 人脑四分之三的大脑皮层属于联合区，它们对感觉和肌肉运动不起作用

椭圆框内是大脑中的联合皮层，负责对感觉区域加工的信息进行解释和整合，并根据这些信息做出反应。

人脑除了具有解剖结构上的优势外，还有强大的压缩（compression）信息的能力，这也是其具有抽象思维能力的基础。巴雷特认为，人脑超强的压缩信息的能力是其他动物无法比拟的。例如，经过眼睛传入视觉皮层的光感信号，或经过耳朵传入听觉皮层的声音信号，首先由无数小的神经元传给较大的神经元。较大的神经元并不会表征来自小神经元的所有信号，而是减少冗余信号，对这些信号进行概括（summarize）或压缩。由此，大神经元可以更高效地把概括或压缩的信息传给其他的神经元（Barrett，2020）。就像特斯拉的显示屏上显示的是对外部路况经过概括或压缩后形成的图像。

压缩信息示例

特斯拉显示屏对外部路况进行概括和压缩。这是我在等交通灯时拍下的道路画面和特斯拉电动车的显示屏上显示的画面。可以看到，显示屏上的场景是对实际道路场景的概括和压缩。它略去了道路上行驶车辆的细节以及道路两旁的交通灯和建筑物等信息。

道路画面　　　　　　　　　　　　　　　显示屏

感觉信号从小神经元传递给较大且联结得更丰富的神经元后，大的神经元对感觉信号进行压缩处理，然后传递给更大且联结程度更高的神经元。它们将信息进行进一步压缩和概括，然后传给更大且联结程度更强的神经元。以此类推，直到神经信号传到大脑的额叶。额叶的神经元不仅个头最大，而且神经元之间的联结也最稠密。它们可以创造出最概括、最抽象和高度压缩的信息（如图3.8）。

因此，巴雷特（Barrett，2020）认为，大脑对感觉信号的加工是逐级压缩、概括和抽象化的过程。得益于这种压缩的能力，人类拥有了抽象思维的能力。她强调，所谓"抽象化"（abstraction）并不是指抽象画或数学等那样的抽象思

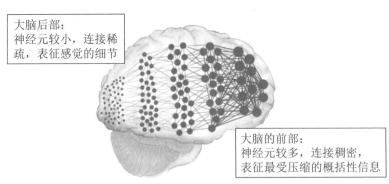

大脑后部：
神经元较小，连接稀疏，表征感觉的细节

大脑的前部：
神经元较多，连接稠密，表征最受压缩的概括性信息

图 3.8　大脑能压缩信息的功能使得思维变得越来越抽象

此图是概念性的，而非实际的解剖图（引自Barrett，2020：116）。

维，而是指感知意义的能力，也就是能看到事物的功能，而不仅仅是看事物的外表。抽象化能把一些表面上看起来毫不相干的事物，如一瓶红酒、一束鲜花和一块金表归入一个范畴——"它们都可以作为祝贺朋友或同事升迁的礼物"。因为大脑可以把这些事物之间的差异压缩掉，只聚焦于它们相似的功能。抽象化也能把多项功能赋予同一个事物。比如，一杯红酒既可以用于祝贺朋友的晋升，也可以用于牧师布道时吟诵"这是基督之血"。因此，大脑的抽象化能力就是压缩感觉信息，并形成黏合的整体（cohesive whole）的能力。当神经元把输入的感觉信息压缩成一个"概述"（summary）时，它们就是对输入的感觉信息的抽象。由于大脑额叶拥有体积最大且联结最稠密的神经元，它能创造出抽象的、多感觉的"概述"。

此外，抽象化的能力还能让人们识别和创造出世界上并不存在、闻所未闻、见所未见的东西（Barrett，2020）。比如，蛇发美女美杜莎、孙悟空、白骨精，等等。大脑的抽象化能力还可以把声音组织成词语，把词语组织成思想，使人类拥有语言学习的能力（Barrett，2020）。

总之，大脑皮层压缩信息的功能可以对不同的感觉信号进行整合、归类和范畴化，从而具有抽象化的能力。抽象化的作用使得人们可以只凸显事物功能上的共性，而忽略它们外形上的差异。人脑正是因为有如此强大的压缩、简化和概括信息的能力，才拥有远比其他动物更强大的抽象化能力（ibid）。

除了以上关于抽象概念的理论或假说外，目前最直接的证据来自行为科学和神经影像学实验。科学家们发现，抽象概念的表征离不开情绪脑区的参与。比如，考斯塔与同事们在控制词汇和亚词汇（sublexical）维度的相关因素 [包括词汇的熟悉度、语境的可用性（context availability）和图像性（imageability）]后，通过反应时实验发现具体概念与抽象概念的差异体现在：具体词的意义在感觉 - 运动经验方面具有统计上的优势（statistical preponderance），而抽象词义在情绪经验方面具有统计上的优势。也就是说，情绪信息在抽象词语的语义加工中起着非常关键的作用（Kousta，et al.，2011）。维戈里奥科等通过功能核磁共振实验研究也发现，抽象概念的表征与大脑中负责情绪的脑区——前扣带皮质喙部（rostral Anterior Cingulate Cortex，rACC）的活动存在显著的相关性。他们认为，这些结果支持了语义表征的具身性，即具体概念来自感觉 - 运动经验，而抽象概念与情绪经验有关（Vigliocco et al.，2014）。这说明，情感效价是表征抽象概念的一个重要维度。尽管如此，我们认为他们还是没有说清楚为何抽象词义的表征与情绪脑区相关，就说明抽象概念是具身的。我们不禁要问，情绪的具身性又来自哪里呢？

所幸内感受神经科学的兴起和发展有望为这个问题提供科学的解释。现代神经科学发现，情绪与大脑中的内脏运动控制（visceromotor control）以及内脏运动的表征密切相关（Cameron，2001；Craig，2015；Critchley et al.，2004；Garfinkel & Critchley，2013；Petzschner et al.，2021 等）。也就是说，情绪感受并非直接由大脑的神经回路产生，而是首先来自于身体的内感受信号。下面我们具体讨论。

3.2.2 基于内感受神经科学的具身语义学

长期以来人们对心智来源的认识存在较大的误区，即认为一切感知、认知和行为都只受大脑中枢神经系统的控制。比如莱考夫说：

我们身体的每一个行为都受**大脑**的控制，外部世界的每一个刺激输入都由我们的**大脑**加以理解，并赋予意义。我们只能用自己的**大脑**思考，别无选择。思想是物理的。构成思想的想法和概念是通过**大脑**结构进行物理"计算"。推理过程就是激活**大脑**中某些神经群。我们所能知道的一切都仰仗我们的**大脑**。我们物理的**大脑**使得概念和思考成为可能。我们可能思考的每一件事很大程度上都受限于**大脑**的性质。对**大脑**如何计算心智仍然还有大量的东西等待我们去了解和认识。语言的神经理论（Neural Theory of Language）可以将科学所了解的与神经计算的假设相结合（Lakoff, 2008：18）。

也就是说，认知语义学和认知心理学理论都建立在这样一个假定基础之上：心智的一切活动都仅仅源自于大脑中枢神经系统的活动（brain-based and neural-centered）。然而，这种"唯脑独尊""以中枢神经系统为中心"的心智观越来越受到现代神经科学的挑战。科学家们发现，胃肠道中存在一个独立的神经系统，它不受中枢神经系统控制，主要负责胃液的分泌、胃肠道的蠕动、食物的消化，并与大脑保持密切互动，影响我们的情绪和认知。由于其中分布着数量庞大的神经元、神经胶质细胞和神经递质等，并拥有单独的免疫和保卫细胞，这些都与中枢神经系统非常相似，胃肠道神经系统也被称为"腹脑"，也叫"第二脑"（Gershon，1999）。大脑与腹脑主要通过迷走神经、内脏神经和骶神经相互连接，彼此保持密切互动，形成"脑肠轴"（Mayer，2016）。

此外，科学家们还发现，心跳和呼吸也会影响人的认知和行为。比如，美国亚利桑那大学神经科学和认知心理学家克莱顿·莫舍（Clayton P. Mosher）的研究团队将电极植入患者的神经元，以记录神经元的活动。他们发现，很多神经元在每次心跳时，改变了其放电模式。即每发生一次心跳，大脑就跳动一次，神经元会在颅内轻微地改变其位置。大约每发生一次心跳，神经元位移 3 微米（Mosher et al.，2020）。也就是说，看起来是神经元的放电，其实是由心跳引起的，心脏的活动会影响大脑神经的活动。

近年来，内感受神经科学成为了具身认知科学领域研究的新热点。内感受被称为第八感受系统，其他七种感受系统包括视、听、触、嗅、味觉，以及本体感受（包括肌肉和骨骼的感觉系统）和前庭感受（负责身体平衡的感觉系统）（Koscinski，2018；Mahler，2017）。"内感受"一词最早由谢林顿（Sherrington，1948）提出，指来自身体内脏器官的感受。现代神经科学扩充这个定义，将心血管系统、呼吸系统、消化系统、泌尿系统、血液淋巴系统、网状内皮系统和内分泌系统，以及身体内的化学、渗透压和体积变化的信号等都涵盖其中（Cameron，2001）。卡尔萨等人的最新定义是，"神经系统感觉、解读和整合来自身体内部的信号，用于每时每刻向大脑提供关于身体内部状态的信息。内感受信号被认为是反射、身体需要、感受、动机、适应性反应和认知以及情感体验等的组成要素，它们对于维持机体内稳态功能、身体调节和生存至关重要"（Khalsa et al.，2018：501）。可见，良好的内感受功能对维持我们的生存、发展、情绪和认知都至关重要，它与直觉、决策、认知的灵活度、情绪调节、理解规范的违反、时间感、哭、笑、说话时的肌肉协调、吞咽、动机、问题解决、注意分配、战斗或逃跑反应、情绪意识密切相关（Mahler，2017）。

内感受信号是如何转变为我们的喜怒哀乐等主观的情绪体验的呢？神经科学家们（如 Craig，2015；Cameron，2001；Critchley et al.，2004；Damasio，1994，2018；Petzschner et al.，2021 等）发现，内感受信号通过不同的脊髓通路传达脑干，再由脑岛皮层表征为主观感受或情绪经验。这些信号被传到高级脑区，可帮助大脑做出决策。比如，当人们烟瘾发作、感觉疼痛、对别人的悲惨遭遇心生怜悯或感到幸灾乐祸时，或是看到别人露出厌恶的表情、遭受忽视或排挤、听音乐或听笑话、闻到臭味而感觉厌恶、被爱人抚摸而感觉愉悦和快感时等，脑岛都会被强烈地激活。因此，大脑对任何信息的加工都要先经过内感受系统的"预处理"，使所有的感知和认知都被涂上情感的色彩。甚至连最抽象的数学等式，对于能理解它的数学家来说，也会唤起美或不美的感受。这种感觉就像他们看到艺术作品时产生的感受一样，此时负责产生美感的脑区内侧眶额叶皮质（media orbitofrontal cortex，mOFC）会被激活（Zeki et al.，2014）。这说明，哪怕是数学这样抽象的思维，也受到负责情绪相关脑区的调控。不过，不同的语言和文化会赋予情绪以不同的情感色彩。比如在西方社会，"民主""自由""个人主义"往往会唤起积极的情绪。而在中国，"谦虚""孝顺""集体主义"等常唤起积极的情感。

总之，内感受系统是情绪和自我意识的生理基础，我们的一切认知和行为都离不开内感受系统的调控，我们不可避免地生活在情感的世界（affective reality）里（Barrett，2017；Craig，2015）。内感受神经科学将从根本上挑战传统的心智观和早期的具身认知理论，具体体现在以下几个方面。

（1）将刷新我们的心 - 脑观。心智不是直接来源于大脑，而要先受到内感受系统的调控。心智不仅来自中枢神经系统，还来自身体中的内分泌系统、免疫系统、循环系统和周围神经系统与中枢神经系统的互动，即来自身体内感受系统与大脑的互动。心理表征和体验并不是来自神经组织对物体或事件的苍白映射，而是来自身体现象与神经现象的多维映射（Damasio，2018）。外部世界并不能直接或立即抵达我们的心智，而是要在心智与大脑之间经过内感受系统的中介。传统的心智哲学和认知科学都强调心智来源于大脑的神经加工，却忽视了内感受系统的作用。

（2）将更新我们的身 - 脑观。传统认为，大脑是身体的主宰，控制身体的感觉和运动机能。而内感受神经科学的研究表明，神经系统不是控制身体的主人，而是为身体保持内稳态服务的"仆人"。身体与神经系统之间构成一个连续体，它们通过"融合"和"互动"，时刻保持密切交流（Damasio，2018；Craig，2015）。

（3）将刷新我们的认知观。传统认为，我们有时可以完全理性地认知外部世界，并做出理性的决策。认知语言学的具身心智观认为，身体的感觉 - 运动系统与外部世界的互动，形成了具身的结构。我们以具身的认知结构去感知和认知外部世界。而内感受神经科学发现，我们所感知和认知的世界都必须经过内感受系统的预处理，进而产生带有感情色彩的关于外部世界的心理模型。我们并不是生活在一个纯粹客观的、理性的、无情感的世界里。"大脑的内感受网络中的身体预算区和初级内感受皮层，每时每刻都在根据过去的经验，预估维持生命所需要的能量，为我们感知的世界涂上感情的色彩。我们实际上生活在内感受系统建构的情感的世界里"（Barrett，2017：71），如图3.9。无论是举办或参加奥运会，还是花钱购买昂贵的珠宝、奢侈品或保健品，人们做这些事情的目的都是为了追求某些意义。而驱动我们追求意义背后的动机很大程度上是带有感情色彩的，归根到底是受内感受驱动的。

图3.9　内感受具身语义学关于身体、脑与世界关系的假定

外部世界先经过大脑中负责内感受系统的脑区的预测和模拟，再整合外感受和记忆等信息，产生关于外部世界的心理模型——既有情感色彩又有身体属性的世界（Zhou et al.，2021：318）。

（4）将刷新传统的语义观。心智表征的基本单位不是抽象的语言符号，而是心理意象（images），意象思维是语言符号思维的基础。将语言等同于思维的传统观点是狭隘和错误的。传统的语言学家和哲学家认为，心智与语言是不可分的，语言是思想的物质外衣，甚至把语言与思想画等号（如 Russel，

2009；Wittgenstein，2012；Fodor，1975；Sapir，2004；Whorf & Carroll，1956 等）。但越来越多的神经科学研究表明，我们所有的思想，包括语言思维都以心理意象的方式表征。只不过思想和意义可以翻译为符号，形成符号或语言思维。但翻译也都是基于意象的。意象是思想 / 心智共同的、普遍的标记，意象思维主要来自皮肤、黏膜、内脏、骨骼等向大脑输入的信号（Damasio，2018）。因此，脱离身体的逻辑语义学和情境语义学是缺乏科学依据的假说。

（5）将更新基于"词汇法"的认知语义学的研究方法。从演化的角度看，生物内感受系统出现的时间要远早于先于神经系统出现的时间；无意识的产生也先于意识的产生；意象思维的出现要先于语言思维的出现。有机体在演化出神经系统之前，完全可以凭借古老的生化活动，维持机体内部的平衡。神经系统出现之后，有机体才能以意象的方式，根据内外感受系统的描述，产生内部表征，从而出现了思想、感受和意识。即在出现思想、意识和语言之前，内感受就能以无意识的、非语言的信号影响我们的感知和认知（Damasio，2018）。因此，语言思维并不能代表心智的全部。认知语义学靠"词汇法"提出的心智认知理论，并不能反映心智的全部事实。

情绪是身体内感受状态的心理表征，身体是情绪表演的"舞台"（Craig，2015；Damasio，1994，2018），且负责情绪的脑区是表征抽象概念必不可少的要素（Kousta et al.，2011；Vigliocco et al.，2014）。因此，我们有理由推测，抽象概念的具身性应当来自内感受在大脑的表征，而不仅仅来自外感受的感觉 - 运动系统。今后的具身语义学研究除了基于认知神经科学研究外感受的具身语义问题（即具体词的语义）外，更需要基于内感受神经科学，研究内感受的具身语义问题（即抽象词的语义）。下面，我将逻辑语义学、情境语义学、认知语义学、基于外感受的具身语义学和基于内感受的具身语义学的演变过程总结在表 3.1 中。

表 3.1　语义理论的演变

语义理论	通道性	具身性	稳定性	经验性	哲学基础	研究方法论
逻辑语义学	无通道的	离身的	稳定的	先验的	本质主义，二元论	外在于大脑和心智的逻辑分析
情境语义学	无通道的	离身的	灵活的	依赖于经验的	反本质主义，经验论	外在于心智和大脑的语用分析

语义理论	通道性	具身性	稳定性	经验性	哲学基础	研究方法论
认知语义学	通道特异性的	强具身性	灵活的	依赖于经验的	反本质主义，具身论	内在于心智的对语言现象的概括（词汇法），民间理论
基于认知神经科学的具身语义学	多通道性的，基于外感受反应式样的	弱具身性	大脑有可塑性，一定的灵活性	既有先天的也有经验的	反本质主义，感觉-运动具身论	以脑为中心，基于认知神经科学的语义研究
基于内感受神经科学的具身语义学	基于内感受的，预测式的	以内感受为前提的具身性	受情感影响的，灵活的	由内感受与脑的互动决定的	反本质主义，情感实在论（内感受建构论）	基于内感受神经科学的语义研究

（周频，2020：80）

结　语

　　人们对世界的观察和探究往往从日常感觉和直观经验出发，通过观察、归纳和推理，抽象出事物背后的规律。但不同时代的研究都难免存在局限性。特别是随着科学的发展和技术的进步，许多过去貌似合理、符合直观和常识的认识，随着科技的发展，可能被证明存在局限性或错误（比如更符合常识和直观的"地心说"被"日心说"取代）。语义理论的发展也不例外。虽然逻辑语义学、情境语义学和认知语义学都曾推动时代的进步，却不得不接受新时代的挑战。当今神经科学发展迅猛，传统的语义理论和心智观都将面临冲击和挑战。这需要我们更新几种思维模式。

　　（1）改变过去狭隘的"唯脑独尊""只见中枢神经系统，忽视内感受神经系统""只见外感受，忽视内感受""只见意识，忽视无意识"的心智观，接受内感受与大脑互动的、全新的具身认知观和语义观。内感受神经科学和情感神经科学为抽象词语的具身语义表征提供了科学的依据——大脑中负责情绪加工的脑区参与加工抽象概念的表征，而情绪的表征源于身体向大脑输入的内感受信号。因此，抽象概念（包括抽象的情绪概念）的具身性来自身体的内感受系统，而不是仅来自外感受的感觉-运动系统。

（2）对概念隐喻理论保持必要的、科学的怀疑，尽管它貌似很符合我们的常识和直觉。概念隐喻理论是哲学家和语言学家们通过思辨和对语言现象的观察、总结，抽象出的一种符合人们直觉的"民间理论"，它对抽象概念的具身性采取一种"权宜"的解决方案——在具体概念与抽象概念之间打造了一座"隐喻"之桥。但我们应对这座桥的神经真实性持怀疑的态度，必要时要用"奥卡姆剃刀"剔除不必要的实体。或者说，需要基于更科学的、深层次的研究去揭示概念隐喻的神经科学本质。

（3）对语义理论的研究不能仅停留在哲学思辨和对语言现象的观察和内省的层面，要建构现代的、科学的语义理论，还需要增加神经科学的维度。应把语言学看作是认知科学大家庭的一员。语言研究者需要不断更新知识，打破学科间的壁垒，适应超学科的知识生产方式，打造跨学科的语言和认知理论模型。今后的语义理论研究需要系统整合宏观、介观和微观层面的研究。即建构语义理论不仅需要哲学、社会学、人类学的宏观视野和语言现象学的中观视角，还需要融合神经科学的微观证据，才能更加深入、系统、科学地认识语言的意义问题。

第四章

英汉情绪的具身概念化比较

在没有科学理论"武装头脑"的时代，人们会发明一些"民间理论"去解释生活中出现的各种现象。比如，过去的人类学家为了了解不同民族和不同文化的人群对于身体与心智关系的看法，往往通过观察和记录他们语言，推测他们对于身体与心智关系的认知模式。比如，人类学家发现，很多非西方语言不像西方语言那样严格区分情感感受与身体感受，而会用身体感受词表达情感感受（Ogarkova et al.，2014）。他们还把世界上不同语言和文化群体对身体与心智关系的认知模式分为三大类。第一类是"以腹部为中心"（abdominocentrism）的文化。生活在这种文化中的人们通常认为心智[包括感受（feeling）、思想（thinking）和认知（knowing）等]位于腹部区域（如肚子、肝脏或肾脏）。南亚、波利尼西亚甚至距离这些地区比较遥远的巴斯克文化都属于此类文化。第二类是"以心脏为中心"（cardiocentrism）的文化。生活在该文化中的人们普遍认为心智和情绪都来自于心脏，像中、日、韩三国均属此类。这是因为东亚的文化传统比较接近——都具有整体主义和以心为本的哲学和医学文化认知模式。第三种是"以脑为中心"（cerebrocentrism）的文化，即认为心智位于头部或脑部。以希腊文化为基础的西亚、欧洲和北非的文化都属此类，并且他们的语言都属于印欧语系（Ogarkova et al.，2014；Niemeier，2000；Sharifian，2008）。

这种说法听起来非常有意思。然而，这种分类法是科学的吗？毕竟这些研究并不是基于现代认知科学和神经科学，而主要是通过对语言用法的内省提出的观点，因而缺乏科学的证据，不免带有主观性和猜测性。那么，我们该如何科学地考察不同语言对身体与心智关系的认知呢？

4.1　区分情绪具身认知中的两条神经通路

认知语言学理论关于情绪具身性的论断主要是通过"词汇法"推出的（Lakoff & Johnson，1980，1999；Kövecses，1990，1995，2014；Yu，2002，2008 等），因此既缺乏神经科学的理论基础，也缺乏实验证据的支持。并且，认知语言学理论未能认识到，内感受神经系统与自主神经系统在身体与大脑之间传递的神经信号是沿着两条不同方向的通路，并发挥着不同的功能。这两种不同的神经传递方向甚至可能是导致中西方文化不同的价值观和"民族性格"的一个关键因素。因为前者是从身体到脑的传入神经系统（afferent system），而后者是从脑到身体的传出神经系统（efferent system）。下面分别介绍这两种神经通路。

4.1.1　内感受系统——从身体到脑的传入神经通路

维持身体内感受系统的正常功能对于我们的生存、发展以及健康的情绪状态和正常的认知功能都是必不可少的。内感受系统的功能、组成和加工通常具有以下特征：首先，内感受系统是从身体到脑（body-to-brain）的传入神经系统，其基本功能是维持身体的内稳态（Craig，2015）。它包含皮肤以下的所有皮肤和组织的感觉和身体活动，如心血管系统、呼吸和化学感受系统、胃肠道和泌尿系统、疼痛系统、体温调节系统、内分泌和免疫系统、肌肤之亲（soft cutaneous touch）（Craig，2015），如图 4.1。

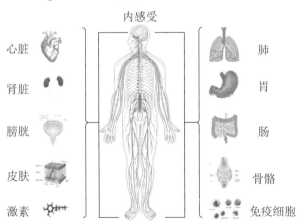

图 4.1　内感受的构成示意图

内感受包括身体内部的器官，如心、肺、肾、胃、肠、膀胱，以及皮肤、骨骼，还有激素、免疫细胞等。内感受信号是从身体内部传入大脑的神经和化学信号。

其次，身体的内感受生理信号主要由脑岛皮层表征或翻译为我们的心理感受（Craig，2015）。按照内感受整合与感受生成模型（The model of interoceptive integration and the generation of feelings），身体内部的神经信号沿脊椎向上传入脑干，然后被丘脑接收，之后，它们又传入脑岛皮层（ibid）。脑岛皮层是我们大脑中一个特殊的区域，它扮演着交通枢纽的角色，就像浦东国际机场是中国国际航空的一个交通枢纽一样。无论你家是在南京、苏州还是杭州，如果你要想去伦敦的话，并不能直接从所在城市飞往伦敦，而是先要设法抵达浦东国际机场，然后再飞往伦敦。同样，脑岛在大脑中也是联通许多脑区的枢纽，很多脑区之间没有直通路线，要先经过脑岛，才能把信号传到目的地。脑岛能将较低层次的生理信息进行整合，并表征为心理或感觉信息，对维持身体的内稳态至关重要。

脑岛可大致分为后、中、前三个子区。我们知道，身体每时每刻都有大量的神经和化学信号流涌入大脑。换句话说，大脑随时都在遭受身体信号流的"狂轰滥炸"。后脑岛首先对内感受信号进行初级加工，然后将加工后的信号传入中脑岛。中脑岛将内感受信号与外感受信号（如视、听、味、嗅、触觉）、运动信号（如肌肉和骨骼的运动）和内稳态的运动（如心跳活动、肠道蠕动等）等进行整合和突显。因为涌入大脑的各方面信号是零散的碎片信号，中脑岛要将这些碎片信号进行整合。此外，大脑并不是无差别地加工所有涌入的信号流，而是突显那些对当下感觉或任务更重要的部分。这些经过整合和突显的信号可以引导机体选择趋近或回避的行为等享乐活动（the hedonic activity），并产生愉快或不愉快、好的或坏的心理感受。这些信号再经过前脑岛皮层的整合加工后，表征为更具体的情绪，如愤怒、悲伤、恐惧、忧虑、骄傲、喜悦、钦佩等，即情绪最终在前脑岛涌现出来。因此，从后往前，大脑对内稳态的控制和对能量控制的效率逐步提高，如图4.2（Craig，2015）。

最后，内感受信号经过后脑岛、中脑岛和前脑岛的逐级加工，表征的情感认知颗粒度逐渐提高——从无颗粒的（agranular）、粗颗粒的（dysgranular）到细颗粒的（granular），如图4.3。无颗粒和粗颗粒度的内感受信号无法通达我们的意识。这些粗颗粒的内感受信号经过前脑岛和前扣带回皮层（Anterior Cingulate Cortex，ACC）加工和表征后，才能以情感效价的方式为我们所意识。前扣带回皮层是负责产生动机和情感的重要脑区。可以把情感看作是心理感受与动机的结合体，其中内感受主要由脑岛表征，而动机由前扣带回表征。此外，躯体感觉皮层也可以表征内感受信号。总之，自下而上，大脑对身体内部生理状态逐步进行越来越精细的表征（nuanced representation）：脑岛根据个人过去的经验，将神经和化学信号翻译为个人的、主观的心理感受，进而经过认知加工，将生理感受加工成更加抽象的和精细的情绪概念。因此，内感受系统是构成情感和自我意识的生理基础（Craig，2015；Seth et al.，2012）。

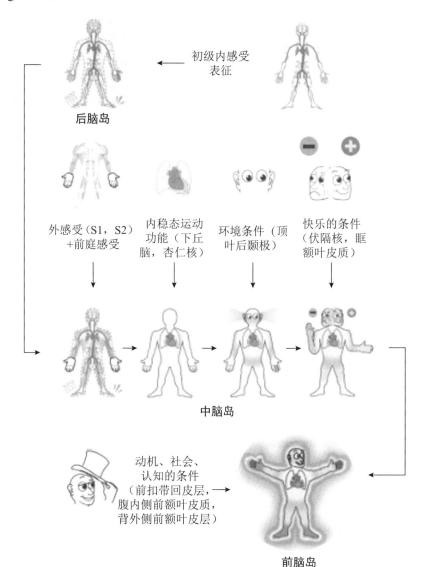

图 4.2　内稳态在后一中一前脑岛逐级整合的模型

内感受信号经过后脑岛的初级加工后，在中脑岛进行整合和突显，最后在前脑岛表征为完整的和持续的心理感受。整个情绪的实时建构过程也是有情感和有知觉的自我表征的过程。这个过程是持续变化的，尽管图中没有体现其随时间变化的过程（引自Craig，2015：200）。

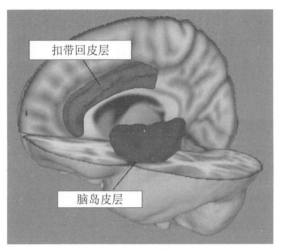

图4.3　人脑的脑岛和扣带回皮层示意图

从后往前，脑岛对内感受信号表征的颗粒度逐级提高。在后脑岛和中脑岛加工的内感受信号的颗粒度较粗，无法被意识到。经过前脑岛加工后，内感受信号的颗粒度增加，能够被意识。再经过负责动机的前扣带回皮层的加工，生理的内感受信号就被表征或翻译为心理的情感感受和行为（引自Seth et al.，2012：5）。

传统认为，来自身体内环境的化学信号和来自内脏器官的神经信号经由周围神经系统传入大脑，被整合成心理感受，这一过程受中枢神经系统的核团和大脑皮层支配。但达马西奥（2018）认为，这种解释模型只是神经科学早期的一些比较过时的观点。现在越来越多的研究证据表明，身体与大脑之间还有一些奇特的联结，它们对情感的产生至关重要。身体与大脑中枢神经系统通过"融合"和"互动"进行"交流"。即身体与大脑神经系统是连续的，而不是界限分明的。因此，感受就不是传统意义上身体的感知状态，而是身体与大脑交互的结果。由此，主体与客体、知觉与知觉对象之间二分的假设就被打破了。即身体与大脑、主体与客体应被视为一个统一的整体，我们的心理感受其实是身脑交互产生的表征。一方面，大脑中枢神经系统通过神经通路与身体各个部位互动，另一方面，血液中的化学分子通过血液循环，在大脑的"后极区"和"室周器"能直接与神经系统互动。由于这些脑区没有血脑屏障，大多数化学分子可以畅通无阻地与大脑互动。即身体信号可以无障碍地直抵中枢神经系统——从身体到大脑，再从大脑到身体。达马西奥认为，大脑对外部世界的感知和认知并不是通过外感受系统直接、立即获得的。在大脑与外界的客体之间还隔着内感受。换言之，我们的感官并不是直接感受外部世界，而是经过内感受系统中介的调控，才产生了关于外部世界的心理表征或心智模型。因此，我们感知的外部世界都带有情感的色彩（Damasio，2018；Barrett，2017）。

此外，达马西奥认为，大脑对内感受信号与对外感受信号的加工方式是不同的。内感受器官属于更加古老的接触性感官——肠胃都是直接接触食物，并通过胃的蠕动及胃酸、胃蛋白酶的分泌等，对食物进行机械和化学的消化。血管和心脏可以直接接触到血液，感受血压、血氧、血糖、血脂等浓度的变化。这些特征与早期生活在海洋里的生物一样的，即直接通过皮肤与海水中的浮游生物交换物质和能量，以维持其生存。因此，内感受是生物演化早期的功能。而外感受器官是较晚才演化产生的，它们大部分是非接触性的。比如，视觉是通过神经细胞感知光的波长，听觉是听觉细胞感知声波的振动，嗅觉是嗅觉细胞感知化学信号。它们都非接触性的。我们的外感受都要先经过内感受的"滤镜"被赋予情感的色彩。不过，长期以来，内感受和情绪对感知、认知和体验的影响一直未被人们所认识。正如达马西奥指出的：

> 可惜，在认知科学和心智哲学中，这个重要的区别（指内感受与外感受的区别——笔者注）被系统性地忽视了。尽管外感受的触觉、味觉和嗅觉也具有接触性，但它们与内感受的接触性存在本质的区别。生物演化出了远程感官，但外部的物体只有受到生理的、内部情感的过滤，才能通过神经与我们的心理联系起来。而古老的接触性感官可以更直接地抵达内部器官……人们也忽视了这样一个事实，即生物体内部与外部处理事件的方式是不同的。人们还忽视了情感效价的作用，因为情感效价反映的是机体内稳态的好坏。正因为身体与大脑有如此紧密的联系，内稳态的情况才能被翻译为大脑各方面的功能，以及相关的、持续的心理体验（Damasio，2018：127-8）

总之，内感受信号是从身体传入大脑的神经和化学信号，它不仅能让大脑随时监控身体的内环境，而且赋了我们的感受、认知和行为等以情感的色彩——无论是好的、坏的还是中性的，是可靠近的还是应规避的，是令人愉悦的还是令人不悦的，等等。

4.1.2 自主神经系统——从大脑到身体的传出神经信号

与内感受系统不同，自主神经系统是从大脑到身体（brain-to-body）的传出神经系统，是大脑调节和控制身体的肌肉、腺体和内脏功能的神经系统（王尧 等，2009）。其基本功能主要包括由大脑的下丘脑控制和调节呼吸、心率、血管的舒缩，以及控制像咳嗽、打喷嚏、吞咽和呕吐等反射性的身体活动。下丘脑对身体的调控大部分不受意识支配。自主神经系统包括交感神经系统、副交感神经系统和肠神经系统。交感神经系统通常被认为是负责"战斗或逃跑"（fight-or-flight）的系统，而副交感神经系统被认为是"休息和消化"（rest and digest）或"进食和哺育"（feed and breed）的系统。前者是"快速调动身体的系统"（quick response mobilizing system），后者是"缓慢放松身体的系统"（more slowly activated dampening system）。它们之间是拮抗的关系。即当交感神经系统兴奋，副交感神经系统被抑制；相反，当副交感神经系统兴奋，则交感神经系统被抑制。肠神经系统是大脑控制肠胃功能的神经系统，其功能包括感觉肠道内化学的和机械的变化，调节肠道内消化液的分泌，控制肠道的蠕动和其他活动（王尧等，2009；刘莹，刘巍松，2021；赵敏 等，2013），如图 4.4。

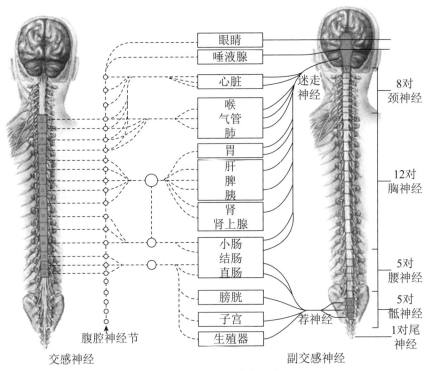

眼睛
唾液腺
心脏
喉
气管
肺
胃
肝
脾
胰
肾
肾上腺
小肠
结肠
直肠
膀胱
子宫
生殖器

迷走神经

腹腔神经节

荐神经

交感神经　　　　　　　　　　副交感神经

8对颈神经
12对胸神经
5对腰神经
5对骶神经
1对尾神经

图 4.4　自主神经系统的示意图

　　自主神经系统由交感神经系统、副交感神经系统和肠神经系统组成，它们支配和调节机体各器官、血管、平滑肌和腺体的活动和分泌，并参与内分泌调节葡萄糖、脂肪、水和电解质的代谢，以及体温、睡眠和血压等。这两个系统在大脑皮层和下丘脑的支配下，既拮抗又协调地调节器官的生理活动（王尧 等，2009；Brading，1999：27）。

可见，内感受神经信号与自主神经信号在大脑与身体之间的传递方向正好相反。前者是从内脏器官和组织向大脑传入身体内部的信号，以便让大脑随时根据这些信号预算身体所需的能量，以保持身体的内稳态。后者是从大脑传出的神经信号或指令，用以控制身体的感觉和运动。

英语和汉语中虽然都有大量用身体感受、生理反应和行动描述或表达情绪的词语，但我们发现，汉语中用内感受表达情绪的词语远多于英语，而英语中更多是用自主神经系统控制的身体行为和反应表达具身的情绪。

4.2　英汉语对四种"原型情绪"的具身概念化比较

我们将以恐惧、愤怒、悲伤和喜悦／快乐四种所谓的"核心情绪"或"原型情绪"为例，比较英汉语对这些情绪具身概念化的异同。为了搜集描述这四种"核心情绪"的英语词（主要是同义词），我们从《罗杰 21 世纪同义词词典（第七版）》[*Roget's 21st Century Thesaurus*（*the 7th edition*）] 以及《柯林斯同义词词典》网络词典和网络词典 Sketch English 的 SKELL 工具中选出指称身体感受、生理反应和行动的词语及其用法例证。汉语中表达这四种核心情绪的数据通过以下方式搜集：首先，在百度搜索引擎（2022 年 1 月 4 日查询结果）上分别搜索"与身体有关的恐惧词""与身体有关的愤怒词""与身体有关的悲伤词""与身体有关的喜悦词"，从中我们找到了几个主要的相关网站（均为2022 年 1 月 4—6 日的查询结果）；其次，按照上述四种核心情绪对它们进行分类，并通过查阅和对照《现代汉语辞典（第七版）》《万条成语词典（第二版）》《中国成语大辞典（新一版）》《成语大词典彩色本》和《中华成语大词典》等词典，对所收集的具身情感词进行确认，以确保对这些情绪词分类的准确性。

此外，我们还在绍兴文理学院的汉英平行语料库中搜集了中国古典四大名著（即《红楼梦》《三国演义》《水浒传》和《西游记》中包含内脏器官的词语，从中选出与情绪有关的具身情感词，然后与平行语料库中的英文翻译进行对比，即《红楼梦》汉英平行语料库、《三国演义》汉英平行语料库、《水浒传》汉英平行语料库和《西游记》汉英平行语料库（2022 年 1 月 5 日的查询结果。参见贾振君，2019；张晓彤，2019；杨英巧，2019；赵海申，2019；高雅，2021；

附录一、二、三）。由此，我们总结出情绪词汉英翻译的基本规律，比如汉语中的具身情绪词在被翻译为英语时，躯体化或具身的概念是否仍被保留？保留的具身内容又是凸显了哪些方面——是内感受系统控制的身体感受，还是自主神经系统控制的生理反应或行动？以下是我们的研究发现。

4.2.1 英汉语对恐惧（fear/fearful）情绪的具身概念化比较

英语和汉语中虽然都有用身体感受、生理反应或身体行动描述恐惧的词语，但通过比较发现，这两种语言之间存在较大差异：尽管英语和汉语中都有不少用自主神经系统控制的生理反应表达恐惧的词语（包括心率、血压、体温变化、出汗和身体颤抖等），但相对而言，汉语用内感受（主要是心和胆的感受）表达恐惧的词语远多于英语，比如汉语中描述恐惧的词语如表 4.1 所示。

表 4.1　汉语中表达恐惧身体状态的具身词语和成语

类型	词语和成语
由自主神经系统控制的身体状态	
用面部表情的变化描述恐惧	面无人色，大惊失色，惊恐失色，脸色发白，脸色煞白……
用眼睛和嘴巴表达恐惧	目瞪口呆，目瞪口僵，瞠目结舌，嘴唇发白……
用头发和骨头描述恐惧	毛骨悚然，汗毛倒竖，骨寒毛竖，脊梁骨冒冷气……
用皮肤颜色变化描述恐惧	起鸡皮疙瘩
用身体分泌的液体（如汗液、尿液）描述恐惧	吓得屁滚尿流，直冒冷汗，捏一把汗，一身冷汗……
用身体发抖描述恐惧	吓得浑身发抖……
由内感受系统控制的身体感受	
心	心有余悸，触目惊心，惊心动魄，心慌意乱，心惊肉跳，心里发毛，心提到嗓子眼，心吊在半悬空……
胆	吓破胆，骇胆，寒胆，魂胆，胆栗，胆慑，胆裂，胆虚，胆寒，胆魄，丧胆，胆破魂飞，魂消胆丧，魂飞胆战，闻风丧胆，闻名丧胆，闻风破胆，贼人胆虚，胆小如鼠，胆小如聚，魂惊胆落，亡魂丧胆，丧胆游魂，失魂丧胆，魂亡胆落，胆丧魂消，胆丧魂惊，丧胆销魂，魂飞胆落，魂飞胆破，神丧胆落，胆战心慌，胆战心摇，惊神破胆，胆寒发竖，丢魂丧胆，气消胆夺，魂飞胆丧，魂飞胆裂，丧胆亡魂……

类型	词语和成语
胆和心	心寒胆落，提心吊胆，胆战心惊，胆破心惊，心惊胆战，心胆俱裂，心胆俱碎，胆破心寒，胆颤心寒，胆颤心惊，心寒胆战，惊心悼胆，吊胆惊心，心惊胆寒，心惊胆裂，心惊胆落，悬心吊胆，惊心吊胆，惊心裂胆，惊心破胆，破胆寒心，碎心裂胆，吊胆提心……
肝和胆	肝胆俱裂……

再看一下英语中的具身情感表达。英语中描述恐惧或恐惧状态的词语、成语等主要选自《罗杰 21 世纪同义词词典（第七版）》（pp.70–73）以及一些网络词典如《柯林斯同义词词典》（2022 年 1 月 4 日的查询结果））和 Sketch English 的 SKELL 工具（2022 年 1 月 4 日查询结果），见表 4.2。

表 4.2　英语中描述恐惧身体状态的词语

类型	词语
受自主神经系统控制的身体状态	
恐惧是面部表情的变化	e.g.，She turned pale. You are white as a sheet.
恐惧是身体无法动弹	paralyzed，stunned，weak-kneed e.g.，I was rooted to the spot. He was so terrified he could not move.
恐惧是无法呼吸	e.g.，She was breathless /gasped in fear.
恐惧是无法说话（**fear as inability to speak**）	dumbstruck，gape，tongue-tied，tongue stands still e.g.，I was speechless or dumb with fear.
恐惧是神经功能的紊乱	nerveless，nervous，nervy，nerve-wracking，spineless
恐惧是皮肤收紧	goosebumps，creeps e.g.，That man gives me the creeps. A shriek in the dark gave me goosebumps.
恐惧是头发竖立	hair stand on end，hair-raising e.g.，The story of the murder made my hair stand on end. That was a hair-raising experience.
恐惧是体温下降	cold sweat，cold feet，blood-curdling，bone-chilling e.g.，Just the face of the monster was enough to make my blood run cold. I heard a blood-curdling scream. A cold sweat of fear broke out.

类型	词语
恐惧是身体颤抖	agitation，heebie-jeebies，jitters，jumpy，quivery，shaky，trembling，tremor，tremulous，trepidation
恐惧是大小便失禁	shitless，wet with fear e.g.，I was scared shitless when I saw the man with the knife coming toward me. I was almost wetting myself with fear.
恐惧是口干	e.g.，My mouth was dry when it was my turn. He was scared spitless.
受内感受系统控制的内脏感受	
心（heart）	chickenhearted，fainthearted，making someone's heart leap or one's heart gallop，heart in the boots，heart stood still，heart pounding，strike fear into the hearts of，terror into somebody's's heart，heart in one's month e.g.，His heart pounded with fear. My heart began to race when I saw the animal. His heart stopped or missed a beat when the animal jumped in front of him
胃（stomach）	butterflies in the stomach，collywobbles e.g.，He got butterflies in his stomach. A cold fear gripped him in the stomach. I always get the collywobbles before an interview. Her husband went climbing mountains last weekend. It gave her the collywobbles to even think about it
肚子（belly）	yellow belly e.g.，My friend has a female yellow-bellied slider. This was no time for being some pasty yellow-bellied mama's boy.
肝（liver）	lily-livered e.g.，She approaches songs and arrangements with a sense of adventure that makes almost everybody else sound lily-livered. We have lily-livered textbook publishers whose toned-down presentations pander to the worst of our society.

从表 4.1 和 4.2 可见，英语和汉语中都有较多用身体感觉或生理活动描述恐惧的词语，不过英语中只有少量用内感受描述恐惧的词语，而汉语中用内感受描述恐惧的现象远比英语中的数量、种类丰富得多，也更系统。例如用心、肝、胆等内脏器官的扰动以及遭受的物理创伤（如战、颤、栗、落、悼、破、碎、摇、悬、裂、吊、提、丧等）以及内脏器官产生的心理感受（如惊、慌、寒、虚、骇、憷等）表达恐惧或害怕。这是受到中国传统哲学和医学影响的结果。而英语中尽管也有用"心""胃""肚子"和"肝"描述情绪的词语，但数量较少、比较零散，缺乏系统性（Zhou et al.，2021）。

4.2.2 英汉语对愤怒（anger/angry）情绪的具身概念化比较

汉语中有很多用躯体感受、反应和行动表达愤怒的词语和成语，包括面部表情和皮肤颜色的变化，以及身体反应和内脏（包括心、肝、肺等）的生理变化或扰动。并且很多表达愤怒的词语与气、火、风、雷等自然现象有关（见表 4.3）。

表 4.3　汉语中表达愤怒身体状态的词语和成语

类型	词语和成语
由自主神经系统控制的身体状态	
用面部的表情、生理反应和 / 或行为表达愤怒	赤面，赭面，愠容，怒色，厉色，咬牙，气得脸煞白，脸红脖子粗，变脸，瞋怒，炸毛，瞋目扼腕，横眉冷眼，戟指嚼舌，戟指怒目，瞋目切齿，发指眦裂，忿然作色，令人发指，怒发冲冠，目光如炬，怒形于色，义愤填膺，冲冠眦裂，发怒穿冠，疾声厉色，发上指冠，怫然作色，裂眦嚼齿，目眦尽裂，怒气填胸，疾言厉色，疾言遽色，脸红筋暴，柳眉倒竖，柳眉剔竖，柳眉踢竖，直眉怒目，蛾眉倒蹙，凤眼圆睁，嚼齿穿龈……
愤怒是身体起火或冒烟	大动肝火，怒火攻心，上火，蹿火，火头上，冒火，火上浇油，火冒三丈，怒火中烧，怒火冲天，七窍生烟……
愤怒是天气的剧烈变化	狂风怒号，暴跳如雷，雷霆之怒，大发雷霆，天怒人怨……
用野兽或神兽描述愤怒	鳌愤龙愁，神怒人怨，金刚怒目，怒猊渴骥……
受内感受系统控制的身体感觉	
愤怒是内脏的感受和生理变化	怒从心头起，恶向胆边生，大动肝火，急火攻心，肺气炸了……
愤怒是气对身体内脏的扰动	气得跳脚，发脾气，生气，生闷气，怒气，气红了眼，怄气，怒气冲冲，气愤填膺……

下面再看英语中的具身情绪词（见表 4.4）。

表 4.4　英语中描述愤怒身体状态的具身词语

类型	词语
受自主神经系统控制的身体状态	
愤怒是累积在体里的液体经过升温、汽化产生的压力	heated，hot，slow burn，incensed，stew，blow up，fuming，inflame e.g.，Do not get hot under the collar. Billy's a hothead. They were having a heated argument. When the cop gave her a ticket，she got all hot and bothered. Do not get a hernia! When I found out，I almost burst a blood vessel. He almost had a hemorrhage.

类型	词语
愤怒是身体受到的伤害或不愉快的体验	cat fit，fit，rankling，inflamed，convulsed，exacerbated，nettled，chafed，sore or soreness，bitter
愤怒是脸和脖子发红	scarlet, red, flush e.g.，She was scarlet with rage. He got red with anger. He was flushed with anger.
愤怒是身体的扰动	shaking, hop mad, quiver, work up, wrought up e.g.，She was shaking with anger. I was hopping mad. He was quivering with rage. He is all worked up. She is all wrought up.
愤怒是无法准确地感知	blind with rage, see red, cannot see straigh e.g.，She was blind with rage. I was beginning to see red. I was so mad I could not see straight.
愤怒是喘气的声音	huff，huffy，hissy
愤怒是恶劣的天气	storming，tumultuous/tumultuous，turbulent...
受内感受系统控制的身体感觉	
愤怒是内脏器官的感受和生理变化	choler，gall，ill humor，choleric，galled，splenetic

可见，英语和汉语对"愤怒"的具身概念化存在一些相似和相异之处。一方面，它们都有用面部表情、头发、牙齿、眼睛和眉毛，以及体温升高、脸色发红等身体感受或生理活动描述愤怒（Kövecses，2003）。另一方面，它们存在以下差异。在英语中，"愤怒"首先通常被概念化为身体内液体升温；其次，液体被汽化，对身体这个容器产生压力；最后因压力过大而发生爆炸（Kövecses，2003）。而汉语中"愤怒"被识解为体内气体的扰动。它们对愤怒不同的概念化可能源自中西方不同的哲学传统，尤其是对于身 - 心关系（the mind-body relationship）的假定（Zhou et al.，2021）。

具体来说，中国传统哲学认为，宇宙万物起源于流动不居的元气。而在古希腊名医希波克拉底的著作中，经常把疾病与身体的某种失衡，或对其自然状态的干扰联系在一起。他在《论人的本性》（*On the Nature of Man*）中提出了四种体液论，认为人体是否健康取决于四种体液在身体中的比例是否处于平衡状态。他说"人体包含血液、黏液、黄胆汁和黑胆汁。正是这些东西构成了人体，并且给它带来了病痛或健康。如果这些成分彼此之间在强度和量上处于正确的比例，并且很好地混合在一起，就会达成健康状态。如果一种成分不足或过剩，或者分散于人体，未能与其他成分相混合，病痛就会产生"（引自林德伯格，2013：127）。希波克拉底认为每一种体液与热、冷、湿、干中的一对基本性质相联系，当四种体液的比例分配适当时，身体便会安然无恙。反之，则会出现疾病。不同的季节由不同的体液占主导。冬天是黏液占主导，因为黏液具有寒 - 湿的性质，黏液病在冬天特别常见，黏液质的人就如冬天一般冷酷无情；春天是血液占主导，血液具有热 - 湿的性质，因此多血质的人好似春天一般温润；夏天是黄胆汁占主导，黄胆汁具有热 - 干的性质，黄胆汁的人如同夏季一般既热又燥；秋天是黑胆汁占主导，黑胆汁[①]具有寒 - 干的性质，因此抑郁质的人如秋天一般既寒又干（林德伯格，2013）。西格里斯特指出，在西方医学中：

四种体液的信念持续了 2000 年。它发端于公元前 5 世纪，公元 2 世纪在盖伦的推动下创立了教条的形式，11 世纪之后渗透到了伊斯兰世界，中世纪自始至终受其支配，直到相当晚近的年代还没有被废替。在现代的语言当中，我们还能够找得到它的踪迹：一场常见的感冒用法语说是一场 rhume de cerveau（脑际流出汁液的意思），这无疑是言归旧传，古旧的理论以为感冒的过程中逸出鼻孔的黏液是大脑的产物；我们使用"疹"这个专门名词时，它暗示了致病物质的观念，这致病的体液被排出机体，最终在皮肤的表面挤出大批丘疹来（西格里斯特，2019：102）。

另外，汉语中用心、肝、肺等内脏器官表达愤怒的现象，与中医理论和中国哲学的身心观是一致的。而英语中主要用胆汁和脾表达愤怒，这与西方医学传统存在历史渊源（将在后面详细论述）。

4.2.3　英汉语对悲伤（sad/sadness）情绪的具身概念化比较

汉语中表达悲伤的身体状态的词语和成语见表 4.5。

表 4.5　汉语中表达悲伤身体状态的词语和成语

类型	词语和成语
由自主神经系统控制的身体状态	
悲伤是痛哭、流泪、流涕	泣不成声，泣涕如雨，吞声忍泪，痛哭流涕，声泪俱下，泪如泉涌，泪如雨下，欲哭无泪，吞声忍泪，涕泗横流，涕泗纵横，涕泪交零，涕泗交流，涕泗交颐，涕泗滂沱，老泪纵横，泪下如雨，啼天哭地，悲愁垂涕，泣数行下，凄然泪下，穷途之哭，泣涕如雨，泣不可仰，泣下沾襟，泪流满面，见哭兴悲，泣不成声，愁眉泪眼……

---

① 英语中的 melancholy 来自希腊语 melanchole（黑胆汁）。melan 表示黑色，chole 表示胆、胆汁。

类型	词语和成语
悲伤是眉、眼、脸、头等表现的哀伤表情	愁眉锁眼，愁眉苦脸，愁眉不展，垂头丧气，闷闷不乐，黯然销魂，黯然失色，黯然神伤，郁郁寡欢，焦眉皱眼……
悲伤是发出痛苦的声音	其声哀哀，其声凄凄，哽噎难鸣，呼天抢地，怆地呼天，悲歌击筑，悲歌慷慨，悲歌易水，击筑悲歌，慷慨悲歌，悲声载道，大放悲声，引吭悲歌，燕市悲歌，唉声叹气，悲恸欲绝，哀鸣，哀叹，哀号，哀矜，悲鸣……
悲伤是痛苦的行为或动作	捶胸顿足，捶胸跌足，捶胸跌脚，踣地呼天，鼓盆之戚……
悲伤是凄惨的自然景象和动植物的悲鸣与嚎叫	愁云惨雾，愁云惨淡，雾惨云愁，惨雨酸风，天愁地惨，愁山闷海，风木之悲，风木含悲，风木之悲，阴阳惨舒，玉惨花愁，泣麟悲凤，云悲海思，猿悲鹤怨，鸟啼花怨，霜露之悲，鬼哭狼嚎，鬼哭神嚎……
悲伤是红色和绿色的愁和惨	红愁绿惨，绿惨红愁，惨绿愁红，绿惨红销，惨绿年华，惨绿少年……
悲伤是身体的疼痛或受伤	痛入骨髓，痛不欲生，痛心入骨，剥床及肤，剥床以肤，悲痛欲绝，丧明之痛，切肤之痛，痛心，痛苦，痛楚，沉痛，伤痛，惨痛，悲痛，伤感，伤悲，伤怀，悲伤……
悲伤是苦味、辛味或酸味	苦海茫茫，百苦难咽，痛苦，悲苦，凄苦，酸楚，心酸，辛酸……
悲伤是寒冷	凄然，凄惨，凄凉，凄切，凄苦，凄惘，凄伤，凄迷，凄怆，悲凉……
受内感受系统控制的身体感觉	
心	心如刀割，心如刀绞，寸心如割，万箭攒心，万箭穿心，乱箭攒心，伤心欲绝，心痛欲绝，心胆俱裂，心中怏怏，心绪郁结，心中抑郁，百爪挠心，忧心殷殷，忧心忡忡，忧心如焚，悼心失图，惨恒于心，痛心疾首，惊心悲魄，心烦意乱，惊心惨目，痛心拔脑，椎心泣血……
肝	凄入肝脾，摧心剖肝……
肺	撕心裂肺……
肠	呕心抽肠，肝肠寸断，回肠九转，愁肠百结，柔肠寸断……
血	椎心泣血，剖肝泣血……
五脏	五内俱裂，五内俱崩，五内如焚……

在《罗杰21世纪同义词词典（第七版）》和网络同义词词典中找到 sad 和 sadness 的同义词，见表 4.6。

表 4.6　英语中描述悲伤身体状态的具身词语

类型	词语
受自主神经系统控制的身体状态	
悲伤是苦味	bitter...
悲伤是哭泣	weep...
悲伤是忧郁的表情、眼神	wistful，woebegone，gloomy，glum，melancholy，pensive...
悲伤是蓝色、阴暗的颜色	blue，blueddevils，gloomy，glum...
悲伤是向下、下垂、沉重	down，downcast，down in dumps，down in mouth，low，low-spirited，let down，heavy heart...
悲伤是阴天或寒冷的天气	somber，bleak/bleakness...
悲伤是没有力气或精神/没精打采	languishing，listless，mopes，out of sort...
悲伤是受苦、苦难	tribulation，woe...
悲伤是身体受到伤害、疼痛	dolor，hurt...
受内感受系统控制的身体感觉	
悲伤是心脏受到伤害或疼痛	heartbroken/heartbreak，heartsick/sick in heart，heavyhearted，heartache ...

比较表 4.5 和 4.6 可见，中国人的悲伤情绪往往用透明度更高的内感受（包括心、肝、肺、肠、血和五脏的感受）描述和概念化，而英语中对悲伤的具身概念化更多用自主神经系统控制的外感受、身体动作、生理反应和面部表情的词语描述，用内感受描述悲伤的现象比汉语的少得多。

4.2.4　英汉语对喜悦/快乐（happy/joy/joyful）情绪的具身概念化比较

汉语中表达喜悦/快乐的身体感受和生理活动相关的词如表 4.7 所示。

表 4.7　汉语中表达喜悦/快乐身体状态的词语和成语

类型	词语和成语
由自主神经系统控制的身体状态	
喜悦是眉毛和眼睛的舒展、上扬或挑动等	开眉笑眼，开眉展眼，眉飞眼笑，眉欢眼笑，眼笑眉飞，喜眉笑眼，眉飞色舞，扬眉吐气，喜上眉梢，迷花眼笑，扬眉抵掌……
喜悦是手、脚或头的舞动、跳跃、摆动	喜跃抃舞，手舞足蹈，足蹈手舞，抃操踊跃，抚掌大笑，举首加额，欢呼雀跃，欣喜雀跃，扬眉抵掌，拍手拍脚，摆尾摇头……

类型	词语和成语
喜悦是笑容	抚掌大笑,笑容可掬,笑逐颜开,嫣然而笑,捧腹大笑,忍俊不禁,谈笑风生,喜笑颜开……
喜悦是唱歌或饮酒的行为	狂歌痛饮,举觞称庆……
喜悦是疯狂,无法自控	欣喜若狂,欢欣若狂,惊喜欲狂,喜不自胜,喜不自禁,大喜过望,喜出望外,乐不可支……
喜悦是高兴的神态或精神状态	和颜悦色,神采飞扬,舍然大喜,喜形于颜,欣然自乐,欣然自喜,怡然自乐,怡然自若,怡然自得,喜气洋洋,得意忘形,沾沾自喜,洋洋得意,兴致勃勃,神采奕奕,喜行于色,乐乐陶陶,兴高采烈,欢天喜地,悠然自得,喜形于色……
喜悦是春天 / 春风 / 春色	满脸春色,满面含春,春风满面,春风得意……
受内感受系统控制的身体感觉	
喜悦是心的敞开、开放和感到愉悦	开心,称心如意,心旷神怡,赏心悦目,悦目娱心,展齿之折,心花怒放……
喜悦是皮肤痒①	抓耳搔腮,心痒难挠……
喜悦是气在体内运行充足、饱满、清爽、稳定、顺畅	喜气洋洋,喜气冲冲,喜气宜人,扬眉吐气,心醇气和,神清气爽,趾高气扬,志高气扬,气定神闲,神安气定,神气自若,志骄气盈,气高胆壮,气高志大,气贯虹霓,气贯长虹,气骄志满,气满志得,气满志骄,气宇昂昂,气宇不凡,气宇轩昂,意气飞扬,意气风发,意气高昂,意气激昂,意气轩昂,意气扬扬,意气洋洋,意气自得,意气自如,意气自若,壮气凌云,壮气吞牛,才大气高,才高气清,胆粗气壮,胆壮气粗,和和气气,神飞气扬,神来气旺,神流气邕,神清气朗,神清气茂,神清气全,神清气爽,神清气闲,神清气正,神融气泰,神完气足,神闲气定,神闲气静,气得志满……

英语中用身体概念化喜悦 / 快乐的词语如表 4.8 所示。

表 4.8 英语中描述喜悦 / 快乐身体状态的具身词语

类型	词语
受自主神经系统控制的身体状态	
喜悦是身体向上、飞扬、飘在空中	flying, high, high as kite, high spirit/ high spirited, flying, flying high, on cloud nine, seventh heaven, up, upbeat, uplifting, walking on air...
喜悦是肤色泛红	tickled pink...

---

① 痒感虽是在皮肤上的感觉,但它属于内感受,而非外感受(Craig, 2016)。

类型	词语
喜悦是精力充沛、兴奋、有活力、活泼	animation，chipper，chirpy，effervescent，elation，exhilaration，exuberance，glee/ gleeful，good cheer，good humor，good spirits，vivacity，looking good，lively/liveliness，peppy，perky，prosperous/ prosperity…
喜悦是笑、欢呼	laughing，laughter，mirth，cheer/cheerfulness…
喜悦是发亮、阳光	beaming，sparkling，sunny…
喜悦是心情平静	peaceful，peace of mind…
喜悦是精神错乱、疯狂	delirium，ecstasy，enchantment，euphoria，intoxicated…
喜悦是祝福、福气、幸运	beatitude，blessedness，bliss，felicity…
喜悦是庆祝、欢乐、享乐、玩耍	amusement，convivial，delectation，festive，frolic，gaiety，hilarity，jubilant/ jubilation，merry/ merriment，playful/ playfulness，regalement，rejoicing，revelry…
喜悦是满足	content，contented，contentment，gratified/ gratification，satisfaction …
喜悦是温暖、舒适	geniality，jolly，pleasant/ pleasure…
受内感受系统控制的身体感觉	
喜悦是心感到轻松 / 重量轻	light，light-hearted…
喜悦是皮肤痒	tickled…

从表 4.7 和 4.8 可见，英语和汉语中喜悦 / 快乐情绪的具身表达的共同点是：（1）都把喜悦看成是笑容、欢笑、难以自控的疯狂行为、欢乐、庆祝、兴奋、有活力的精神状态等；（2）都用痒感描述喜悦；（3）都用心情轻松、愉快、满足、平静形容喜悦。（4）英语中把喜悦看作是脸庞或身体发光，汉语里也有类似的概念，如"神采奕奕""光彩照人""满面春风"等都间接表达了类似的涵义。

它们的不同之处在于：（1）汉语更多通过人的面部表情（如眉毛、眼睛的舒展、上扬、挑动等）、肢体动作（如手、脚、头的晃动、舞动等）、身体感受、内感受（如开心、赏心、娱心、心花怒放、皮肤痒等）来描述喜悦，而英语中除了用皮肤发痒、泛红和心脏感到轻松（如 tickled、light-hearted）外，用其他身体部位描述喜悦的词汇化现象比较少见；（2）汉语中把喜悦看作是春天、春色、春风，这种隐喻在英语中也是空缺的；（3）英语中有较多把喜悦看成是身体的向上运动、飞翔或在飘在空中，而在汉语中则是体内气运行充足、饱满、清爽、顺畅、稳定。

4.2.5　总结

总之，通过对英汉语中恐惧、愤怒、悲伤和喜悦/快乐四种核心情绪的具身概念化比较，可以发现以下几个特点。

（1）在描述情绪时，汉语比英语更多用身体的内感受表达。由于受中医理论和中国传统哲学思想的影响，汉语中有丰富且系统的表达形式：用心和胆的感受描述恐惧；用心、肝、肺的感受描述愤怒；用心、肺、肝、肠、血乃至五脏的创伤和感受到的疼痛描述悲伤；用心的敞开、开放和感到愉悦、轻松等形容喜悦/快乐。而在英语中，这种现象远比汉语中的少，且比较零散，缺乏系统性。

（2）受中国传统医学和思想的影响，汉语中有较多用"气"来描述人的情绪或情绪状态的词语，而英语没有这种表达。比如，在描述愤怒时，受西方古代体液说的影响，英语中把愤怒看作是体内液体的温度升高、汽化、膨胀、爆炸等能量的物理变化过程。而汉语把愤怒看作是体内气的产生（生气）、积聚（憋气、生闷气、忍气吞声）、爆发（发脾气、怒气冲天）等。

（3）汉语中有更多用面部表情、肢体动作和身体的内外感受描述情绪的词语，而英语中虽然也有用身体的感受和行为描述情绪，但其词汇化程度远没有汉语的高。

（4）受中国传统"天人合一、天人相应"哲学思想的影响，中国人对自然的理解、诠释和把握主要遵循阴阳、天人合一、虚静、心斋、玄妙等原则（张节末，2021；吴蔚，2021），因此在汉语中，用自然和超自然现象描述情绪的词语远比英语中的多（尽管英语在语篇层面，也有很多用自然现象投射情感的现象，但尚未被词汇化）。而汉语中有很多在词语层面用自然现象表达情感的情况，如愁云惨雾、惨雨酸风、天愁地惨、愁山闷海、凄风苦雨、风木含悲、云悲海思、霜露之悲、满面春风、春风得意等。

（5）通常，汉语中用寒冷形容悲伤，且寒冷与其他情感结合产生复合情感，如凄惨、凄凉、凄切、凄苦、凄惘、凄伤、凄迷、凄怆、悲凉等，而在英语中，寒冷通常与恐惧情绪相关。

（6）也许是受古希腊的"体液说"的影响，英语中用体内液体的温度升高、汽化、膨胀、爆炸过程表达愤怒，这在汉语中是没有的。

下面，我们仅以恐惧为例，探讨中国传统医学对汉语情绪的具身认知（包括概念化和词汇化）的深层影响。

4.3 中国传统医学对汉语情绪具身认知的 影响——以"恐惧"为例

受中医理论的影响，在汉语中，用内感受状态描述情绪并不是个别或零星的现象，而是丰富且系统的。中医理论认为，身体（尤其是脏腑）、心智（神智）和情绪（情志）组成一个统一的整体（如图4.5所示）。

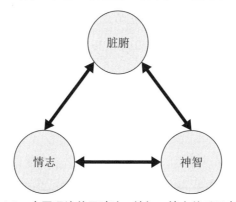

图 4.5 中医理论关于脏腑、神智、情志关系示意图

按照中医理论，情志（emotions）、脏腑（internal organs）与神智（mind）是相互影响的整体（引自Maciocia, 2015: 252）。

中医中有"七情内伤"的说法，指因七情过激引起脏腑气机失调，引发多种情志病。一般情况下，情志不会导致疾病，但如果某种情感持续过久，且过于偏激，超出本人可承受的极限而无法自我调解，就会引发身体的疾病。而脏腑功能失调的疾病也会导致情志的失衡，见图4.6（Maciocia, 2015）。

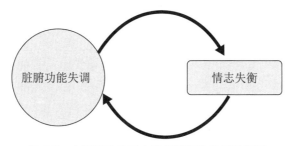

图 4.6 中医理论关于内脏与情绪的关系示意图

内脏与情绪相互影响，脏腑功能失调会导致情志失衡。反之，情志失衡也导致脏腑功能的失调（引自Maciocia, 2015: 254）。

此外，中医理论认为，人的五脏、六腑、七窍互联互通。五脏不和则七窍不通，治七窍之病首重五脏。而五脏分别对应于人的七情六欲（包括喜、怒、忧、思、悲、恐、惊七种情绪）。《黄帝内经·素问·阴阳应象大论》里说："人有五脏化五气，以生喜怒忧思恐。"（2005：60）情志与五脏的对应关系是：心在志为喜，肝在志为怒，脾在志为思，肺在志为忧，肾在志为恐。按照五行理论，五志分别对应于五脏，它们相生相克，一种情绪可以转化为另一种情绪，每一种情绪又与另一种情绪相互抵消。比如，悲伤可以抵消愤怒，喜悦抵消忧虑和悲伤，恐惧抵消喜悦等。这是由于恐惧与肾和水有关，而水克火（心），心对应于喜悦，因此恐惧抵消喜悦。正如《黄帝内经·素问》中记载了"怒伤肝，悲胜怒""喜伤心，恐胜喜""思伤脾，怒胜思""忧伤肺，喜胜忧""恐伤肾，思胜悲"等，见图4.7（Maciocia，2015：255）。

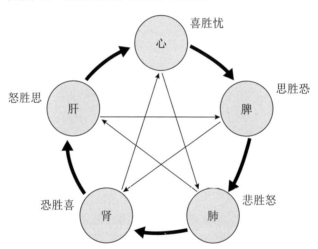

图 4.7 情绪（情志）在五行中的相生与相克关系示意图
粗箭头表示相生关系，细箭头表示相克关系（引自Maciocia，2015：255）。

中医理论认为情志与脏腑之间不是生硬的对应关系，而是都要通过心才能被意识或认知。比如，恐惧对应肾，汉语中却用心和胆的功能失调描述恐惧。这是为什么呢？由于中医理论认为，所有的情绪除了会直接影响相应的脏腑外，还会间接影响心，因为心藏神。在中医的脏腑理论里，"心"被赋予了至高无上的地位，是君主之官，心主神智（即意识和认知），主身之血脉，因此心可以感受和意识到情绪的变化。清朝的著名中医费伯雄曾指出，"然七情之伤，虽分属五脏而必本于心……怒伤肝，肝初不知怒，心知其当怒，而怒之太过，肝伤则心亦伤也。忧伤肺，肺初不知忧也，心知其可忧，而忧之太过，肺伤则心亦伤也。思伤脾，脾初不知思也，心与为思维，而思之太过，脾伤则心亦伤也。推之悲也，恐也、惊也、统之于心，何独不然？故治七伤者，虽为肝、脾、肺、肾之病，必兼心脏施治，始为得之"（2006：58）。可见，所有过度的情绪都会影响心，各种脏腑所对应的情感只有通过心，才能被意识或认知为特定的情绪（如图4.8），因此，汉语中常见用心来表达喜、怒、忧、思、悲、恐、惊等各种情绪。

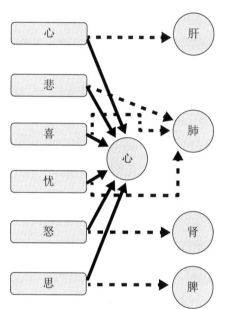

图 4.8 中医理论认为所有的情绪都会影响心，并被心所意识和认知
（引自Maciocia，2015：257）

但为何中医里有"恐伤肾"的说法，汉语里还有很多用胆表达恐惧的现象呢（如胆战心惊、胆小如鼠、吓破胆等等）？这是因为中医理论认为，胆"主勇怯"。《黄帝内经·素问·灵兰秘典论篇第八》中说："肝者，将军之官，谋虑出焉，胆者，中正之官，决断出焉。"即"肝主谋虑，胆主决断"（2005：108）。美国宾夕法尼亚州立大学应用语言学系的於宁教授也指出，中医的内脏器官理论大多基于中国古典哲学的阴阳五行理论。胆被概念化为"公正的处所或器官"，在判决和决策中发挥作用，也决定了一个人的勇气。比如，"胆是勇气的容器，勇气是胆中之气 [GALLBLADDER IS THE CONTAINER OF COURAGE. COURAGE IS QI（GASEOUS VITAL ENERGY）IN GALLBLADDER]"（Yu，2008：402）。显然，胆和人的情志息息相关。胆气豪壮的人在受到精神刺激或挫折时，不易产生过大的情绪起伏，甚至愈挫愈勇。而胆气虚弱的人缺乏勇气，情绪容易波动。因此中医理论中的胆与"勇气""决断力"，进而与"恐惧""胆小"有着系统的关联。

显然，在英语和汉语中，身体的自主神经系统和内感受神经系统在"恐惧"的具身认知中具有不同的突显度。汉语的情感词除了用由自主神经系统控制的生理反应外，还较多且系统地用心或胆等内脏器官的感受形容"恐惧"，即更多突显身体的内感受。而英语中对恐惧概念的具身认知主要体现在使用由自主神经系统控制的生理反应，至于内感受系统只用心脏和肺、肝、胃等内脏器官表达，而且并不系统。也就是说，英汉两种语言和文化分别对由自主神经系统控制的身体和由内感受系统控制的身体的突显度不同。汉语对"恐惧"的概念化比英语更多突显从身体的内感受系统到大脑中枢神经系统的传入信号（从身体到大脑），而英语中更多突显的是从大脑到脊髓的传出神经的信号（从大脑到身体）。其他情绪也有类似的特征，在此不一一赘述。

这两种相反的情绪具身认知模式会给中西文化带来怎样的情感体验和感知呢？又会塑造出怎样的民族性格呢？在此，我们可以提出一个初步的假设：中国文化中对情感突显的是从身体的内脏器官和组织传入大脑，从而引起的情绪体验和感知，这导致中国文化以接纳的方式看待身体，或者说是接纳式、顺应式的情绪具身认知模式；而在西方（如英美等）文化中，伴随情感的生理反应大多是从大脑向身体发出的控制信号，这是操控式、主宰式的情绪具身认知模式。下面具体讨论。

4.4 中西方不同的身体观产生不同的情绪具身认知

通过以上讨论我们知道，英语中的具身情感表达更多突显由自主神经系统控制的生理变化和行为反应。这是由大脑发出的控制身体的神经信号，身体对大脑指令做出反应（reactive）。这提示，西方人对情感的具身认知更多是操纵式的（manipulative）、控制式的（dominating）。而汉语更多突显由内感受系统控制的身体感受，及其在大脑里的表征。这是从身体内部传入大脑的神经和化学信号，以便大脑根据这些信号预测当下和未来的情境。因此，大脑对情绪的具身认知是接纳式（receptive）和顺应式的（adaptive）（Zhou et al. 2022）。这两种情感具身认知模式与中西方的身体观有何关系？它们分别会产生怎样的情绪体验和感知？又会形成怎样的情绪概念系统呢？下面，我们先讨论身体的文化属性。

首先，我们认为不同民族或不同文化群体对身体的认知并不都是普遍的，而是因文化而异。日本学者栗山教授认为，西方的文化土壤孕育出了肌肉的身体观，而中国的传统文化诞生了经络和气血的身体观（Kuriyama，1999）。其次，我们将讨论这两种身体观如何塑造了中西方人迥然不同的情绪具身认知模式。最后，我们将探讨英汉这两种情绪概念系统对其国民性（nationality，national character）的影响。

4.4.1　身体的文化性

毫无疑问，我们每个人都有一具身躯。身体上有头颅、躯体和四肢。头颅上有眼睛、鼻子、耳朵、嘴巴、头发等。躯干内有五脏。四肢还分上肢和下肢，上肢有手、前臂和上臂，下肢也有脚、小腿和大腿。但人们的身体观是普适的，还是因文化而异的呢？加比指出，有些研究者（如 Kövesces，1995）认为身体在概念化我们的经验时具有普遍性，但其他研究者（如 Van Geert，1995；Enfield & Wiezbicka，2002；Yu，2008；Gibbs，2006）认为文化会影响我们对生理和内在经验的解读（Gaby，2008）。

目前的具身认知理论从普遍的身体观出发，却忽视了身体的文化性或建构性。比如，约翰逊和罗勒认为，"所谓具身认知的意义就是，'没有身体就没有思想'（no body，never mind）。也就是说，我们的思想来自身体的经验，也受限于身体的经验"（Johnson & Rohrer，2007：24）。他们指出：

具身性是一个多层次的概念。首先，有机体在生理上由肌肉、骨骼、血液、内脏和许多感觉与维持生命的器官组成复杂的交互系统。其次，具身的有机体必须有脑和中央神经系统，用以监控我们的身体状态及其与环境的互动。最后，身体并非终结于我们的皮肤，它延伸到环境之中，有机体与环境并非彼此独立，而是相互依赖的关系。我们的具身性产生了感受的质地和情感的反应，以及现象学，使我们意识到我们如何以身体的方式存活于世。神经科学的研究表明，我们的身体器官，**主要是脑和神经系统**，构成了我们思维的方式。而其他的认知科学可以检验我们的身体在制造意义、概念化、推理和交流（或符号互动）

中的作用（Johnson & Rohrer，2007：23）。

他们还指出，"所有的概念都是'身体的'（physical）……没有神经活动就没有概念化，这是具身概念的核心"（ibid：26）。总之，具身认知理论认为，身体在创造意义和理解意义过程中，发挥着关键的作用。具身性勾勒出什么是对我们有意义的轮廓，并决定了我们理解意义的方式（Gibbs，2006；Johnson，1987）。

但吉布斯强调身体具有文化性，他指出：

身体系统为我们理解文化系统提供了洞见，因为人的身体存在于特定的自然和文化环境之中。人们在将文化意义灌输给身体的过程和活动中，赋予身体以符号的性质。文化不仅赋予具身经验以意义，也是身体经验的一部分。许多具身经验都根植于社会文化环境之中。这并不是说不同文化的人具有不同的生理反应，而是他们对感觉 - 运动系统在自然和社会文化世界里互动产生的具身经验的解读并不相同（Gibbs，2006：36）。

於宁也认为心智的具身性的关键并不在于身体本身的性质，而在于身体的性质是如何被特定文化所理解和感知的。他引用栗山的观点指出，"身体是深不可测的，它制造了惊人的多元视角，因为身体是基本的、亲密的实在……身体从来都不只是纯粹生物的实体，而是具有社会和文化的维度，身体的形象受到社会和文化的塑造"（Yu，2009：14）。舍利夫也指出，"无论身体在认知中发挥着怎样的作用，身体的概念化一定是有文化特异性的，并且身体参与并作为概念资源参与我们的文化经验"（Sharifian，2008：114）。罗兰（Rowland）将具身的心智观概括为"4e"：心智是具身的（embodied）、镶嵌的（embedded）、付诸行动的（enacted）的和延伸的（extended）。即心智不仅是大脑的功能，还延伸到身体，通过身体在自然的、社会的和文化的环境中付诸行动（引自 Yu，2015：237）。因此，他主张要在社会、文化环境的前提下，研究具身性与认知的关系。

於宁通过比较英汉词语的用法发现，西方文化对人的概念化是基于二元论（dualism）的，即身体和心灵（body and mind）是彼此独立的。而传统中国文化主张整体观（holism），强调身体和心 / 心脏（body and heart）是合一的。一个人由身和心两部分组成，但它们是不可分的，心是身的一部分。因此中国文化对人、自我、认识主体等的概念化与西方文化迥然不同（Yu，2015），如图 4.9。

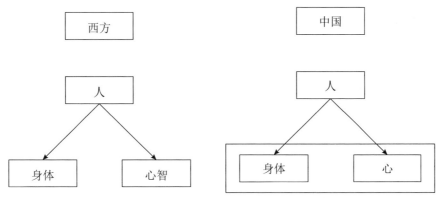

图 4.9　中西方文化对于"人"的不同的概念化
（引自 Yu，2015：234）

西方的身心二元论思想是根植于古希腊的柏拉图学派，并被笛卡尔思想发扬光大。笛卡尔（1970）认为思维和广延性是截然不同且彼此分离的。因为生命体具有广延性，是物质世界的一部分。所以生命体按照支配物质秩序中的其他事物的机械和数学规律活动。身体器官与身体的关系就像钟表里的齿轮与钟表的关系，身体的行为像机器或自动机，如呼吸、血液循环和消化都是自动的，可以还原为物理学。而思维，他认为是一个进行怀疑、理解、肯定、否定、意愿、拒绝的东西，也是进行想象和感觉的东西，他认为这种实体无需身体就能感觉到。因此，思维与广延、身体与心灵是截然不同、彼此分离的实体。身体的运动不可能来源于心灵或灵魂，灵魂只能影响或改变身体中某些因素或部分的运动方向。

於宁认为，中西文化对身体和心智的概念化是截然不同的。他引用维兹毕卡（Wiezbicka，1989，1992）的观点指出，西方的心灵是无情感的、道德中立的、注重思考和知性、忽视感受、愿望或其他身体的加工。无论是情绪还是认知，大多用"mind"表达，如：

A happy mind

A fiery mind

A noble mind

A ignoble mind

An inquisitive mind

An inquiring mind

A brilliant mind

A keen mind

A good mind

（引自 Yu，2015：235）

而在汉语中，"心"被当作是认知的核心器官。很多表示认知和情绪的词都是用"心"表达，如"诚心、良心、知心、心想、心服、心甘、好心、成心、用心、决心、违心、小心、粗心、焦心、开心、心醉"（ibid）。可见，在汉语中，"心"兼具身和心的特征，被概念化来表达心理、认识、理性、道德、情感、性情等。

综上，一方面我们的认知和情绪都是具身的，即都离不开身体的参与。另一方面，身体本身受到文化的塑造，不同文明或文化及语言会塑造出不同的身体观。因此，不同的语言和文化会建构不同的具身认知观和情绪观或情绪概念系统。下面我们先介绍中西方的身体观。

4.4.2 西方肌肉的身体观与中国经络-穴位的身体观

关于身体与情绪认知的关系，有些学者认为，人类情感的生理基础是普遍的或相似的，但对情绪的体验、解读和感知是因文化而异的。比如，恩菲尔德和维兹毕卡指出，"人类的情绪在生物学意义上具有相似性，但不同语言和文化群体对情绪的解读、语言表达，以及对情绪的认知和文化路径则不是普遍的，或并非由物种决定的"（Enfield & Wierzbicka，2002：5）。范·吉耶特也认为，情绪体验的生理模式是有限的和人类普遍的，但对应的主观体验则并不是普遍的（Van Geert，1995）。胡普卡等也指出，"虽然全人类的基因和情绪的生理基础是相似的，但不同文化谈论情绪的方式不同"（Hupka, et al.，1996：246）。然而，这种观点其实还是基于传统的、直觉式的假定，即全人类伴随情绪的身体经验是相同或相似的，不同之处在于，人们对身体经验的解读会因语言和文化而异。

近年来，一些神经科学家（如 Barrett，2017；Lindquist et al.，2015）认为，这种身体-情绪-语言观蕴涵了经典的"刺激-反应"论，即认为先有身体的生理反应，大脑再对这种反应进行解读。但现代的"具身预测内感受编码"

（EPIC）模型认为，大脑其实是基于过去的经验及其留下的躯体标记和生成模型，不断预测或模拟当下或未来的情境下需要消耗的身体能量，并将这些预测与输入的感觉信号进行比较，从而计算出预测的误差值，以便调节大脑的预算系统和身体的能量支出。因此，按照 EPIC 模型，由过去经验产生的情绪概念以及身体观都先于我们对伴随情绪的身体感觉的解读和体验。

前面说过，中国人的情感具身认知突显从身体传入大脑的内感受信号，大脑对内感受信号是接纳式的和顺应式的；而英语多为操纵式和控制式的，突显大脑向身体发出的控制信号，身体只是对大脑发出的神经信号做出生理反应或行动。这些差异的产生是否与中西方不同的身体观有关呢？

栗山系统比较了希腊医学和中国传统医学，发现中西方的身体观（conceptions of the body）存在系统性、结构性的差异。中国人眼中的身体是经络 - 穴位的身体，而西方人眼中是肌肉的身体。他说，尽管人们通常把身体看作是一种普遍的存在（universal reality），并以为世界上任何地方的人看到的身体构造和功能是大同小异的；但事实上，不同的医学传统看待身体的方式，以及对身体的认知常常互不相容，甚至是天差地别的。他比较了元代医学家滑寿《十四经发挥》（1341 年，如图 4.10 左）和文艺复兴时期杰出解剖学家维萨留斯·法布里卡（Veslius Fabrica）的著作《人体构造》（*De humani corporis*，1543 年，如图 4.10 右）中所绘制的人体图发现，这两幅图既突显了身体的不同方面，又各有疏漏。正如贾斯特罗（Jastrow）的兔鸭图那样，你从某个角度看，这是一只兔子的头，从另一个角度看它，它是一只鸭子的头（如图 4.11）。《十四经发挥》中的人体图不像《维萨留斯》那样突显对肌肉的精细刻画，甚至中医理论中从未出现过"肌肉"（muscle）这个词语。相反，西方文化极其推崇肌肉发达的健美身体（muscularity）。不过，西方的解剖学对中医针灸疗法的经络和穴位（the tracts and points of acupuncture）却一无所知，或完全忽视。这也难怪在 17—18 世纪，欧洲人刚开始研究中医时，认为中医对人体的描述简直像天方夜谭一般，充斥着"异想天开"和"奇谈怪论"（Kuriyama，1999：8）。

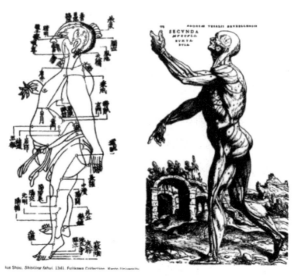

图 4.10　中西方不同的身体观

　　左图是《十四经发挥》中描绘的人体，右图是《人体构造》里描绘的人体。中医看到的身体有经络和穴位，却无视肌肉。而古希腊医学看到了肌肉，却忽视了经络和穴位（引自Kuriyama，1999：10-11）。

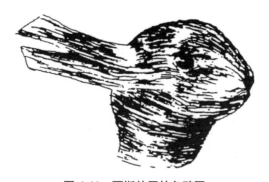

图 4.11　贾斯特罗的兔鸭图

　　你从右边看该图是兔子头，从左边看到的是鸭头。没有唯一正确的答案，看到什么仅仅取决于人们看事物的角度（引自Kuriyama，1999：24）。

　　因此，即便是人人皆有的身体，在不同的文化里也会有完全不同的身体观和医学理论——在西方的文化里，诞生了注重肌肉的医学，而中国传统文化孕育了以经络-穴位等为核心的中医理论。即便到了 20 世纪，中国人已深受西方思想的影响，并知道肌肉是身体的一部分，但英语中常说的"肌肉痛"（sore）、"肌肉紧张"（tense）、"肌肉扭伤"（sprained muscles）等还是在中国文化里被描述为其他身体感受或经验（ibid：12）。比如中国人通常会说"腰酸背痛""筋扭了""浑身酸痛""身上有寒湿"等（笔者注）。同样，尽管针灸疗法在西方风行已久，西方人还是把它当成"谜"一般的存在。中西方南辕北辙的身体观依然延续至今①（ibid）。

中西方的身体观会如此不同呢？栗山认为仅凭传统的整体论与二元论、有机论与还原论等，并不足以给出令人信服的解释。他尝试比较希腊医学是如何从外部（without）感知身体，如触摸（touch）、观看（see）和检查（examine），以及中医是如何从内部体验身体（being bodies）这一独特视角加以解释。

栗山指出，肌肉这个概念 [不同于肉（flesh）、筋膜（tendons）和肌腱（sinews）]，只出现在古希腊医学传统中。在世界上任何其他地区的医学传统，比如埃及、阿育吠陀（Ayurvedic，印度草药按摩）和中医等中，都未曾出现过"肌肉"这一概念。西方艺术崇尚肌肉发达的身体，无论是浮雕、雕塑还是绘画等艺术，处处彰显着西方人对健美肌肉的赞赏与推崇。比如，早在公元前五世纪的帕特农神庙的柱间壁浮雕和安东尼奥·波拉约洛（Antonio Pollaiuolo）所绘的"十个裸体男人的战斗"（如图 4.12）中，就有对健美肌肉的展示。而在中国传统文化中，人们几乎完全无视肌肉的存在。

图 4.12　西方的艺术作品中都极力展示在皮肤和脂肪覆盖之下的肌肉

左图为大英博物馆收藏的帕特农神庙的柱间壁浮雕。右图为安东尼奥·波拉约洛绘制的"十个裸体男人的战斗"，收藏于纽约的大都会博物馆（转引自Kuriyama，1999：113-4）。

栗山认为西方是解剖式的身体，解剖学塑造了西方人的身体观。西格里斯

① 不过，中西方不同的身体观并非自古有之，而是历史和文化演变的结果。在希波克拉底的文献和马王堆出土文物的记载中发现，古希腊医生大多谈论的是肉和肌腱而非肌肉，而中国的针灸疗法在汉代早期尚未出现。因此，那时中西方的身体观并没有显著的差异（Kuriyama，1999）。

坦也指出"解剖学是现代医学的基础。凭借解剖学的知识，西方医学经过努力，获得了以往文化时期的医学所不曾有过的精巧和熟练"（2019：4）。尽管其他文明的医学，甚至原始部落的人们也会剖开动物或人的尸体，却罕有解剖知识上的收获。他们对尸体开膛破肚的目的不是为了获得科学的解剖学知识，而是想了解"巫术"。而希腊的学术与科学中心亚历山大为自然科学和解剖学提供了肥沃的土壤。公元 2 世纪，希腊医生盖伦在亚历山大通过无数次解剖，撰写了大量的解剖学著作。这些著作被陆续翻译成阿拉伯文和拉丁文，成为了解剖学上解决一切问题的权威（西格里斯特，2019）。"希腊人发展出了一种活人的文化，使鲜活的人体在其所有的表现形式上，集中体现出人类形体之美。不过，对他们而言，死尸和人体的内部是不洁的。没有必要去打破这些伦理道德的障碍……他们不能从人体的内部去关心疾病表象的发展"（ibid：6-7）。也就是说，西方人看重外在的、肌肉的身体，而忽视身体的内脏，认为它是不洁的。

西方古典艺术家们极力推崇肌肉健美的身体，他们认为肌肉不仅能体现一个人的身份，也彰显人的自主性（agent）。"没有肌肉的身体，就像没有人的衣服"（A body without the muscules，…was like clothes without the person.）（ibid：116）。因为希腊人认为，肌肉不同于消化系统的自然蠕动和动脉血管的率动等自发的运动，它"是自主运动的器官"，受灵魂的控制。因此，通过肌肉我们能自主选择想做什么、何时做、如何做。这种选择的能力把自主的行为与非自主的行为区别开来。"肌肉让我们成为自己的主人"（muscles，in short，identify us as genuine agents）（ibid：144），其背后的逻辑是，人是有肌肉的生物，而肌肉是自主运动的器官，所以一个人的肌肉越发达，其自主性就越高。例如，在西方古代的神话中，那些四肢和躯干肌肉发达的神兽和英雄都是勇敢、力量或激情的化身。不过，那些美德主要体现在神话人物和英雄身上，而非肉身凡胎的普通人身上。直到 17 世纪，生理学家们引用古希腊名医盖伦关于肌肉的定义，才把肌肉看成是实现自由意志的手段。

西方人还把健美的身躯与优秀的品质联系在一起。他们认为，肌腱发达的身体蕴藏着强大的力量和卓越的才能。比如，希腊人的观相术（Physiognomics）认为，一个人的脚、踝、腿上的肌腱越发达，关节越突出，说明他的内心越强大，性格越骁勇。反之，则说明一个人懦弱无能、胆小怕事。

西方人认为，一个人的关节不突出（inarticulate）是性格不成熟的表现（西格里斯特，2019）。因此，古希腊人认为，"完美的典型是身材匀称的人，身心协调，高贵而又健美"（西格里斯特，2019：73）。

依照古希腊人的观念，匀称的人是健康的，他身体的每一个方面都很均衡。而这样的匀称，是长期锻炼和自律的结果。能处理好作息、饮食与斋戒之间的关系，以及肉体活动与精神活动的关系才是保持健康的关键。匀称者不单单身体健康，而且还富有美感，求美之路便是健康之路。不过，只有当健康的身体里装着健康的头脑，这样的匀称才称得上是完整的。常常被引作格言的愿望——健全的心智寓于健全的身体——表达了一切时代健康的最高理想（ibid：243）。

栗山还指出，当西方人以解剖的视角看身体时，就把身体当成了客体，对其进行客观地观察。即把身体看成身体本身，而不是可以随便赋予各种意义的符号。

总之，西方人对肌肉的推崇反映了西方人身心二分的身体观，他们把身体的活动看成是两种对立的过程，一种是内脏等的自发活动，另一种是受灵魂控制的行为。他们更注重由自主神经系统控制的身体反应，忽视由内感受系统控制的身体活动。而中国文化既没有产生肌肉的概念，也没有对健美身体的推崇，更没有把强健的身躯与美德联系在一起的传统。程宙明（2012）认为，尽管在先秦时期，中国人崇尚挺立的身体，提倡尚武精神，但此后，从魏晋南北朝时期直到清朝灭亡，中国传统的身体观不仅不提倡强身健体，反而以瘦弱为美，把文弱书生视为男性美的典范。汪全玉也指出，魏晋时期开始了对文人极端瘦弱体格的塑造，"人们开始崇尚瘦弱的文人的风格，以文弱书生为理想对象，在古代君为阳，臣为阴，君王不追求臣子的体格，而是更注重他们的思诚，换句话说，文人增多才会让帝王的统治更加安心……宋代对'白面书生'的塑造造成了武学人才缺乏和全民体质健康水平下降"（汪全玉，2018：270）。

总之，正如张克峰指出的，中国是"寿人"的文化，而西方是"强人"的文化。"所谓的'强'指伴随着理性思维的强大，人的身体与精神具有征服和控制外界的力量。'强人'蕴含了西方人追求个体强大的目标和过程的统一。而'寿'是中国传统生命观的重要概念，指伴随高尚道德追求的长寿。'寿人'包含了中国人追求长寿的目标和过程的统一"（2015：50）。

西方注重肌肉的身体观也影响了他们的情绪观。他们把负面情绪看作是敌人或对手。比如，与"恐惧""愤怒""悲伤"等负面情绪搭配的动词包括"征服""战胜""克服""减轻""缓解"等。

（1）克服恐惧（overcome fear）

But now surprise and indignation **overcame fear**.

Cognitive behavioral therapy has been successful in helping people **overcome fear**.

It comes from facing and **overcoming fear**.

Being able to **overcome any fear** associated with public presentation.

（引自 Sketch English 的 SKELL 工具。）

（2）阻止恐惧（prevent panic）：

Its primary goal was to **prevent panic**.

One person wrote，"The best way to **prevent panic and fear**？"

Such symbols can play an important role in reassuring the public and **preventing panic**.

Bordo concludes："Successful lender of last resort actions **prevented panics** on numerous occasions."

Government Guarantees and Federal Reserve banking regulations to **prevent such panics** were ineffective or not used.

（引自 Sketch English 的 SKELL 工具。）

（3）缓解恐惧（assuage fear）

Practice is important too in **assuaging fears** and nervousness.

A letter from Superintendent Julian Field **assuaged the fears** of most members.

With his earlier **fears thus assuaged** the Professor gives up on his plan.

They need to **assuage the fears** of current Storm users，especially S3's.

（引自 Sketch English 的 SKELL 工具。）

而中国文化传统中忽视肌肉和以瘦弱为美的身体观导致汉语中情绪的具身表达更多是用内感受词，并且汉语的情绪词有很多与气有关。比如，喜气洋洋，怒气冲天，垂头丧气，生气，怄气，出气，扬眉吐气，心平气和，盛气凌人，神清气朗，意气洋洋，意气消沉，气急败坏，气定神闲，虚骄恃气，等等。这是受到中医气学理论影响的结果。中医的气学说认为，气和精都是构成人体和维持人体生命的基本物质。精为脏腑机能活动的物质基础，气是推动和调控脏腑生理机能的动力。人体之气包括先天之气和后天之气。先天之精化生先天之气（藏于肾），先天之气也称为"元气"。后天之气包括水谷之精所化生的水谷之气（藏于脾）和自然界的清气（藏于肺），也叫作"宗气"。三者结合成一身之气，《黄帝内经》称之为"人气"（孙广仁、郑洪新，2018：68-9）。因此，人的一身之气是由脾、肾、肺等脏腑综合协调作用生成的。

当气在身体内运行通畅且升降出入保持平衡与协调时，中医称之为"气机调畅"。反之，当气在体内运行不畅，升降出入运动失调，则称为"气机失调"，主要表现为"气机不畅"（气的运行受阻而不畅通）、"气滞"（气受阻较甚，局部阻滞不通）、"气逆"（气的上升太过或下降不及）、"气陷"（气的上升不及或下降太过）、"气脱"（气的外出太过而不能内守）和"气闭"（气不能外达而郁结闭塞于内）等症状（孙广仁、郑洪新，2018）。

中医认为，人的情绪是由脏腑的精气在应对外在环境刺激时，产生的生理和心理反应。也就是说，"脏腑精气是产生各种情志活动的内脏生理学基础"（ibid：215）。这是因为人体是以五脏为中心的有机整体，情志活动或情绪与五脏精气的关系最为密切。《素问·阴阳应象大论》说："人由五脏化五气，以生喜怒悲忧恐。"（ibid）。也就是说，五脏藏精，精化生为气，气的运动应答外界环境而产生情志活动或情绪。五脏精可产生相应的情志活动如，"肝在志为怒，心在志为喜，脾在志为思，肺在志为忧，肾在志为恐"（ibid）。当外在环境的变化过于激烈，引起情绪的剧烈波动或持续较长的时间，会导致脏腑精气的阴阳失常，气血运行失调。

总之，中医理论把脏腑、情志（即情绪）和神智（即意识）看作是相互影响、彼此依赖的整体的观念是符合现代具身认知科学和内感受神经科学的。对于所谓的负面情绪，中国人不是想方设法去消灭或战胜，而是通过调理和制约，将过度的情绪加以化解或转化，使之恢复平衡。中医认为，喜（木）生怒（火），怒（火）生思（土），思（土）生悲（金），悲（金）生恐（水），恐（水）生喜（木），它们形成了一个循环的相生的状态。过怒易生火，过恨易生水，过喜、过思、过悲、过恐都会影响人体的五行阴阳平衡。同时，人们也可以运用情志之间的制约关系，如怒（木）克思（土），思（土）克恐（水），恐

（水）克喜（火），喜（火）克悲（金），悲（金）克怒（木），达到调整情志的目的。（孙广仁、郑洪新，2018）。

结　语

　　虽然英汉语都用身体部位、感受和生理反应等描述情感，但我们基于现代具身认知科学和内感受神经科学发现，汉语对情感的具身认知更多突显身体的内感受，而英语更多突显自主神经系统。这种情绪具身认知结构孕育了中国式经络-穴位的身体观，也造就了顺应式、接纳式的文化价值观和国民性。即中国传统哲学和医学认为身体、情绪和意识是相互影响、彼此互动的整体，人要顺应身体而不是控制它或与之对抗。而西方文化诞生了肌肉的身体观。它不仅强调力量、勇敢和激情，还倡导个人的自主性。因此，西方人对情绪的具身认知表现为操纵式和控制式的，主张个人意志对身体的控制和对负面情绪的对抗和征服。

　　因此，对情绪概念化的研究不能停留在传统过时的情绪心理学理论的基础上，也不能仅凭"词汇法"推测情绪的概念化机制，而应基于现代的神经科学理论，综合考虑内感受、脑、语言和文化等因素的互动。

　　此外，无论是用身体的内感受描述情感的具身经验，还是用自主神经系统控制的生理反应描述情感的具身体验，都是情感经验的重要组成部分。然而，很多认知语言家都把用内脏词表达情感的现象看作是概念隐喻。我们认为，这是基于传统情绪心理学理论推出的错误结论。我们将在下一章具体讨论。

第五章

情感的躯体化究竟是隐喻还是转喻？

　　请大家想一想自己平时无论是说话还是思考时，是不是会不自觉地用部分代表整体，或以整体代表部分？记得小的时候，我家附近有一个从农村来城里修鞋的中年妇女。有一次，我去找她修鞋，发现她笑起来时，上面一排牙齿上全都是亮晃晃的不锈钢牙。回家后，我把此事告诉了我妹。此后，我们会用"那个不锈钢牙"指代她，然后忍不住捧腹大笑。现在想起来，小时候的行为真的是恶作剧！同样，我们在中学语文课本里读过的鲁迅先生的小说《故乡》中，也用"圆规"来形容豆腐西施杨二嫂：

　　我吃了一吓，赶忙抬起头，却见一个凸颧骨，薄嘴唇，五十岁上下的女人站在我面前，两手搭在髀间，没有系裙，张着两脚，正像一个画图仪器里细脚伶仃的圆规。

　　后来，就直接用"圆规"来指代杨二嫂：

　　"阿呀阿呀，真是愈有钱，便愈是一毫不肯放松，愈是一毫不肯放松，便愈有钱……"圆规一面愤愤的回转身，一面絮絮的说，慢慢向外走，顺便将我母亲的一副手套塞在裤腰里，出去了。"

　　又比如，上海著名的复旦大学附属妇产科医院，因其创建时屋顶呈红色，被上海市民亲切地称为"红房子医院"。另外，人们用"中南海"指代中国的政治中心，用"白宫"（The White House）指代美国的总统府，用"五角大楼"指代美国国防部。在电影电视上，当镜头切换到上海时，往往用外滩或东方明珠等地标性建筑指代上海。

　　除了用事物的部分代表其整体外，我们在叙述一个事件时，也会用部分代表整体。比如，我们说做晚餐，其实把买菜、洗菜、切菜、洗锅、点火、放佐料、翻炒或焖炖等过程都省略了，只用"烧菜"这一个环节代表整个过程。

反之，也有用整体代表部分的例子，如：

犹太人很聪明。

东北人很豪爽。

四川人喜欢吃辣。

认知语言学家把这种用部分代表整体，或用整体代表部分的现象称作"转喻"（metonymy），它不仅是一种语言的修辞现象，更是人类进化出的一种认知倾向，即倾向于以经济、省力的方式处理庞杂的信息。当然，这种图省力的思维有时也会付出"以偏概全"的代价。比如，并非所有的犹太人都很聪明，或像纳粹所认为的，是自私的、贪婪的劣等民族。但人们会以"刻板印象"（stereotype）的思维定式看待一个人或一个族群，这有时是有害和危险的。

此外，人类还进化出了"隐喻"的思维方式，即用一种事物指代另一种事物。比如，许茹芸唱的《独角戏》里一段歌词：

是谁导演这场戏

在这孤单角色里

对白总是自言自语

对于都是回忆

看不出什么结局

可见，这首歌把一个得不到爱的人的孤单寂寞的状态隐喻为"唱独角戏"，戏剧中的要素，如导演、演员、对白、结局被用来投射人孤寂的状态。

在本章，我将纠正认知语言学界对于情绪认知的一个错误的认识。我们知道，世界上几乎所有国家、大部分语言中都有用身体的生理活动或反应等概念化情绪的现象，简称"情绪的躯体化"（somatization）。不过，**目前国内外学者并未区分由内感受系统控制的生理活动和由自主神经系统控制的生理反应**。他们把愤怒时心率加快、血压升高，恐惧时体温下降、肌肉紧绷、毛发竖立等表达，如面色惨白、毛骨悚然、"It took my breath away"、"My heart was throbbing"等（这些属于由自主神经系统控制的生理反应）看成是**转喻现象**；但把用内脏器官和组织的感觉及生理变化（这些属于由内感受系统负责的生理活动）概念化情感的表达，如撕心裂肺、肝肠寸断、"There was passion in his heart"、"She has a lot of gall"等看作是**隐喻**（如 Averill，1990；Kövecses，

1990，2003；Yu，2002，2008；徐盛桓，2016；李孝英，解宏甲，2018；李孝英，2018；李孝英，陈丽丽，2017；孙毅，2010，2011，2013；陈家旭，2007，2008；袁红梅，汪少华，2014 等）。而我们基于当今前沿的具身认知科学和内感受神经科学提出，这两种情况**都是转喻**。此外，在本章我们还将在神经心理学的层面反思"概念隐喻"的神经真实性，并指出"隐喻"的神经加工除了通过感觉 - 运动系统投射抽象概念外，还离不开情感的参与。

5.1　认知语言学的情绪观有些过时了

尽管一些认知语言学家（如 Kövecses，1990；Lakoff，2016 等）对情绪的认知机制做过了大量的研究，但他们所基于的情绪理论主要是传统情感心理学家们（如 James，1884；Ekman，1992；Schachter & Singer，1962 等）提出的理论。这些理论认为，情绪通常包括**生理变化**，即生理反应是情绪经验的重要组成部分。因此，这些认知语言学家认为用由自主神经系统控制的生理反应描述情绪的现象属于转喻。加州大学伯克利分校语言学系教授莱考夫就曾说过，起初他和考威塞斯发现"愤怒的概念隐喻基于愤怒的生理反应。比如，愤怒是热、是压力、是野兽、是体内无法控制的东西、是强大的对手、让你无法动弹、是疯狂、使你丧失理智"（Lakoff，2016：2）。但在了解了情感心理学家保罗·埃克曼等人的研究后得知，愤怒的生理反应本身就包含体温升高、血压和心率增高、眼睛视物模糊、身体无法做出精准动作等（Ekman et al.，1983）。于是，他们改变了原先把伴随情绪的生理反应看成是隐喻的观点，而认为它们属于转喻现象。

考威塞斯还详细阐述了用身体的生理反应概念化情绪是转喻的科学依据。他首先基于詹姆斯 - 兰格（James-Lange）的情绪理论指出，身体唤起先于情感感受。即先得有一系列**由自主神经系统唤起的身体变化**（如心跳加速、手心冒汗、肌肉紧张、胃肠蠕动等），然后才会产生情感体验。因此，他将客观与主观、身体与心理结合起来，认为只有感知到身体的变化 [如本体感受的反馈（proprioceptive feedback）] 才能体验到情绪，否则只有对事件冰冷的认知，却不会有切身的感受。也就是说，你能判断一个人究竟是快乐还是悲伤，是愤怒还是恐惧，却无法对那些情绪感同身受。后来，他又基于埃克曼（Ekman，

1992）的情绪心理学理论认为，情绪被唤起时，会引起面部表情的变化。有些核心情绪，比如愤怒、恐惧、喜悦、悲伤、厌恶的面部表情具有跨文化的一致性。这些核心情绪还会伴随相应的生理变化，比如愤怒时体温升高，血压和心率增高等。此外，他还参考了萨赫特和辛格（Schachter & Singer，1962）的情绪理论，指出身体的生理唤起是情绪经验的组成部分。总之，考威塞斯主要是根据以上情感心理学家提出的理论，将身体的生理反应，比如心率（如"His heart was **pounding** with emotion"）、呼吸（如"She was **heaving** with emotion"）和脸色（如"She **colored** with emotion"）的变化，以及皱眉（如"His brow **darkened**"）、微笑、扮鬼脸、抬眉毛、张鼻孔、露出牙齿等代表情绪的生理反应和行为都看成是**转喻**（Kövecses，1990）。国内学者（如李孝英、解宏甲，2018；李孝英，2018；李孝英、陈丽丽，2017；孙毅，2010，2011，2013；陈家旭，2007，2008；袁红梅、汪少华，2014等）也持类似观点。

总之，无论是国内还是国外的认知语言学界都认为，由于自主神经系统控制的生理反应是构成情感体验的一部分，语言中用生理反应概念化情绪的现象属于**转喻现象**。对此，我们表示赞同。但我们不同意他们把用内脏器官和组织的感受和生理变化概念化情绪的现象看成是隐喻。例如考威塞斯（Kövesces，2003）认为以下用内脏器官的感受概念化情绪都是隐喻：

（1）心率的变化

His heart was **pounding** with emotion.

His heart began to **beat** faster.

My heart was **throbbing**.

She asked the question **with beating heart**.

He entered the room **with his heart in his mouth.**

My heart **stood still**.

（2）呼吸频率的变化

She was **heaving** with emotion.

I felt his **hot breath** on my neck.

It **took my breath away**.

She was **breathless** from emotion.

（3）脸色的变化

She **colored** with emotion.

I stood there，**flushed**.

He slowly **turned red.**

I was **pale.**

She **blushed** with emotion.

（4）眉毛的变化

His brow **darkened**.

（引自 Kövecses，1990：172）

国内一些学者（如李孝英、解宏甲，2018；李孝英，2018；李孝英、陈丽丽，2017；孙毅，2010，2011，2013；陈家旭，2007，2008；袁红梅、汪少华，2014 等）也都认为用内脏器官和组织的感受概念化情绪是隐喻。

然而，认知语言学者们其实是根据传统过时的情绪心理学理论解释情绪的躯体化现象，尚未认识到内脏器官和组织的感受（即内感受）是构成情绪认知的关键要素，从而错误地把用内感受概念化情绪的现象看作是隐喻。现代情感神经科学和内感受神经科学发现，情绪来自于身体的内感受信号在大脑中产生的心理表征（Damasio，2018，2021；Craig，2015；Cameron，2001；Critchley et al.，2004；Barrett，2017；Petzschner et al.，2021）。因此，内感受是构成情绪经验必不可少的要素，用内感受概念化情绪理应是转喻。下面，我们先介绍内感受神经科学视域下的情绪认知的具身性。

5.2　内感受神经科学视域下情绪认知的具身性

我们已经知道什么是内感受，以及内感受与情绪的关系。下面，我们再通过内感受神经通路的解剖结构，以及大脑对身体内感受信号加工的过程，具体介绍情绪的具身性。

世界著名的神经解剖学家巴德·克雷格 [A.D.（Bud）Craig] 是内感受神经通路功能解剖学的奠基人。他曾担任美国巴罗神经学研究所的阿特金森研究科学家，亚利桑那大学医学院细胞和分子医学的兼职教授和心理学的兼职教授。他通过仔细解剖从内脏到大脑和从大脑到内脏的神经通路及其功能，发现内感受能影响意识、自我认同（self-identity）和情绪等。他说，"情绪的具身理论将我们的情绪与身体状态联系起来了。这可以从我们的身体感觉与情感感受之间的神经通路清清楚楚地看到。情绪的具身理论强调，内脏感觉、身体的自主活动，以及大脑是产生情绪感受的来源"（Craig，2015：9）。他还说，**情绪是大脑对身体内感受信号建构的意义，内感受是对实际的或潜在的情感行为产生的能量消耗和能量获益的表征**。也就是说，我们通常所谓的"负面情绪"其实是我们的身体处于负能量的状态，即身体能量处于消耗状态的体现。**因此，内感受是身体内稳态的价值体现（如是处于正值还是负值），它们通过信息的选择引导行为，从而优化能量的使用效率。**概言之，所谓"情绪"其实是对生理价值系统的标价（the coinage of a physiological valuation system）（Craig，2015）。

身体的内感受信号是如何被翻译为心理的情绪感受和情绪概念的呢？按照克雷格提出的整合模型，身体的内感受信号逐级投射到大脑的不同区域。即内感受信号与其他感觉和记忆表征依次从身体的自主信息、动机信息到语境信息进行加工，最终形成一套完整的情绪表征，但有些不是严格地按顺序投射（Craig，2016），如图 5.1。

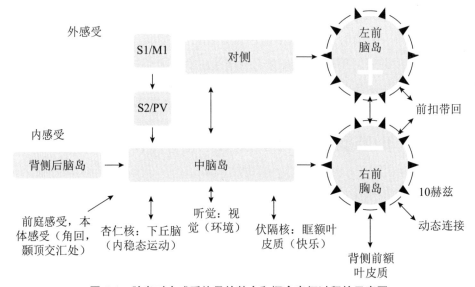

图 5.1　脑岛对内感受信号的整合和概念表征过程的示意图

内感受信号经过后脑岛、中脑岛到前脑岛逐级整合，产生一套完整的情绪表征。在该内稳态模型中，右前脑岛主要表征能量的消耗（由交感神经负责），左前脑岛表征能量的增加（由副交感神经负责）的状态（引自Craig，2016：226）。

克雷格的这个理论模型描述了内感受信号在大脑，具体来说，是在脑岛皮层中的表征过程：首先，大脑的内感受系统整合内感受轴（比如心血管、呼吸和体液）的信号，这些信号在后脑岛经过整合和突显，被表征为粗颗粒度的信号，后又被投射到中脑岛。在这里，从其他感觉通道和亚皮层区（如"内稳态控制"和动机/动力中心）传入的信息，其中包括从下丘脑、腹侧纹状体和杏仁核输入的信息也一并投射到了这里。这些信号经过中脑岛整合后，继续向前投射到前脑岛。前脑岛与（前）扣带回、（眶）腹内侧和背外侧额叶皮层保持动态联结，将生物的自我整合成更为丰富的情绪和社会表征，并有意识地用于如实施某项计划等外显的认知加工。在前脑岛，诸如心跳加速、脸红、呼吸急促等躯体感觉和状态被表征为社会情绪；腐败的味道和难闻的气味会被知觉为恶心的感受；情人的爱抚被翻译为快乐和幸福的情绪等。因为前脑岛是我们感受爱与恨、感激与怨恨、自信与尴尬、信任与不信任、同情与鄙视、赞许与不屑、骄傲与羞耻等情绪的地方。该模型展示了内感受信号经过后脑岛、中脑岛和前脑岛的逐级加工和表征，依次整合了生理感觉环境、运动状态、动机，以及情感的、社会的、认知的和意象性的条件。因此，克雷格认为，**情绪的具身性是建立在内脏器官和组织，以及内脏器官和组织与大脑中其他感觉 - 运动和动机表征之间，通过内感受信号发生相互作用的神经生理和神经化学活动的基础之上的**（Craig，2016）。

类似地，我的导师奎奇立教授和他的同事们将大脑对来自身体的神经和生化信号的表征分为三个层级：第一级是脑干、躯体感觉皮层和后脑岛，它们对来自身体的自主反应进行加工；第二级是下丘脑皮质、中脑岛等，它们对不同感觉通道的信号进行整合；第三级是前脑岛、扣带回、腹内侧前额叶皮质、杏仁核等，它们对外部和内部的信号进行整合和表征，最终将身体内部的生理状态翻译为我们所感知和意识的情感心理图像（Critchley，et al.，2004）。

加芬克教授与奎奇立教授还通过实验，对内感受、情绪和认知之间的关系进行了研究，他们将内感受心理分为三个维度（见图5.2）：（1）内感受识别力（interoceptive sensibility），指对主观内感受的自我评价，可通过访谈/问卷，或信心量表测量；（2）内感受的敏感度/准确度（interoceptive sensitivity/accuracy），指行为测试中的客观表现，如用仪器测量的心率；（3）内感受意识（interoceptive awareness），指对内感受准确度的元认知意识或洞察，如被试对于内感受与实际是否相符的信心（Garfinkel & Critchley，2013）。

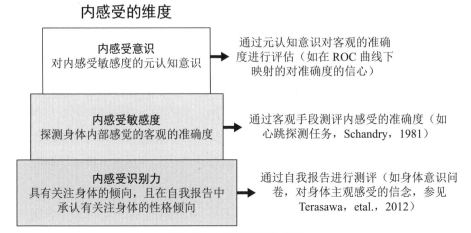

图 5.2　内感受的三维模型

　　该图描述的是内感受的不同层次的表征和情感行为的不同方面。图的右侧是对不同维度的内感受进行评估的方法（引自 Garfinkel & Critchley，2013：233）。

　　总之，我们的情绪感受和体验不仅仅是大脑中枢神经系统的功能，还需要身体，特别是内脏器官和组织的神经生理和化学活动的参与。既然内感受是产生情绪感受必不可少的要素，用内感受概念化情绪的现象理应是转喻，而非隐喻。下面，我们进行简要论证。

　　为什么国内外学者都会错误地认为用内感受概念化情绪是隐喻呢？我想原因可能主要有以下两个方面。一方面从方法论上看，认知语义学理论属于"民间理论"，其具身心智观主要是通过"词汇法"内省心智的概念结构（Kövecses，1990），因而缺乏科学依据。另一方面，认知语义学的情绪理论主要是以詹姆斯（James，2007）、埃克曼（Ekman，1992）和沙赫特与辛格（Schachter & Singer，1962）等人提出的过时的情绪心理学理论为基础。**这些理论尚未认识到内感受是产生情感经验的生理基础和不可或缺的一部分，因而错误地认为用内感受躯体化情绪是隐喻现象。**

　　现代情感神经科学和内感受神经科学的发展彻底改变了传统的情绪观，克雷格（2016）的内感受信息的脑岛整合模型以及加芬克和奎奇立（Garfkinkel & Critchley，2013）的内感受三维模型等都科学地证明情绪、身体（内感受）与认知三者之间是密不可分、彼此互动的。因此，**要理解大脑如何加工语义，不**

能仅凭对语言现象的内省，还需要结合现代神经科学的理论和证据，才能获得更科学、可靠的解释。

最后，我们进一步追问概念隐喻理论的神经真实性问题。

5.3 "概念隐喻"的神经真实性——被忽视的情感因素

人们通常认为，"概念隐喻"是指人类用一种范畴的经验来理解和体验另一种范畴的经验的认知活动。其中，用来理解和体验的领域被称为源域，它通常比较具体，为人们所熟知，与人类基本的经验有关；被理解和体验的领域叫作目标域或靶域，它往往比较抽象（束定芳，2000）。隐喻被看成是在源域与目标域之间构建的一系列的本体论和认识论的映射关系（Lakoff & Johnson，1980）。

不过，**概念隐喻理论主要是基于哲学思辨和对语言现象的内省提出的"民间理论"，不是科学理论**（Kövecses，1990）。尽管"隐喻"这一概念在许多方面貌似比较符合我们的直觉和感觉经验，**但尚未完全得到神经科学的证实。**换句话说，莱考夫和约翰逊（Lakoff & Johnson，1980，1999）用"隐喻"这个概念在具体的源域与抽象的目标域之间搭建了一座"隐喻桥"，但"隐喻"的实在性还有待神经科学证据的验证。

为此，莱考夫与他的同事以及神经科学家们（如 Narayanan，1997；Feldman，2008；Gallese & Lakoff，2005 等）合作，先后提出了隐喻的神经理论和神经再利用假说，旨在为概念隐喻理论寻找神经科学的解释。但这些理论或假说主要是基于赫布学习原理（Hebbian Learning Principle）（Hebb，2013）和镜像神经系统的心智模拟理论（Rizzolatti & Craighero，2004）提出的猜测性解释，尚未完全得到神经科学证据的证实。

尽管莱考夫也在不断吸收新的神经科学理论，以印证或完善他的概念隐喻理论和具身认知理论，但他所基于的神经科学理论有些已经过时，有些只能提供间接的证据。比如，他基于达马西奥（Damasio，1996）的"躯体标记假说"指出，"身体经验与大脑中的躯体感觉系统之间存在关联。因为神经影像实验发现，在决策过程中，腹内侧前额叶皮质在'躯体标记'中发挥了重要的作用"（Lakoff，2014：4）。他认为，**情绪概念的具身性有可能在大脑中找到神经**

的真实性。这也是为什么英语中会出现考威塞斯和他所观察到的，如"boiling mad，He exploded，blind with rage，hopping mad"等愤怒时用身体的感觉和运动系统概念化情绪的例子。他还指出，情绪的具身性也符合林德曼和艾布拉姆森（Lindeman & Abramson，2008）的"抑郁症的因果机制模型"（the causal mechanisms of depression）。该模型认为：（1）当对一件事产生无力感时，抑郁症患者通常将这种感觉隐喻地概念化为运动失能（motor incapacity）；（2）运动失能的经验被心理模拟（心理模拟也是概念化的一部分）；（3）身体运动的失能感通过心理模拟，会产生死气沉沉、无精打采的心理感受，这与运动失能时由周围神经控制产生的生理变化的感受是一致的。他说，"这些思想为情绪隐喻的研究提供了一种可能性，即我们可以通过对身体状态的神经科学与关于语言的隐喻研究，获得对情绪状态的洞见"（Lakoff，2014：4）。显然，莱考夫引用的这些观点只能算是间接证据。

为了揭示隐喻的神经机制，近年来，心理语言学家、神经科学家和认知语言学家开展了跨学科研究。他们发现，**修辞性的语言，比如概念隐喻的语言会比其字面表达唤起更多的情感反应**。例如，常规隐喻句（即包含非艺术类、非文学类的隐喻句，如日常语言中常说的"针眼""山脚""抓住机遇""浪费时间"等，由于被频繁使用，久而久之我们已经感觉不到是它们是隐喻了——笔者注）"She's a **sweet** child"或"She looked at him **sweetly**"比它们的字面义句子如"She's a **kind** child"或"She looked at him **kindly**"在杏仁核和海马体等脑区的激活程度更大。这些脑区通常被认为与情感的加工有关。并且，情感变量显示出典型的"U形"关系。这说明，情感概念的效价越高，情感的唤起程度也越大。此外，常规隐喻还可能激活初级和次级味觉区（甜味）的表征，包括外侧眶额叶皮质（Orbitofrontal Cortex，OFC），额叶脑盖和前脑岛（Citron & Goldberg，2014; Citron et al.，2019，2020 等）。也就是说，大脑对常规隐喻句子进行加工时，除了负责感觉的皮层（如甜味的味觉皮层）会被激活外，负责情感加工的脑区也会被激活。

有趣的是，研究还发现二语学习者在加工包含修辞性的语言表达时，**大脑中缺少这种情感的参与**。英国兰开斯特大学的心理学家弗朗西斯科·希特伦（Francesca Citron）、德国柏林自由大学临床心理学家诺拉·米凯利斯（Nora Michaelis）和美国普林斯顿大学的认知语言学家阿黛尔·高柏教授（Adele E.

Goldberg）开展了多学科合作。他们比较了以德语为第二语言的意大利人与以德语为母语者的大脑在加工常规修辞语语言（conventional figurative language）时的情况。他们让参与者读常规隐喻陈述句（conventional metaphorical statements）和保留这些句子字面释义的句子（literal paraphrases），发现母语者在加工隐喻句时，左杏仁核的活动增加，并且隐喻度（Metaphoricity）越高，左杏仁核的激活度越大。在全脑的范围内，二语学习者与母语者的大脑激活的差异主要集中在额叶 - 颞叶网络。对于二语学习者而言，当隐喻度增加，他们大脑的尾状核并没有出现显著的激活。**这说明二语学习者与母语者对隐喻的加工程度存在差异：在加工包含隐喻的语言表达时，母语者比二语学习者的大脑神经活跃度更高**（Citron，et al.，2020）。

不仅味觉（如 sweetness，甜）可以隐喻映射人品（如 kindness，善良），研究发现，体感温度（hotness/coldness）也可以映射人品（kindness）。威廉姆斯和巴奇（Williams & Bargh，2008）发现，当人的身体接触了热的或凉的咖啡后，这些温度感受会影响他们判断一个人是否温暖或善良。希特伦与高柏研究了人们将善良看成是温暖（KINDNESS as WARMTH）的隐喻在大脑中是怎样表征的。她们在三项研究中通过操控社会语境，看是否可以激活隐喻映射。例如，把善良的看成是温暖的。她们用热和冷的温度启动参与者，让他们在善良这个维度评价一个假想的盟友或对手，并用其他一些品质作为控制变量。研究发现，确实存在温度的语境调节效应。即当实验参与者在身体上感觉温暖时，会把外人，即对手评价得较为善良；这个效果对于盟友（即自己人）则不太明显。该研究表明，**语境可以调节隐喻激活的程度**（Citron & Goldberg，2014）。

此外，希特伦等人还通过功能核磁共振实验，研究对惯用语（即成语）这类创造性程度极低的修饰性语言的加工是否比字面表达触发更多的情感共鸣。他们发现，在理解成语时，左前额回和左杏仁核都有更多激活。**这表明，加工惯用语时，需要大脑更强的执行控制功能和更多的情感投入。同时也表明，即便是理解成语这类高度规约化的、熟悉的修辞性表达，都需要负责情感的脑区参与**（Citron et al，2019）。

总之，概念隐喻一直被认知语言学家们看作是用具体的、熟悉的、与身体的感觉和运动相关的经验映射抽象的、陌生的、与身体的感觉和运动无关的概念，**却忽视了大脑中负责情感的脑区在隐喻加工中发挥的重要作用**。也就是说，隐喻的神经基质不仅包括躯体的感觉 - 运动的脑区，还包括大脑中负责情感的脑区及其内感受系统的参与。

结　语

关于情绪概念的躯体化，国内外认知语言学界普遍认为，由自主神经系统控制的生理反应是转喻，而用内脏器官和组织的感受和生理活动概念化情绪的现象是隐喻。我基于前沿的具身认知科学和内感受神经科学的理论反思了该论断后指出：首先，由于内感受是构成情绪感知和认知必不可少的要素，用内感受概念化情绪是用部分代表全体的转喻现象，而非认知语言学界所认为的是隐喻；其次，认知语言学界之所以会把用内感受概念化情绪的现象看作是隐喻，是因为他们仍然基于传统的、过时的情绪心理学理论，没有看到内感受在情绪感受和体验中的关键作用；最后，基于神经科学家与心理语言家、认知语言学家的合作研究，反思"概念隐喻"的神经真实性，可知隐喻并不单是用具体的感觉 - 运动系统映射抽象的概念系统，还需要负责情感的脑区参与，即与字面义的句子相比，大脑加工具有类似意义的隐喻句子时，需要负责情感的脑区参与，这种能力也是母语者与二语学习者认知加工的区别所在。

这也说明，仅靠哲学思辨和对语言现象的内省研究语义是远远不够的。今后，还需要心理学家、神经科学家和语言学家等开展更加密切、深入的多学科合作。

中 篇

情绪是语言塑造的结果

第六章

情绪与语言的关系

看到这个标题，有读者也许会不解，难道情绪还跟语言还有什么关系吗？全世界的人不都有喜怒哀乐吗，这跟他们说啥语言有关吗？

确实，就连莎士比亚也认为一个事物叫什么名字与它的属性没啥关系。在他那著名的悲剧《罗密欧与朱丽叶》中，他借朱丽叶之口说出：

罗密欧，你为什么是罗密欧……与我有仇的只是你的姓氏，你不姓蒙太古依然是你。姓氏算什么，不是手、不是脚、不是胳膊、不是脸，不是其他任何部分……玫瑰不叫玫瑰，依然芬芳如故。

尤其是那句"玫瑰不叫玫瑰，依然芬芳如故"（That which we call a rose，by any other name would smell as sweet）已成为了家喻户晓的名句。可见，莎翁认为，存在所谓的"事物本身"，而事物的名称只是给它贴的标签，即便换上其他标签，它依然是它！受传统本质主义观念的影响，人们认为，语言对于我们的感知和认知是无关紧要的。客观世界不会因你叫它什么，怎么想它，而有丝毫的改变。

然而，情况并没有那么简单。近年来，越来越多的心理学和神经科学的实验证据表明，语言不仅能给事物贴标签，还是构成（constitute）我们感知内容的不可或缺的一部分。也就是说，玫瑰叫作"玫瑰"才让人感觉芳香（Lindquist et al.，2015）。倘若叫"刺头花""扎手花""铁娘子""鬼见愁"……还会人见人爱、芬芳迷人吗？

又如，现在很多家长都很希望给自己孩子取个好名字。的确，一个好听的名字不仅会给别人留下美好的印象，甚至还会影响一个人的前程，这并非"封建迷信"！让我们看一些明星改名的例子吧。如果不告诉你他们的艺名，你认为以下这些名字会走红吗？张发宗、刘福荣、周小红、胡瑞华、陈港生、汪建刚、孙红娟、杨岗丽。现在我揭晓一下他们都是谁吧。张发宗和刘福荣分别是香港影视歌三栖巨星张国荣和刘德华。周小红是二十世纪三十年代上海滩的电影明星和歌星，人称"金嗓子"的周璇。陈港生是香港功夫巨星成龙。汪建刚是湖南电视的著名主持人汪涵，孙红娟是中国大陆的流行歌手孙悦，杨岗丽是中国大陆被誉为甜歌皇后的杨钰莹。两相对比，想必读者们自有公断吧！

不仅如此，很多企业为了给自己的商品取一个好听好卖的名字，不惜出重金请高人取名。记得二十多年前，我在广东外语外贸大学读研究生时，蓝月亮有限公司的广告部经理来我们学校招人。他在强调商标名的重要性时说，为了给洗马桶的洗涤剂（我们今天叫它洁厕精，那时候，洁厕精才刚刚在中国大陆出现，人们还不知该叫它什么）取一个好听的名字，他们绞尽脑汁。最后，终于找到一个绝妙的名字，叫它"厕清"。毕竟，一想到厕所，都会唤起污秽和不愉快的感受，而用一个"清"字，确实能让人联想到清新、清爽、清洁等含义，不可谓不妙！

不过，我这里想讨论的是不同的语言使我们对情绪的感知和认知有何不同。我认为，不同的语言系统（比如英语和汉语）和文化信念系统（比如中华文化和西方文化）能让我们产生不尽相同的情绪感受和体验。事实上，对情绪不同的命名方式折射出人们对情绪不同的认知视角或突显其不同的侧面。就像图6.1中的两个固执己见的人那样，你站在自己的角度看，笃定自己看到的是千真万确的，并而百思不得其解，为何对方却对如此显而易见的事情肆意歪曲。其实，我们往往会不自觉地"以自我为中心""唯我独尊"。这样就难免会将己见强加于人，对他人抱有偏见和误解。

图 6.1　我们的认知视角或突显方式决定了我们的世界观

我们常常从自己的角度看世界，并坚信自己看到的才是唯一且真实的世界，而别人看到的是错误的。其实有时观点无关对错，而是取决于你看世界的角度。

因此，本章将主要讨论以下几个问题。

（1）情绪与语言是什么关系？或者说，在情绪的认知过程中，语言扮演了怎样的角色？

（2）情绪的概念结构是怎样的？

（3）中西方的情绪概念结构有何不同？

为了回答这三个问题，我们将首先简要介绍传统中关于情绪与语言关系的几种理论；其次，先综述前人提出的情绪概念结构的理论，再基于内感受神经科学和情绪的语言建构论，提出关于情绪概念结构的新的理论模型；最后，基于该模型，重新审视西医对华语文化圈中普遍存在的情感躯体化现象的误解或偏见，并分析其背后的原因。

6.1　情绪词只是给情绪贴的标签吗？

情绪词是给情绪概念贴的标签，还是它本就是情绪概念的一部分？想必很多人会赞同前者，认为情绪是情绪，而情绪词是给情绪贴的标签，即使它不叫"愤怒""恐惧""快乐"，人们照样会感受到愤怒、恐惧或快乐的情绪。并且人们对情绪的感知和认知似乎是大同小异的，也能彼此共情。然而，近年来，一些情感神经科学家提出了截然相反的观点。在告诉你他们的观点之前，我还是先卖个小关子，把关于情绪与语言关系的几个主要理论梳理一下。林德奎斯特等将这些理论归纳为三大类，分别是语言调节论、语言标签论和语言建构论（Lindquist et al.，2016）。下面逐一介绍。

6.1.1　语言调节论——把情感塞进词语中

情绪的语言调节论认为，情绪和语言是彼此分离的系统，情绪不依赖于语言，但语言可以给情绪命名。通过给情绪命名或通过"重新评估"，人们可以利用语言调控或调节情绪感知和体验。所谓"情绪调节"，是指一套自发地帮助人们增加或减少情绪体验的强度、意义和表达的策略（Beauregard et al.，2001；Gross，1998；Ochsner et al.，2002）。语言调节论认为，语言可以从认知层面"自上而下"地调节情绪。最常见的情绪认知调节机制有：给情绪状态命名和对情绪进行重新评价。研究发现，当一个人能以书面或口头的方式把自己的情感感受表达出来时，就可以减轻心理创伤带来的痛苦（Pennebaker，1995；Pennebaker & Smyth，2016；Lieberman et al.，2011）。

为什么语言会有如此奇效呢？起初研究者们猜测，可能是因为用词语描述感受时，人们就从对身体感受的"反射性意识"状态进入"反思性的意识"状态，超越或摆脱"感受性"带给身体的感受。也有科学家认为，把情绪塞进词语的过程会迫使一个人对自己混沌、模糊的感受（如愉快或不愉快、积极或消极的刺激）赋予意义，即对自己的情感感受从朦胧、混沌、模糊到自我意识、自我觉知，向越来越清醒的层次提升。一旦一个人了解了自己所感知或体验的情绪的意义，就可以更好地认识和调节自己的情绪，并理解他人的情绪。有脑成像研究发现，被试在将情绪表情与情绪词匹配时，他们大脑中的杏仁核的活跃度会下降。杏仁核通常会在我们感觉到不确定的事件时变得活跃。可见，通过给情绪命名，可以降低杏仁核的活跃度，说明语言可以调控情绪（见Lindquist et al.，2016 的综述）。

目前，人们对语言在情绪重新评估中的心理机制尚不清楚。不过，神经影像学研究发现，重新评估刺激的行为与腹外侧前额叶皮层以及背内侧前额叶皮层等脑区的活动相关。这些脑区与语义知识的表征和提取有关。所以有理由相信，在对情绪进行重新评估时，需要语言的参与。比如，当你站在摩天大楼上，是用"兴奋"还是用"恐惧"来描述感受，会使你的情绪体验大不一样（Lindquist et al.，2016）。当看到令你感到恐惧的图片（如蜘蛛）时，重新评估（比如告诉自己"蜘蛛并不可怕，它不会伤害我"等）同样可以降低杏仁核的活跃度。这提示语言参与了情绪的重新评估。不过，目前还没有关于重新评估依赖于语言的确凿证据。

研究还发现一个人的情绪颗粒度越细，其情绪调节能力越强（Barrett et al.，2001）。如何判断一个人的情绪颗粒度呢？举个例子，当一个人的至亲离世后，他能述说自己感受到了悲伤、思念或内疚的情绪，而不仅仅是被一团低落的负面情绪所笼罩，那么我们可以说这个人的情绪颗粒度是比较细的。这或许是因为一个人了解自己的情绪状态，就更容易调节自己的情绪（Kashdan et al.，2015；Lindquist & Barrett，2008）。

心理学家戈特曼的研究团队提出了元情绪理论模型，他们同样认为语言有助于调整、控制和管理情绪（Gottman et al.，1996）。他们区分了"情绪感受"

和"情绪认知"这两个概念。情绪感受往往比较模糊、朦胧。只有当我们能用词语描述或表达这些感受时，我们对情绪的认知才能进入意识层面，也才会变得更加清晰、确切，情绪才可被控制或管理。比如，当我们遭遇几件糟心事后，会感觉被一团无可名状的负能量包围着。如果我们不能用具体的词语将这些混合的情绪表达出来，比如不能分辨这种负面情绪究竟是恐惧、愤怒、失望、孤独、焦虑、悲伤，还是这些情绪的叠加，我们就无法控制和管理它们，进而陷入负面情绪的泥潭中难以自拔。但当我们能给这种情感命名时，就能面对、调节和管理它们了。因此，语言能发挥意识对情绪的认知和治疗作用，有助于我们摆脱负面情绪的困扰（Gottman et al.，1996），即语言具有创造情绪的力量。元情绪理论模型如图 6.2 所示。

图 6.2　语言对情绪的认知调节作用示意图

戈特曼等人的元情理论模型强调语言对情绪认知具有调节作用，情绪认知对情绪感受也有调节作用（Gottman，1996）。

　　总之，给情绪命名的方法主要来自人类学、语言学和心理学领域的研究。研究者们把语言和情绪看作是彼此独立的系统，认为语言是给情绪命名的工具，情绪词是给客观存在的情绪贴上的标签，有助于人际间的交流。

　　类似地，一些人类学家、心理学家和语言学家通过系统比较不同语言中的情绪词，试图找到不同语言和文化群体对情绪的感知和认知的异同。他们同样假定人类的情绪具有共同的生物学基础，语言只是给情绪贴标签的工具。

6.1.2　语言标签论——情绪词是情绪的标签

　　语言标签论来自于"情绪词典法"。该方法是通过系统比较不同语言的情绪词（比如比较英语和汉语中的情绪词），发现人类情绪经验的共性和差异性（Clore & Ortony，2013）。这种研究方法把语言看作是情绪的随附现象或附属品。研究者们假定人类对情绪的体验和感知是与生俱来和普遍的，并把情绪经验"沉淀"到语言之中，以方便交流（Fontaine et al.，2013）。比如他们认为，所有的"愤怒"受相同的生理机制控制，且所有人都会有相似的心理感受、生理变化和行为反应（参见 Barrett，2006；Lindquist & Gendron，2013 的综述）。语言只是"表征"本已存在的情绪范畴。可见，语言标签论和语言调节论一样，都假定人类的核心情绪是与生俱来的、普遍的。虽然不同语言给情绪贴的标签不同，但全人类共享一些核心的情绪范畴。这是不同语言和文化的人们可以互相理解、彼此共情的基础，也是他们的情绪词可以互相翻译的基础。因此，人们认为说不同语言的人们的情绪感受和体验大同小异。不同之处仅在于，有些语言的情绪词典能更"准确"地表征情绪，而有些语言对情绪状态的表征"不太准确"。他们认为，前者为"高认知的"语言，后者为"低认知的"语言。但不管怎样，由于人类具有一些共同的生物学特征，即便没有相应的词语描述某种情绪，依然能体验和感知那些情绪（参见 Lindquist et al.，2016 的综述）。比如，英语的概念系统里虽没有日语中"撒娇"（甘え）这个概念，但说英语者依然可以理解和体验这种情绪。

　　总之，语言标签论认为，尽管不同语言之间有时无法找到对等的情绪词，但人类的情绪经验具有共同的本质。尽管有些语言没有恰当的词语可以表达某种情绪，那只能说明那个社会尚未发展到需要用某个词表达那种情绪的阶段。例如，利维指出，塔希提人虽然没有"悲伤"一词，但他们有哭泣的行为。这说明他们依然可以体验和感受悲伤，即便这种情绪没有沉淀到他们的语言中去。玛雅的尤卡坦语里虽然没有"厌恶"一词，但当地人仍然可以将表达愤怒、厌恶（如皱鼻头）和难过表情（如愁眉不展）的漫画区分开来。另外，有些情绪词虽然在英语中找不到对等词，但通过语境和分析的方法，英语母语者还是可以在一定程度上理解那些词的意义。比如，菲律宾的伊隆戈部落语中的 liget 本义是砍掉敌人的脑袋以泄愤，也用来表示化愤怒为力量，而英语中的 anger 并不能覆盖这个词的全部涵义（Levy，1973）。罗萨尔多指出，liget 对于伊隆戈人来说，还有"勤奋工作"和"收割稻谷时专注地诵念神秘咒语"的意思（Rosaldo，1980）。同样，日语中"甘え"（撒娇）指一个人希望可以把自己托付给他人，或得到宠爱呵护的意思。虽然在英语中找不到对等词，但英语母语者仍然可以结合语境，部分理解该词的意思。例如，你的朋友深夜请你去他家帮他修电脑，这可能表示对方有撒娇的意思。还有，德语中的 schadenfreude（幸灾乐祸），虽然在英语中没有专门的词语表达这个意思——很可能该词语在英语中还未被词汇化，但许多英语使用者很容易理解它的意思，并在日常生活中开始使用 schadenfreude 了（见 Lindquist et al.，2016 的综述）。

还有些研究者相信，不同语言的情绪词虽有程度上的差异，但这些情绪词都有一些基本的共性。比如，奥斯古德和同事们研究了 20 多种语言的情绪词后发现，它们大都包含三个维度——评估、能力和活跃度。拉塞尔认为人类情绪都可按"效价"和"唤起"这两个维度加以描述。维兹毕卡采用自然语义元语言法比较不同语言的情绪词后发现，不同文化之间存在最小"公约数"。即可用一些基本的概念来切分情绪词的意义。例如，可用自然语义元语言法辨析英语中的 disgust（厌恶）和它的近义词像 distaste（反感）、revulsion（嫌恶）、repulsive（令人恶心，厌恶的），还可以与其他语言的对等词（如法语中的dégoût）进行比较。

（1）disgust（厌恶）

X think something like this：

I now know：this person did something bad

people shouldn't do things like this

When one thinks about it，one can't not feel something bad

Because of this，X feels something bad

X feels like someone who thinks something like this：

I don't want this.

译文：

当感觉厌恶时，X 会这么想：

我现在知道：这人做了某件不该做的坏事

只要一想到这事，我就会感觉不好

因此，当 X 感觉某事不好时，

X 会感觉某人会认为某事是这样的：我不喜欢这样。

（2）distaste（反感）

X thinks something like this：

Y did something bad

When I think about it，I feel something bad

Because of this，X feels something bad

X feels like someone who thinks something like this：

I now had something bad in my mouth.

译文：

当感觉反感时，X 会这么想：

Y 做了一件坏事

只要一想到这事，我就感觉很坏

因此，X 感觉某事不好时，

X 感觉好像某人会认为某事是这样的：

现在就像有种坏的东西放进了我嘴里的感觉。

（3）revulsion（嫌恶）

X thinks something like this：

Y is in this place

A part of my body could be in the same place

If this happened，I would feel something bad

When I think about it，I can't feel something bad

Because of this，X feels something bad

（of the kind people feel when they think something like this）

译文：

当感觉嫌恶时，X 会这么想：

倘若 Y 在此情形下，

我身体的一部分会有同样的感觉

倘若真的发生了，我会感觉不好

只要一想到那样，我就会恶心任感觉不好

因此，X 感觉某事不好（主要指人们想到某事像那样时的感受）

（4）repulsive（令人厌恶的）

X thinks something like this：

Y is near me

I don't want this

When I am near Y，I can't not think that Y is bad

Because of this，X feels something bad

（of the kind people feel when they think something like this）（Wierzbicka，1992：127）.

译文：

如果 Y 是令人恶心的，X 会这样想：

Y 要是靠近我，

我不喜欢那样

当我离 Y 很近时，我会忍不住认为 Y 是坏的

因此，X 感觉某事是不好的（主要指是人们想到某事是那样时的感受）

（5）dégoût（反感）

X thinks something like this：this is bad

X feels like someone who thinks this：

'I have something bad in my mouth'

'I don't want this'

译文：

当感觉厌恶时，X 会这样想：这是不好的

X 感到某人会这样想：

"我嘴里有某种不好的东西，我不喜欢它"

（ibid：129）

虽然自然语义元语言法对于发现不同语言之间是否有可翻译的对等词是一个有效的工具（如俄语的печаль 和英语的 sorrow 是对等词），但这种方法并未被主流心理学界接受（参见 Lindquist et al.，2016 的综述）。近年来，越来越多的神经科学研究证据显示，**情绪与语言并不是彼此分离的两个系统**。语言其实塑造了我们的各种心理状态，其中也包括情绪（Lindquist & Gendron，2013；Lindquist，Satpute & Gendron，2015）和基本的视觉感知（如 Lupyan & Ward，2013）等。因此，研究者们提出了情绪的语言建构论。

6.1.3　语言建构论——把词语塞进感受中

语言建构论也叫作"概念行为理论"（conceptual act theory，CAT），是心理学与神经科学交叉的产物（Barrett，2017）。该理论认为，一个人使用的情绪词塑造了他所感知的情绪的意义，**词语能将身体的内感受状态转化为情绪的主**

观经验。换言之，语言建构论否认情绪是人类普遍的、独立于语言的客观存在，而认为语言是组成情绪的必不可少的基本要素。没有情绪词或情绪概念，就不会有情绪的经验和感知。不同语言建构的情绪经验和情绪概念系统不同。因此，情绪是特定文化和语言建构的产物。

按照语言建构论，情绪的基本要素包括内感受、外感受，以及在特定文化和执行注意中体验情绪的概念知识（Lindquist et al.，2016）。也就是说，除了身体的内外感受外，概念知识对于人们体验自己的情绪或感知他人的情绪是必不可少的构成要素。情绪并不是人类普遍的心理感受和生理反应。这是因为，对情绪的认知或概念化受到人们所属的文化传统、社会习俗，乃至语言系统的建构。比如，属于同一文化群体的人们普遍认为，当有人故意违反公共道德时，其他人应该通过愤怒的表情、血管舒张、心跳加速等生理反应表达他们的"愤怒"；而当令人害怕的事件发生时，人们应通过气喘吁吁、血管收缩、心跳加快等生理反应表达"恐惧"。因此，语言建构论认为，语言在情绪经验中扮演着不可或缺的角色。

这是为什么呢？有研究者提出，词语和概念具有抽象的范畴化功能，能将许多表面上看起来不相干的现象"捆绑"，归并在同一个概念或范畴之下（Barrett，2017，2020；Lingquist et al.，2016）。比如，"蔬菜"包含一些植物的果实，如番茄、茄子、黄瓜、丝瓜、南瓜等；也包括植物的根茎，如土豆、红薯、地瓜、莲藕等；还有植物的茎叶，如白菜、芹菜、菠菜等；以及一些菌类，如木耳、蘑菇等。表面上看，它们没有多少共同点，但人类的抽象思维能力将这些不同种类的植物归入了"蔬菜"的范畴。

同样，语言建构论认为，并不存在所谓的"愤怒""恐惧""悲伤""喜悦"等情绪，而是一些情绪概念把某些相关事例抽象化、范畴化后，制造出来的认知错觉。比如"愤怒"这个概念其实包含特定情境下的身体内感受、生理反应和行为。"愤怒"的内感受可以是在遭受不白之冤时，心跳加速、血压飙升、体感不适等。愤怒的生理反应可以是面红耳赤、怒目圆睁、脸红脖子粗、面色阴沉等。愤怒的行为可能有拳打脚踢、破口大骂、冷嘲热讽、恶语相向、横眉冷对、缄默不语等。这些内感受、生理反应和行为从表面上看未必有什么共同之处，但"愤怒"这个概念将它们抽象化后，归入了同一范畴。这并不是说，一定要说出或想到"愤怒"这个词才能理解这种情绪状态，而是说"愤怒"这个概念能将诸多相关的情况归入同一范畴中。因此，情绪概念给情绪的经验赋予了意义（Lingquist et al.，2016；Barrett，2017）。

越来越多的神经科学研究证据表明，情绪语义的提取对情绪的感知和体验是必不可少的。比如，当脑损伤导致提取情绪语义能力受损时，患者做出相关面部表情的能力也会受损。另外，让一些因神经退行性疾病患有永久性语义痴呆症的患者（损伤区域大多出现在大脑的左前颞叶，该区域是支持概念知识表征的网络枢纽）自由挑选面部表情的图片，比如愤怒的、厌恶的、恐惧的、悲伤的、快乐的和中性的表情图片，由于情绪语义能力受损，他们也丧失了感知情绪的能力。即便在不需要用语言辨认这些情感的任务中，他们也无法分辨这些图片代表的情绪。因此，正常的控制组可以把这些图片分为六个组以上，而语义退行性患者只能区分出三个组，即积极的（或正面的）、消极的（或负面的）和中性的情绪（参见 Lindquist et al.，2016 的综述）。

相反，有证据显示，增加情绪词的可通达性可以改变对情绪面部表情的感知，增加对自身身体的感受力，进而提高对情绪意义的分辨力。实验发现，将情绪表情（如"噘嘴"）与情绪名称（如"生气"）匹配，能提高感知悲伤表情的速度和敏感度。当缺乏情绪概念的引导时，被试仅仅知道面部表情之间有差异，却未必能区分这些情绪。比如，"皱眉"这个表情可以代表"愤怒""悲伤"或"恐惧"。事实上，面部表情区分的实验表明，被试往往不大能马上感知不同情绪的表情，因为人们往往更容易注意表情之间的相似性。如果没有情绪词语或情绪概念的引导，被试通常无法感知这些表情究竟代表什么情绪。越来越多的证据表明，增加情绪词的可通达性，有助于改善人们的心情和对情绪生理反应的感受。

儿童的语言发展也证明语言可以塑造他们对情绪的感知和认知。儿童在发展出语言之前，无法感知复杂的情绪表情，他们往往只能粗略地区分愉快、不愉快和中性的表情。两岁左右的儿童通常只能区分"难过"和"快乐"这些简单的情绪，以及区分愉快和不愉快的表情（比如他们误把所有的不愉快的表情都当作"难过"，甚至在不需要语言的任务中也是如此）。到了 3—4 岁的阶段，当儿童掌握了"愤怒"和"恐惧"这些词语时，就能区分"难过""愤怒"和"恐惧"等表情了（Widen，2013）。同样，成人在学习新的面部表情的意义时，也是如此。当缺乏相应的情绪词给不同的面部表情命名时，成人无法辨别猩猩的各种表情，如"玩耍""尖叫""龇牙咧嘴""呵斥"等。

因此，情绪概念的语言建构论认为，"语言是情绪的构成要素，拥有不同情绪概念系统的人们不仅交流情绪的方式不同，他们感知和体验情绪的方式也不一样"（Lindquist et al.，2016：583）。甚至不同母语者看到的面部表情也不尽相同。比如，有研究者比较了东亚人和西方白人对"快乐""惊讶""恐惧""厌恶""愤怒"和"悲伤"的表情的认知和理解后发现，西方白人对这六种情感可分辨出六种不同的表情，而东亚人一般达不到那么多（Jack et al.，2012）。他们最近的研究还发现，只有当情绪词与特定文化的情绪表情一致时，情绪词才能引导他们对情绪的感知。反之，倘若没有情绪词的引导，即便是美国的被试也难以区分英语情绪概念中那些所谓的普遍情绪，比如"愤怒""厌恶""恐惧""悲伤""快乐"和中性的情绪。而有了情绪词的引导，美国被试就会以更加符合"普遍"情绪的模式区分各种情绪了。这些证据都说明，英语中的情绪概念并不是普遍的，不能反映其他文化群体，比如，中国的藏族人、维吾尔族人、汉族人的情绪体验，以及越南人和纳米比亚的辛巴族人对情绪表情的感知。

研究者假设语言是构成情绪的基本要素，那么在体验和感知某种情绪时，与语言的表征、提取和使用相关的脑区应该被激活。实验研究的确发现，在使用情绪词时，负责情绪词加工的脑区与负责情感体验和感知的脑区之间存在很大程度的重合。这些脑区包括背内侧前额叶、腹外侧前额叶和颞叶皮层（Lindquist et al.，2016）。在提取与身体内在感受相关（比如做出"我感到"的判断）的意义时，内侧前额叶区和颞顶叶区的活跃度会增加。而在提取情感的语义范畴（比如将情感命名为"中性的""坏的""好的"）时，外侧前额叶区的活动会增加。

总之，目前越来越多的神经科学证据都支持了语言建构论，即情绪词是构成情绪的关键要素。语言与情绪之间不是"把情感塞进词语中"，而是"把词语塞进感受中"。

6.2　情绪概念的结构是怎样的？

万物皆有结构，比如人体从外表看，可分为头、颈、躯干、四肢几部分。

而组成人体的最基本的单位——细胞由细胞膜、细胞质、细胞核组成。细胞形成的四大人体组织分别是：上皮组织、结缔组织、肌肉组织、神经组织。它们又组成八大系统，即运动系统、神经系统、内分泌系统、循环系统、呼吸系统、消化系统、泌尿系统、生殖系统。这些系统协调配合，使人体内各种复杂的生命活动能够正常进行。同样，情绪也有其结构。不过，不同的情绪理论研究情绪概念结构的方法不同，得出的结论也不相同，就像中医眼中的人体构造与西医的不同一样。下面，让我们将先简要回顾和梳理传统的情绪概念结构的相关模型。

6.2.1 传统的情绪概念结构理论

情绪心理学家们通常采用"自陈报告"的方法对不同语言和文化的情绪概念进行比较，并提出情绪的结构模型。例如，一些学者（如 Osgood et al.，1975；Wierzbicka，1995 等）认为，全人类的情绪都包含"唤起"和"效价"这两个基本维度。朗从动机的角度，把情绪分为"正面情绪"和"负面情绪"这两个维度。他认为，前者是吸引或靠近的动机系统，后者是反感或退缩的系统（Lang，1995）。泰勒则把情绪分为"紧张"与"精力"两个维度，即分为紧张与平静的维度和身体疲惫与精力充沛的维度（Thayer，1990，1997）（参见Fox，2008 的综述）。

尽管拉舍尔认为人类的情绪可分为"效价"和"唤起"两个维度，但否认情绪概念是离散的。他提出了情绪的二维环状模型（参见图2.2），把人类的情绪看成是分布在二维坐标系里环形结构上的点。坐标系的纵轴是"唤起"或"激活"的维度（分为活跃或不活跃），横轴是"效价"维度（分为愉快或不愉快）。人类的核心情绪都分布在该环形的不同区域上（Russell，1980；Russell & Barrett，1999）。也就是说，我们所感知的情绪（如愤怒、恐惧、喜悦等）并不是离散的范畴，情绪之间没有必然的、清晰的界限，而是分布在由"效价"和"唤起"这两个维度组成的坐标系上的不同点（Russell & Barrett，1999）。

事实上，该环状模型基于以下两个基本假定：

（1）所有人报告的情绪经验都包括"效价"和"唤起"两个维度。

（2）自陈报告的负面情绪和正面情绪并不是泾渭分明，而是高度关联的（参见 Fox，2008：128 的综述）。

不过，有研究者不赞同该模型，而提出了包含更多维度的情绪结构模型。比如，有的研究者将情绪分为 6 个维度：愉悦、主体性、确定性、注意、努力和情境控制。还有的理论提出了另外的一些维度：新颖性、愉悦性、确定性或可预测性、目标意义、主体性、应对潜能、社会或个人标准的可比较性。因此，他们认为"效价"和"唤起"并不一定是人类识解情绪经验的基本方式（参见Fox，2008 的综述）。

此外，巴雷特还提出了"情绪颗粒度"这一维度。她认为，人们对自己的情绪经验的报告存在个体差异：有些人的情绪词比较贫乏，只能用一些笼统的、宽泛的词语描述自己的感受；而有些人可以用丰富、细腻、确切的词语清晰地表达自己的情绪。她认为前者比后者的情绪颗粒度低。情绪颗粒度高的人不仅能准确、细腻地描述他们的情绪，还能更好地区分不同的感受。这说明人们在提取和 / 或描述内心感受方面存在较大的个体差异（Barrett，2017）。

巴雷特等人还认为，并不存在所谓的"离散的情绪"。我们所感知的情绪其实是大脑的认知系统对核心情感范畴化后，产生的认知错觉，是认知的建构物。大脑中并没有专门负责"愤怒""喜悦""恐惧""悲伤"等的神经回路（Barrett，2006a，2006b；Russell，1980，1991；Russell & Barrett，1999）。她认为传统的情感科学受限于一种错误的假定：核心情绪是天赋的。事实上，并没有证据显示存在离散的情绪（Barrett，2006a，2006b；Barrett et al.，2007；Russell，1980，1991；Russell & Barrett，1999）。

福克斯指出，由于认知错觉，情感科学家们把离散的情绪或维度当作是情绪的基本要素，这导致他们的研究常常聚焦于情绪的神经或生理基础（实验的对象通常是啮齿类动物）。有些人甚至认为情绪的主观体验与对情绪的理解无关。相反，采用维度法的研究者侧重于被试的主观情绪感受的报告，把它们作为主要的因变量。可见，他们采用了两条完全不同的研究路线（Fox，2008）。他们往往：

（1）聚焦于情绪的不同侧面（如主观感受与神经或认知结构）。

（2）使用不同的范式研究他们所认为的情绪（如问卷法或 fMRI 实验法）。

（3）通过对不同物种（如啮齿类动物或人类）的研究，探讨有关情感的各种问题（Fox，2008：154）。

福克斯认为，引起这些争议的根本原因在于，这些理论都是从其中一条研究路线或研究传统出发，却试图解释"情绪"的全部内容（有关这两种研究方法的情绪实验数据的来源和深层次解释的对比，总结在表6.1中）。究竟是离散情绪视角还是情绪维度视角更能准确地解释情绪，还尚无定论。她认为目前面临主要的挑战是审查这两种研究路线或传统，并确定它们的实证证据能否相互融合，从而更合理、全面地理解情绪。

表 6.1　离散情绪法与情绪维度法关于情绪的基本性质的对比

研究方法	典型的核心数据	假定的深层机制
离散情绪法	典型的情绪表情：典型的情绪刺激会产生特定的愤怒、快乐、恐惧等表情 某种情绪伴随的自主神经系统的特征 某种情绪会激活特定的神经回路	在皮层—亚皮层神经回路之间，更注重亚皮层结构的认知评价
情绪维度法	来自对心理感受的主观报告 自主神经系统对一般性维度的反应，比如，是正面的情绪还是负面的情绪 对一般性维度的神经激活	在皮层—亚皮层回路之间，更强调皮层结构的认知评价

（引自 Fox，2008：154）

可见，情绪维度法主要是在心理学层面，通过被试的自陈报告，解释情绪的心理属性。而离散情绪法的研究传统主要是基于生理学和传统的神经科学理论，通过情绪的面部表情、自主神经的反应和脑成像实验，解释情绪的生理和神经方面的属性。然而，这两种研究传统都忽视了与情绪感受密切相关的内感受的作用，以及语言和文化的影响。虽然巴雷特提出了情绪颗粒度这一维度（Barrett，2006，2017），但我们认为它应当被看作是与"身体透明度"互补或拮抗的一个维度。下面我们讨论情绪的概念结构中的"身体透明度"与"认知颗粒度"的关系。

6.2.2　英汉情绪概念化中的"身体透明度"与"认知颗粒度"

在第四章，我们比较了英汉四种原型情绪，可以看到汉语中有丰富且系统用内感受描述情绪的词语，因此，汉语是对身体内感受高度透明的语言。而英语中用内感受描述情绪的词不仅比汉语中的少得多，而且缺乏系统性，因此，对身体内感受的透明度要低得多。国内许多学者也认识到了这一特点（如袁红梅，汪少华，2014；陈家旭，2007，2008；孙毅，2011，2013等）。英语中用抽象的心理词描述情绪的现象比较普遍，即认知颗粒度较高，而汉语中的抽象情感词往往比较模糊、笼统、概括和综合，比如常用"感慨""感触""感叹""惆怅""唏嘘"等（Zhou et al.，2021）。而英语中的情绪词往往认知颗粒度比较细，而且情绪词之间分为不同的层次。在同一层次的情绪词之间还有或大或小的意义上的细微差别。例如，考威塞斯（2003）将情绪范畴按照抽象程度分为上义层、中间层和下义层三个层次。他指出，anger 处于上义范畴 emotion 和下义范畴 annoyance 之间，它比上义词"情绪"和下义词"气恼"更基本，如图 6.3。

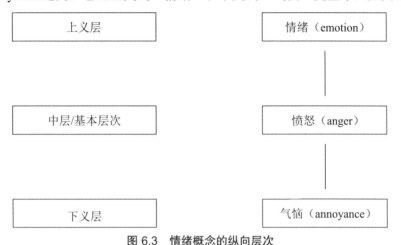

图 6.3 情绪概念的纵向层次
（引自 Kövecses，2003：3）

考威塞斯认为，所谓"基本的"大致有两个涵义：一是指这些词位于概念层级的中间层，二是指某一情绪范畴被看作比同一层次上其他的情绪范畴更加"原型"（即更好的事例。所谓"基本的""原型的"等概念请参见 Rosch，1975，1979）。中间层恰好与概念的纵向结构上的基本层次吻合。在描述情绪的词语中，它们的基本程度不一样，说某种语言的人会感觉某些词比其他词更基本。例如，在英语中，比较基本的情绪词有 anger（愤怒）、sadness（悲伤）、fear（恐惧）、joy（喜悦）和 love（爱）。不太基本的情绪词有 annoyance（气恼）、wrath（盛怒）、rage（暴怒）、indignation（义愤）等，都意指愤怒（anger）；terror（惊恐）、fright（惊吓）、horror（恐怖）等，都意指恐惧（fear）。也就是说，层次并不是决定一个概念是否是基本概念的唯一标准，即便一些概念都在中间层，其中一些概念也比另一些概念更基本，如 anger（愤怒）、fear（恐惧）和 sadness（悲伤）等都比 hope（希望）、pride（骄傲）、lust（色欲）、surprise（惊讶）等更基本或更典型（见图 6.4）。

图 6.4　英语中的情绪概念层次结构及其原型与非原型情绪词的关系示意图

圆圈里的"愤怒""恐惧"和"悲伤"比同一层次的"希望""骄傲""色欲"和"惊讶"更典型（引自Kövecses，2003：4）。

考威塞斯（2003）还指出，除了研究英语中的情绪词外，还有很多人开始借用费尔和拉舍尔（1984）、弗里达等人（1995）的研究方法做情绪词的跨文化研究。比如，他们从 11 种语言中找了 5 种通用的（或许是普遍的）情绪范畴。史密斯和泰尔－萨尔（1995）研究了帕劳群岛的密克罗尼西亚语中是否有原型结构，并打算研究土耳其语的情绪词是否有原型概念。综上，考威塞斯对情绪概念的研究仍然是基于传统的情绪理论，其中蕴含以下基本假定。

（1）主张情绪意义的本质主义，即认为存在人类普遍的、与生俱来的情绪，它们独立于语言而存在，不同语言的情绪词只是给客观存在的核心情绪贴上的不同标签。

（2）认为人类的情绪是离散的心理实体，像"愤怒""悲伤""恐惧""喜悦"等概念是全人类普遍的、共有的情绪。

（3）人类的情绪都可按照抽象程度分为三个层次：上义层、中间层和下义层。中间层的情绪概念比上义层和下义层的概念更基本、更典型，其中的某些情绪比其他的情绪范畴更基本、更典型。也就是说，人类的情绪可分为原型情绪和非原型情绪。

然而，以上三个假定是否成立还存在争议。首先，关于情绪意义的本质主义，我们在 6.1 中已经驳斥了。事实上，越来越多的研究证据表明，并不存在离散的、普遍的、客观的情绪本质。其次，考威塞斯提到的跨文化的比较研究方法其实还是基于 6.1.2 中所说的"情绪词典法"。而按照情绪的语言建构论，既不存在所谓客观的情绪本质，也无法从生理和神经回路中找到某种情绪的"指纹"（Barrett，2017；Lindquist et al.，2016），"情绪"其实是不同语言和文化建构和塑造的结果（见第五章和 6.1 节的论证，在此不再赘述）。

此外，有些不同语言的情绪词很难找到对等词。比如，汉语中的"撕心裂肺""心花怒放""心惊胆战""胆大包天""心大""胆肥"等，在英语中并没有完全对等的词，而需要根据具体语境确定这些词的意义。并且，汉语中包含内感受的情绪词中的内脏概念也不等同于英语中的内脏概念。例如，李等人指出，汉语中的"心"与英语中的 heart 的意义并不对等。"心"在中国文化里是一个涵义丰富的文化关键词，包含情绪、心脏、心理、良知、思考能力、注意力、心胸、心态等八个方面的涵义（Li et al., 2013），见表 6.2。

表 6.2 "心"在汉语中的八个涵义、例证及其英译

中国文化中"心"的涵义	包含"心"的汉语词和它们的直译与英语意义对等词
情绪（emotion）	开心（open/unfolded **heart**），feel happy；灰心（gray **heart**），discouraged；担心（shoulder **heart**），worried；伤心（wounded **heart**），feel hurt/grieve/broken-**hearted**；痛心（painful **heart**），feel distressed/great sorrow；心烦（**heart** annoyed），vexed；心酸（**heart** feeling sour），feel sad；心惊（**heart** being frightened），startled/fearful；心情（**heart**'s feeling），emotion/mood……
心脏（the physical heart）	心慌（**heart** fluster），irregular **heart**beat；心悸（**heart** palpate），palpation；心绞痛（**heart** wring pain），angina；心律不齐（**heart**'s rate uneven），arrhythmia；心力衰竭（**heart**'s power prostration），heart failure；心血管疾病 [**heart** (and) blood vessel disease]，cardiovascular disease；心脏病（**heart** organ disease），**heart** disease……
心理（mind）	耐心（enduring **heart**），patience/be patient；信心（confident **heart**），confidence/be confident；内心（inner **heart**），innermost being；心理学（**heart** science study/heart law study），psychology；身心健康 [body (and) **heart** health]，physical and mental health……
良知（virtue）	良心（with a good **heart**），conscience；诚心（honest/sincere **heart**），sincerity；爱心（loving **heart**），loving **heart**/ affection；善心（mercy **heart**），kindness；私心（selfish/private **heart**），selfish/selfishness；邪心（evil **heart**），wicked/evil heart；贪心（avaricious **heart**），greedy；偏心（slanting **heart**），partial/unfair；心性（**heart**'s nature），one's nature/personality；心灵（**heart** spirit），soul；心净（**heart** clean），heart purification……
思考能力（ability to think and know；cognition）	心想（**heart** think），think/reflect；心思（**heart**'s thought），thoughts/meditating；心愿（**heart** wishes），wish/wish from the **heart**；心知（**heart** know），know/aware；心领神会 [**heart** comprehend (and) mind enlighten]，to understand thoroughly；心累（**heart** tired），worried/anxious……

中国文化中"心"的涵义	包含"心"的汉语词和它们的直译与英语意义对等词
注意力 （concentration）	专心（focusing **heart**），concentrate/concentrated；一心一意（one **heart** one mind），whole-heartedly/ undivided attention；三心二意（three **hearts** two minds），half-**heart**ed/double minded；心 不 在 焉（**heart** not in presence）inattentive；分心（divided **heart**），distracted；小心（small **heart**）），to be careful/ to watch out/ caution；留 心（stay one's **heart**），to pay attention/ to take heed……
心胸 （desire and ambition）	身 心 俱 疲（body and **heart** both exhausted），burnout /exhausted/tired out/ weary/ be consumed by；小心眼（petty **heart** eye），narrow-minded/ oversensitive；心 胸 豁 达（**heart** and chest magnanimous），be open-minded/ with a great **heart**/ broadminded/to gain a broad vision……
心态 （mentality）	修心养性（cultivate **heart** and nurture one's nature），self-cultivation/ cultivate one's moral character；心 态（**heart**'s attitude），mentality；精 心（**refined heart**），meticulously/ painstakingly/ with utmost care/ attentive and circumspect；尽 心（to the utmost **heart**），with all one's **heart**/put one's **heart** and soul into；用 心（use **heart**），attentively/ diligently……

可见，当将汉语中包含"心"的词语翻译为英语时，只有少数几个词保留了 heart，大多数都被翻译为比较抽象和离散的情绪词。比如，在"情绪"这一义项下，汉语对情绪的概念化表现为关于"心"的各种具身的感受，像外部刺激对"心"产生的物理作用，以及"心"受到刺激后，引起的生理和心理感受等。而这些词汇翻译为英语的情绪概念后，则被转化为离散的、高颗粒度的、抽象的情绪词（见图 6.5）。

受中国传统身心相和思想的影响，汉语对身体中的内感受更加透明，但对情绪的认知颗粒度或分辨率要明显低于英语。因此，汉语更加倾向用模糊的、笼统的、概括的、综合的词语，像"感慨""感触""感伤""悲悯""惆怅""寥落""唏嘘""凄婉""沧桑"等描述情绪，其中有些甚至无法在英语中找到对等词。范家材（1992）曾讲述了这样一段轶闻趣事：著名翻译家傅雷的儿子傅聪（也是享誉世界的钢琴演奏家）在国外时，曾经写信求教其父如何将"感慨"翻译为英文。傅雷苦思冥想许久，始终找不到满意的答案，就请教翻译家杨宓。杨宓给他提供了以下五种译法（范家材，1992：24）：

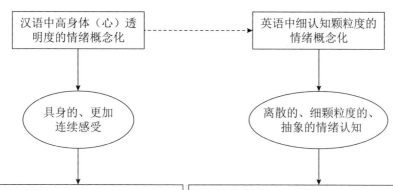

图 6.5 英、汉情感概念化的比较

（引自Zhou et al.，2021：323）

- deeply affected with painful recollections.
- Stir up painful memories.
- Start a train of melancholy thought.
- The music calls for painful memories.
- The letter is full of sad reflections on life.

傅雷斟酌再三还是觉得这几个翻译都不尽如人意。他认为"感慨"与recollection 的意义相去甚远，"recollection 太肯定，太所指了"（范家材，1992：24）。"感慨"与 reflection 的意义并不等同，"reflection 也笼统了，sad 太过分了"。所以，傅雷只好给傅聪回信说"'感慨'是描述中国人特殊的一种心理状态"。范家材认为，傅雷的言下之意是"这种词只可意会，不可言传。准确的翻译几乎是不可能的"。他认为，原因在于不同民族和不同文化有不尽相同的思维方式。汉语中"感慨"一词的内涵幅度很宽，概括性很强。他还结合不同的语境，列举了几种"感慨"的用法：

陈子昂："前不见古人，后不见来者。念天地之悠悠，独怆然而涕下。"这是一种感慨。

白居易："同是天涯沦落人，相逢何必曾相识！"这也是一种感慨。

李煜："春花秋月何时了？往事知多少。小楼昨夜又东风，故国不堪回首月明中。"这是另一种感慨。

李清照："梧桐更兼细雨，到黄昏点点滴滴。"这又是一种感慨。

（范家材，1992：24）

范家材认为，说汉语的中国人的思维具有高度的综合性，而说英语的英美人的思维方式倾向于分析性。他指出：

汉语中"感慨"所涵盖的胸臆，从寥廓的苍茫，共鸣的惆怅，凄苦的怀旧，一直到纤细的怨愁都可以用"感慨"一词概括，这反映了思维方式的高度综合性。这种综合性的思维方式却不见于英美民族的思维模式。因此，他们的英语中也没有概括性如此强的通用词来覆盖同样宽阔的感情幅度。他们倾向于用具体的 somber, upset, nostalgic, 或 melancholy 来分别描述不同情境中的 reflections，也就是说，英美人的思维方式更多倾向于分析性，可能这就是两种语言中有时缺乏语义对应关系的根由（1992：25）。

就像我们中国人吃饭只用一双筷子就可以发挥西餐中各种大大小小的餐刀、餐叉、餐勺的功能，用一口铁锅就可以代替西方的各种形状的炖锅、炒锅、炸锅、煎锅等一样，汉语认知的颗粒度比较粗，具有高度概括性、综合性、灵活性，可以用一个词一言以蔽之，但对身体的内感受比较透明。相反，英语对身体内感受不够透明，但认知颗粒度较细，情感感受被切分得更加离散。我们认为，"身体的透明度"与"认知的颗粒度"是一对互补的维度。即对身体内感受信号越透明，对情绪认知的颗粒度就越细，反之亦然（见图6.6）。

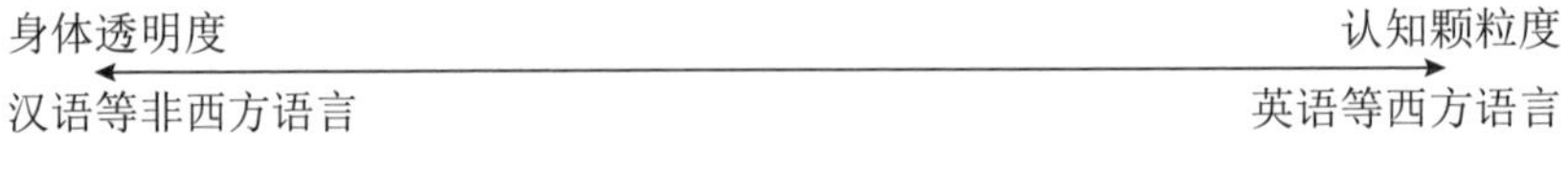

身体透明度　　　　　　　　　　　　　　　　　　　　　　认知颗粒度
汉语等非西方语言　　　　　　　　　　　　　　　　　　英语等西方语言

图6.6　"身体透明度"与"认知颗粒度"的连续性与负相关性

"身体透明度"与"认知颗粒度"是情绪概念结构连续体上的两极，是拮抗或此消彼长的关系。相对来说，汉语偏向"身体透明度"的一端，而英语偏向"认知颗粒度"的一端（Zhou et al., 2021：323）。

这也说明，情绪并不是人类与生俱来的客观存在，而是由文化和语言建构的产物。这在心理或精神疾病的诊断上，也会表现出较大的跨文化差异。例如，西医中所谓的情绪障碍或心理疾病，在其他文化中并不是本然的存在。下面，我们从医学人类学的视角，讨论中西医中的生理疾病和心理疾病与"身体的透明度"和"认知的颗粒度"的关系。

6.3　中西方的情感概念结构有何不同？

哈佛大学人类学资深教授、哈佛医学院的社会和心理医学教授、美国科学院和文理科学院院士阿瑟·克莱曼（Arthur Kleinman，他的中文名叫凯博文）是医学人类学的创始人。医学人类学是医学与人类学交叉的学科，主要研究病人的患病行为，即不同文化和社会群体的病患对疾病的社会心理反应。他与同事们研究发现，西方医学一直将身体疾病与心理疾病看作是迥然不同的疾病。相反，中医一直没有"心理疾病"的概念，而认为身体与情绪是一体两面的关系。因此，情志的失衡与身体脏腑功能的失调是互为因果的。

克莱曼曾在 20 世纪 80 年代初来到中国的湖南医学院，也就是现在的中南大学湘雅医学院进行田野调查。他们惊讶地发现，当时中国人的头脑里压根儿就没有抑郁症这个概念。很多可能会被西方的医生诊断为抑郁症的患者，在中国却被诊断为"神经衰弱症"。然而，神经衰弱这个疾病名称在 70 年代末已被西方医学界废止使用了。"神经衰弱"最早是由美国医生比尔德（G. M. Beard）在 1869 年提出。他认为神经衰弱是神经力量因过度耗损表现出的衰弱症状。这是当时美国工业化进程中，在社会中、上层阶级的脑力劳动者中间常见的"文明病"，也被认为是"美国病"。于是，这一提法很快被医生和普通大众广为接受，并被传播到世界各地。但到了 20 世纪 20 年代，在美国的有关文献中，神经衰弱这个诊断名称逐渐退出了历史舞台，代之以"焦虑反应""焦虑状态"或"焦虑性神经症"等。到了 1979 年修订的《疾病诊断和统计手册》（DSM-Ⅲ）中，神经衰弱已被取消，甚至连神经症这个名称也被摒弃了。所以"神经衰弱"一词在美国已正式消亡（曾思琳，郭毅，2015）。因此，在 1980 年代，西方医学界已不把抑郁症看作是大脑神经衰弱导致的结果，而认为是纯粹心理性的疾病。他们认为，在中国，之所以没有"抑郁症"这个概念，是因为受中国传统文化和社会环境的影响，人们把精神疾病看成禁忌，不愿意承认自己患有精神病或心理疾病（患有精神疾病的人往往被大众蔑称为"疯子"，这种病是很不体面的），而常把精神疾病躯体化。在就医时，患者也不认为自己患有精神或心理疾病，而倾向于诉说自己的躯体症状，如心慌、气短、乏力、失眠等（Kleinman & Kleinman，1985）。

此外，相比西方外倾的性格，中国文化塑造了内倾的民族性格，不大鼓励人们表露和探讨自己的情绪。面对情绪问题，中国人往往"顾左右而言他"。奥迪斯指出，"传统中国文化并不鼓励人们情感外露。中国人情感内敛……对自己的痛苦往往难以分辨，他们应对情绪的策略还包括弱化、抽离和躯体化"（Ots，1990：25）。曾文星（1998）认为，西方与非西方人群对心理疾病的躯体化临床报告存在显著差别：非西方社会人群的躯体化报告率远高于西方人群。这一现象在抑郁症的临床报告中显得尤为突出。同样，吕小康、汪新建（2012）指出，中国人躯体化表达的文化心理基础是中国传统的形象思维模式，它塑造了中国人身心不分的身体观、疾病观等。在中国人的观念中，身体不仅只是一具生理躯体，还具有气、阴阳、五行等本土概念所体现的弥合物质与精神、联结生理与心理的特点，人的五脏六腑也构成认知（神智）的一部分。因此，中国人在表达疾病的感觉时，通常不分生理与心理感觉，并倾向报告躯体状况。不同于中国人倾向于将心理疾病躯体化，西方的中上层阶级倾向把身体疾病心理化（Ots，1990）。

在西方文化中，精神疾病的概念历史悠久、源远流长。柏拉图认为身体的欲望和情感的冲动都受理智的支配，心理疾病与身体疾病属于不同的范畴。两千多年前，古希腊人就有了"忧郁症"的概念。现代西方的中上层阶级甚至更倾向把身体疾病心理化（Ots，1990），而把心理疾病的躯体化看作是一种述情障碍（alexithymia），认为是心理疾病患者无法准确描述自己情感的心理缺陷。奥迪斯说：

基尔迈尔（Kirmayer，1984）最近提出了7种躯体化模型。只有一种被看作体现了（即对应于或等同于）情绪，其他6种躯体化概念都被看作是文化的建构物，即把心理事件模型化为次要的躯体表达，并视为不正常的病态行为。通常，将情绪躯体化被视为一种情感缺陷，也被称为述情障碍，即把躯体化看成是一个人无法描述自己的感受（Nemiah and Sifneos，1970）和缺乏想象力的表现（Marty and M'Uzan，1963）（Ots，1990：24）。

还有一些西方学者认为，用躯体概念化情绪是内感受力弱的表现，也是经济和社会地位低和受教育程度较差的人群描述自己情绪经验和感受的普遍特征。比如，一些研究者指出，在描述情绪时，非西方文化成员（如东亚和西非）比西方文化成员更多使用身体部位和器官的感受，并且使用躯体词描述情绪的民族的内感受能力弱，也就是对内部感觉器官活动的感知能力弱（Tsai，et al.，2002，2004；Ma-Kellams et al.，2012；Ma-Kellams，2014）。斯坦福大学的蔡珍妮教授和她的同事们（2004）通过实验，比较了欧美人和西化程度较高的华裔和西化程度较低的华裔使用情绪词的情况。他们发现，西化程度较低的华裔比欧美人和西化程度较高的华裔更多使用躯体词描述情绪。同样，西化程度较高的华裔比欧美人更多使用躯体词描述情绪。美国拉范恩大学心理学系的克里斯汀·马-凯拉姆斯助理教授和她的同事们通过内感受实验发现，亚洲人主观感知报告的心率与实际测量的心率之间的差异要明显高于西方人。这说明，亚洲人对内感受的敏感度或准确度要低于欧美人。他们猜测，这可能是因为亚洲人更易受周围环境的影响，而忽视自身内在状态的变化。她说："亚洲人往往把注意力放在周遭的情况和环境中的其他因素上……而准确的内脏感知需要一个人忽略外部因素的干扰，才能专注于自身的内在状态。因此，亚洲人对环境的依赖导致他们感知内在状态不够准确。"（Ma-Kellams et al.，2012：719）他们还通过对内感受力的跨文化比较研究指出，虽然非西方人的躯体意识比西方人更强，但他们的内感受力比西方人弱。也就是说，尽管他们能更强地意识到自己的身体，却对身体内部变化感知的准确度低于欧美人。他们认为，东亚人虽然通过冥想、瑜伽、正念、气功等练习可以增强对身体的意识，但并不能实质性地提高他们的内感受力。按照西医的标准，躯体意识高往往与精神病的躯体化有关，特别是抑郁症和焦虑症患者通常更容易将心理疾病躯体化（Ma-Kellams et al.，2014）。总之，上述观点认为东方人的内感受力比西方人弱，西方人对情绪的认知能力比非西方人强。然而，这种观点预设了以下几个前提。

（1）主张身心二元论，认为身体与心灵、生理与心理是彼此分离的。

（2）身体受心灵支配，且心灵优于身体。由于非西方文化倾向用身体的感受表征情绪，而西方更偏向用心理感受表征情绪，因此西方文化比非西方文化优越。

（3）全人类的情绪经验和感知是相同的，不同语言和文化只是用不同的词语给这些情绪经验贴上了不同的标签。

我们在前面已经从现代神经科学的角度驳斥了这三个假设。事实上，近年来，随着具身认知科学和身心整合医学等的发展，这种将身体与心灵截然分开，认为心灵优于身体的观点已经过时。越来越多的证据表明，身、心／脑之间是交互作用、互相融合的整体。并且身体比脑更基本，大脑是身体的"仆人"，而不是主宰。

而中国传统医学始终认为，身体与心理、脏腑与情志是彼此互动，密不可分的。例如练气功不仅可以强身，还可以"调心"，其主要功能包括：

（1）开阔心胸（balancing emotions）。

（2）调气生血 [harmonizing qi（vital energy）and promoting qi to generate blood]。

（3）修身养性（quieting and nourishing the mind）。

（4）陶冶性情（cultivating virtue and purifying the Heart）。

（5）养精蓄锐 [relaxing the Heart for accumulating more energy（qi）]。

（6）静心内守（calming the Heart to center oneself）。

（7）祛除杂念（releasing destructive desires and developing tranquility in the Heart）。

（8）调节心态（adjusting attitude；cultivating the Heart and living in harmony）。

（Li et al.，2013：87）

如果用英语表达，调心理应是 mind adjustment，而非 heart adjustment。因为西方文化受柏拉图和笛卡尔等身心二元论思想的影响，认为心灵是与身体（心脏）截然不同、毫不相关的两种实体。而在中国的传统文化中，调理身体（如心）可以达到调节情绪和认知等的目的。由于中西方具有不同的哲学和医学传统，中西方的情绪观是不同的，它们受到各自语言和文化的塑造：英语中更多把情绪概念化为离散的抽象实体（如 grieve，startle，somber，unrest，worry，disturbed，unsettling，insecure，discomfort，threatening，intimidating，frightening，awful，scary，creepy，chilling，shocking，startling，horrible，panic，turmoil，upset，nostalgic，melancholy，等等）。这种抽象化的情绪概念化方式并不是人类普遍的。那些所谓的"核心情绪"或"原型情感"（如 anger，fear，sadness，joy，surprise，disgust 等）也不是普遍的。甚至"情绪"这个范畴本身也并非是人类普遍的。比如，研究发现塔希提语没有"难过"和"羞愧"

的词语。斯里兰卡的僧伽罗（Sinhala）语、菲律宾的伊隆戈（Ilongo）语、澳大利亚土著人的宾土比（Pintupi）语、萨摩亚（Samoan）语和伊法利克（Ifaluk）语都没有"羞愧"一词。尼日利亚的约鲁巴（Yoruba）语、非洲的富拉尼（Fulani）语、南非的科萨（Xhosa）语、汉语等没有"抑郁"这个词。北美的爱斯基摩语和尼日利亚的约鲁巴语、汉语和秘鲁的古吉拉特语中都没有"焦虑"这个词。玛雅的尤卡坦语没有"厌恶"一词（参见 Lindquist et al.，2016 的综述）。萨摩亚语、澳大利亚的吉丁加利土著、马来西亚的永旺（Chewong）语、塔希提语、密克罗尼西亚的伊法利克语和巴比亚新几内亚的比敏 - 库萨库斯敏（Bimin-Kusakusmin）语等甚至没有专门的情绪心理范畴（ibid）。也就是说，不同语言和文化之间的情绪并不都能互通有无、相互理解，有很多情绪词在不同语言之间甚至无法翻译。像伊法利克语中的 fago（悲天悯人）虽然与英语中的 compassion、love 和 sadness 等意思接近，但并不完全等同。印度语中的 lajja（指在大庭广众之下感觉羞愧）在英语中没有对等词（ibid）。因此，林德奎斯特等人指出，人类语言学家并未把所有的情绪词翻译为英语，而只是翻译了他们能够理解的部分。

一些语言学家（如 Pavlenko，2006；Wierzbicka，1999）通过研究情绪词典的发展史，也得出了与心理建构论类似的结论。即情绪概念不是与生俱来的、客观存在的、先天的，而是由社会建构的，随文化和时代而变化（Lindquist et al.，2016）。林德奎斯特等人指出，不同语言和文化之间几乎很少有完全对等的情绪词。不仅不同文化表达情绪的词语的种类不同，它们的数量也相去甚远（ibid）。

究其原因是因为语言具有抽象化的功能，可以把表面上看似不相干的事例"捆绑"、归并在同一个范畴之下。因此，使用不同语言的人们的生活和身体经验由不同的词语加以范畴化。就像中国人倾向用内脏概念（如心、肝、脾等），以及笼统的、综合性的、概括性的、颗粒度比较粗的概念和词语（比如"感慨""感时伤怀""悲天悯人""惆怅""唏嘘""凄凉""沧桑"等）来范畴化其情感经验。这种情绪概念化的方式更像中国画，讲求留白和意会，意不言尽。而一般而言，英语文化偏向用离散的、细腻、抽象的词语细致地刻画他们的情绪经验。这导致英汉语之间有些经验或概念无法完全被理解和翻译。

总之，这些研究都为情绪建构论提供了科学的证据，即情绪与语言不是彼此独立的，语言（情绪词）是情绪的组成部分。语言不只是将情感感受翻译为词语，还帮助塑造这些感受的本质。语言与情绪的之间不仅是"把情感塞进词语中"，还是"把词语塞进感受中"（ibid）。

结　语

基于以上讨论，本章的主要观点可总结如下。

（1）根据情绪的语言建构论，语言是构成情绪必不可少的要素。情绪词不仅是给情绪贴上的标签，还塑造了人们的情感经验。不同语言会建构不同的情感经验和情感概念系统。

（2）传统的情绪概念结构模型把情绪分为"效价"与"唤起"、"靠近"与"回避"或"正面情感"与"负面情感"等二维结构。但这些情绪维度模型忽视了身体的内感受和语言对情绪经验的建构和塑造作用。而根据内感受神经科学和情绪的语言建构论，情绪的概念结构应包含"身体透明度"和"认知颗粒度"这两个维度。不同语言和文化的情绪概念结构可以在这两个维度组成的连续统上进行比较。例如，汉语对情绪的概念化更加靠近身体透明度高的一端，因而更多用躯体词概念化情绪，但对情绪认知的颗粒度偏粗，这也体现在汉语中较多用一些语义模糊、笼统、综合、概括的词语描述情绪；而英语靠近认知颗粒度细的一端，因而更多用离散的、精细的、抽象的认知和心理方面的词汇描述情绪，较少用躯体词概念化情绪。因此，英汉语在这两个维度上属于差距较大的语言。

（3）英汉语的情感概念结构差异会导致不同的情绪认知模式，以及中、西医对生理疾病和心理疾病诊治的差异：中国人偏向将心理疾病"躯体化"，而西方的中上层阶级倾向将身体疾病"心理化"。这种差异也导致西方医学界误以为中国以及一些非西方国家的人们用躯体词描述情绪是"述情障碍"的表现。而按照我们提出的"身体透明度"与"认知颗粒度"的情绪概念结构的连续统，英汉语的情绪概念其实是分布在该连续统上的靠近两端的情绪概念系统。并不存在哪种情绪概念系统更好或更高级的价值判断。这也反驳了西方情绪认知优越论或西方文明优越论的谬论。

第七章
构建跨语际的情绪概念化模型

　　人类与其他动物的重要区别之一在于，人类有着永无止境的好奇心和求知欲。这或许是得益于我们进化出了发达的大脑，不会满足于"眼前的苟且"，或只"关心粮食和蔬菜"，也不会满足于对世界的感性认识，诸如知道颜色发红的水果一般都是甜的，颜色鲜艳的蘑菇可能是有毒的，有些花有香味，有些花不仅没有香味，反而会散发出刺鼻难闻的气味，等等。人类还有高度发达的理性思维能力，会追问发生某个事件背后的原因。之前，人们的注意力是向外探索，关心自然界的种种现象：为什么天上会打雷、下雨和闪电？为什么太阳总是从东边升起，从西边下落？为什么海水是咸的？为什么树叶是绿色的？为什么会有地震或台风？喜马拉雅的高度是多少？怎样测量从地球到太阳的距离？……之后，人类开始向内探索，关心人的精神、意识、潜意识、情绪等。

　　当把情绪当作科学的研究对象时，就需要先弄清楚，情绪是如何产生的，就像太阳是如何发光发热。现在科学家们知道，太阳内部的高温高压会使氢原子核发生核聚变，聚合成氦原子核。在这个过程中，会有质量的亏损，而亏损的质量会转化为巨大的能量，并以光辐射的形式释放出来，于是就有了我们所看到的发光发热的太阳。那么，情绪是由哪些要素组成的呢？我们过去往往认为情绪是我们的心理状态，就像在化学出现之前，人们认为水就是水，它是一种单纯的物质。但后来化学家告诉我们，水分子是由两个氢原子和一个氧原子组成。情绪科学家也告诉我们，情绪并不是一种单纯的心理现象，而是身体（包括内感受、外感受、本体感受等）、心智、语言、文化等要素之间复杂互动的结果。这些要素之间是怎样互动的呢？一直以来，人类学家、语言学家、心理学家、精神病学家和神经科学家等都试图从各自的角度探索情绪内部要素之间的关系或结构，并提出了各种关于情绪的认知加工模型。

下面，我先简要介绍五种主要的情绪概念化模型，并指出它们各自的局限性；然后，基于当今前沿的内感受神经科学和情绪的语言建构论，建构新的、更科学的跨语际和跨文化的情绪概念化模型。

7.1　五种主要的情绪概念化模型

关于情绪是如何被认知的，研究者们提出了各种理论模型。例如，宾夕法尼亚州立大学的华裔语言学家於宁教授通过对英语和汉语中的情绪词及其用法，以及对中西文化的比较，提出了身体、语言、文化的认知三角模型；澳大利亚莫纳什大学文化语言学先驱法扎德·舍里夫教授则基于复杂性科学的理论，从文化群体互动的视角，提出了文化认知的分布式涌现模型；南加州大学教育学院和脑与创造力研究所的玛丽·海伦·埃莫蒂诺-杨教授基于达马西奥的躯体标记假说，提出了情绪-身体-认知模型；北京大学韩世辉教授和北京师范大学认知神经科学与学习国家重点实验室——IDG/麦戈文脑科学研究院的马燚娜研究员通过对不同文化群体、社会行为与脑回路关系的研究，提出了文化-行为-脑环路模型；美国东北大学心理学系知名教授及哈佛大学医学院和马萨诸塞州总医院兼职教授丽萨·费尔德曼·巴雷特和她的学生——北卡莱罗纳大学心理学系教授林德奎斯特提出的情绪建构论认为，情绪语言是构成情绪必不可少的要素。下面，我们简要介绍这五种情绪概念化理论模型，并分别指出它们各自的缺憾或不足之处。

7.1.1　於宁的身体、语言、文化的认知三角模型——忽视了内感受系统与脑的互动

於宁通过比较英汉语中概念隐喻的具身性，提出了隐喻、身体和文化"循环三角"模型。他认为，概念隐喻的目标域受到文化的调控——文化环境通过价值观、意义系统和世界观等，影响人们对身体经验的理解和感知，如图 7.1（Yu，2008）。他指出：

概念隐喻通常来源于身体经验；身体经验由于受文化模型的影响而产生特定的概念隐喻的目标域；文化模型本身又受到概念隐喻的塑造。这三个要素相互制约、互相影响。因此，特定文化对身体经验的解读会影响其概念隐喻的生

读懂情绪：倾听身体的声音

成方式；身体以隐喻的方式影响我们对文化的理解；而隐喻通过塑造文化模型影响我们对身体经验的理解（Yu，2008：388）。

图 7.1　於宁提出的隐喻、身体和文化的"循环"三角关系模型

概念隐喻通过塑造文化模型影响我们对身体经验的理解；文化通过解读身体经验影响概念隐喻的形成；身体作为隐喻映射的基础影响文化的理解（Yu，2008：388）。

在此基础上，他又提出了跨语际和跨文化的具身认知模型（如图 7.2）。他认为不同语言和文化之间既有差异又有共性。语言之间的差距决定了文化之间距离的远近。但无论两种语言和文化相距多远，由于人类拥有相同或相似的身体构造和功能，使得全人类共享一些基本的认知结构。例如，图 7.2 中 A 代表身体基础，线段 BC 代表语言层，B 与 C 之间的距离代表两种语言的差异。DE 线段代表文化层（包括自然的和人文的环境），D 与 E 之间的距离代表两种文化之间的距离，DE 影响 BC。但不管 DE 之间距离多远，它们都通过 BC 汇合到 A，即文化和语言都关联着人性的本质——身体。因此，AF 线具有双重功能：一方面，它设定了两种语言和文化的边界；另一方面，它代表了这两种语言和文化的共性，即都来自人类共同的身体构造和功能。这意味着，无论语言、文化之间的差距有多大，都会共享 AF 这一维度。语言、文化与身体是不可分的（Yu，2008：405）。

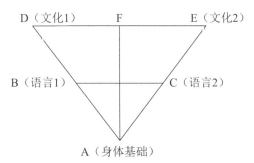

图 7.2　於宁提出的身体、文化、语言关系的认知三角模型

A代表身体基础，包括关于我们身体结构和功能的基本知识。线段BC代表语言层，B与C之间的距离代表两种语言之间的差距。线段DE代表文化层次（包括社会的和自然的环境），D与E之间的距离代表两种文化之间的差距（Yu，2008：405）。

不过，於宁的这个具身认知理论模型并不是基于认知科学或神经科学的理论提出的，而主要是采用"词汇法"。即通过观察和内省英汉的语言现象，推测心智在这两种语言和文化之间的认知差异。对于文化如何影响人们的身体观，身体观如何塑造人们的具身心智，既没有一个系统的理论框架，也缺乏科学的依据。他本人也承认，"身体塑造心智，而文化在其中扮演怎样的角色尚不明确"（Yu，2015：236）。他猜测，中国文化会通过语言潜移默化地渗透到中国人的信念系统、价值系统和概念系统之中，从而影响他们的认知和行为。他说：

这种语言（指汉语，笔者注）表达深入人心，约定俗成，随着时间的流逝而成为了中国哲学和中医的有机组成部分，沉淀到文化史中。它们是以文化为基础的，与现代科学相悖。但由于它们渗透到中国人的生活、思想和情感经验之中，在日常生活中被反复使用，可以不假思索地运用（Yu，2015：236）。

显然，於宁提出的具身认知模型既未涉及大脑的神经加工，对文化与身体观之间的关系也缺乏深入了解，并且对于身体的内涵（比如内感受与外感受的区别等），以及身体与大脑的关系等都缺乏科学的认识。由此可以推测，他关于情绪与语言关系的认识主要是基于传统的"语言标签论"或"核心情绪论"，而非"语言建构论"，即认为人类的情绪是普遍的、客观的存在，并"沉淀"到语言之中。总之，由于缺乏具身认知科学和内感受神经科学的理论基础，他的具身认知理论模型只是通过语言现象推测语言、心智、身体和文化之间的关系的"民间模型"，而非科学的理论模型。

7.1.2 舍里夫的分布式涌现模型——忽视了身体、脑和语言等因素

舍里夫是从宏观的视野，研究文化群体的认知模式。他基于复杂性科学理论，提出了分布式涌现文化认知模型。他认为，认知是"异质分布的系统，是文化群体成员的思想彼此互动涌现的结果"（Sharifian，2008：262）。按照他的理论模型，文化群体的概念化过程是文化群体成员之间通过互动，涌现出来的具有文化特色的认知模式。这种认知模式又可以塑造该文化群体中每个成员的认知模式、图式和范畴化方式（如图7.3）。除了文化因素外，他还考虑了语言对认知的影响。他说，"语言是话语团体在不同历史阶段的文化概念化的'集体

记忆库'。这种概念化会在当今的语言实践中仍保留一些蛛丝马迹。从这个意义上说，语言可被看作是储存和交流文化概念化的主要机制"（Sharifian，2008：262）。

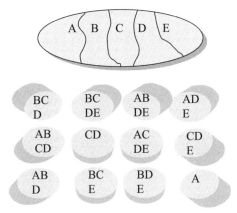

图 7.3　舍里夫提出的分布式涌现文化模型

　　文化认知在文化群体成员中是异质分布的。文化认知在时间和空间的维度上延伸。一个文化群体的成员通过各种交流事件，在历史的纵向维度和空间的横向维度上，进行世世代代的协商和再协商。这里，认知是一个动态的、不断演变的复杂系统，而不是一成不变的。该图中，顶部代表文化群体的成员在互动中涌现出来的"总体的"文化认知，底部代表分布在群体成员中的个体思想的文化认知。整幅图反映了认知在群体层面的涌现性，这些特点同时也在个体的思想中表征出来（Sharifian，2008；112）。

　　但由于该模型仅关注文化群体层面的认知，忽视了个体认知中的身体和大脑等因素，因而过于简化。并且，他所谓的"涌现性"也未说明其中具体包含哪些要素的相互作用，以及这些要素之间究竟是怎样的关系，彼此是如何互动涌出来的。因此这个模型并未给情绪的概念化提供深刻的洞见。

7.1.3　埃莫蒂诺 - 杨的情绪 - 身体 - 认知关系模型——忽视了语言对认知的塑造作用

　　埃莫蒂诺 - 杨教授基于达马西奥提出的躯体标记假说，提出了情绪 - 身体 - 认知关系模型，见图 7.4（Immordino-Yang，2015）。她认为，学习、记忆、决策和创造等认知活动很大程度上是在情感的思维平台上进行的，即学习和认知并不只是理性思维的结果，而是情绪和理性共同作用的结果。一方面，情绪需要理性的指导，特别是高度社会性和道德性的情绪往往受到理性的驱使，创造力也得益于发达的理性思维。另一方面，无论是真实的，还是虚拟的身体感觉都会作用于我们的情感，影响我们的认知。因此所有的认知活动都是理智、情感和身体三者交互的结果（Immordino-Yang，2015）。

在图7.4中，实线椭圆代表情绪，虚线椭圆代表理智。这两个椭圆之间的重叠部分代表情感性的思维，即情绪与理智大部分是重叠的，它们共同主导学习和记忆等认知活动。情感思维既可以是有意识的，也可以是无意识的，它通过相关的身体感觉，参与理性思维。单纯的理性思维只占该图中的极小一部分，是有意识的。因此，她认为情绪、理智和身体之间是相互影响的。

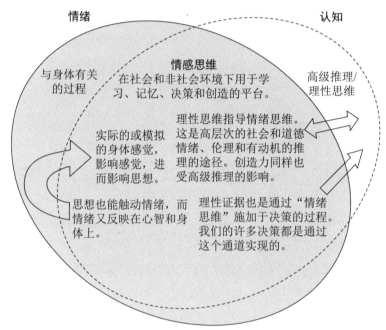

图7.4　埃莫蒂诺-杨提出的情绪-身体-认知关系模型

　　图中，实线椭圆代表情绪，虚线椭圆代表认知。两个椭圆的重叠部分代表"情感思维"，其中情感与认知相互融合，产生了学习和记忆等思维过程。情感思维既可能是有意识的，也可能是无意识的，它与相关的身体感觉进入我们的意识。纯粹理性的思维只占图中极小一部分，是有意识的。在图的左边，情感的身体方面代表情感思维与身体之间形成的环路。其中，情感思维既可能是有意识的，也可能是无意识的，它会改变身体的状态，比如，血压升高、心率加速、体温下降等。反之，这些身体感觉的变化既可以是真实发生的，也可以是虚拟的，都通过意识或潜意识影响我们的心理感受，进而影响我们的思想。其中虚拟的身体感觉有时指想象身体的变化，就足以影响我们的思维。比如，愤怒时不一定真的紧握拳头或咬牙切齿，而是想象这样的身体状态（Immordino-Yang，2015：38）。

　　该模型建立在具身认知理论的基础之上，把认知看作是与身体和情感密切互动的结果。不过，该模型没有考虑语言与文化等因素的作用。也就是说，一方面，它只是基于英语文化提出的模型，不涉及跨语际和跨文化的比较；另一方面，对于语言对情绪的塑造作用也没有提及，因此该模型还是基于传统的语言标签论，而非建构论——把情绪词仅看作是情绪的标签，而非构成情绪必不可少的成分。另外，该模型基于达马西奥的躯体标记假说，虽然提到了身体感受与情绪之间的关系，但对内感受系统与情绪的关系，以及内感受系统如何与大脑互动以维持身体的内稳态等方面都未提及。因此，它还属于比较粗糙和过于简化的模型。

7.1.4 韩世辉和马燚娜的文化 - 行为 - 脑环路模型——忽视了语言和身体因素

韩世辉和马燚娜用文化 - 行为 - 大脑（culture-behavior-brain，CBB）环路模型来解释人类的发展。他们认为，文化通过情境化的行为塑造大脑，大脑又通过行为改造文化。经过文化塑造的大脑又指导人的行为，使之自发地适应环境并改造环境。他们认为，有时文化与大脑之间无需行为作为中介，就可以直接互动，见图 7.5（Han & Ma，2015）。显然，该模型主要关注了文化、行为和大脑三者的关系，既涵盖社会文化的宏观层次以及行为的介观层，又包含大脑神经的微观层。然而，此模型既未涉及身体，特别是内感受在心智和情感加工中的重要作用，也未提及语言对大脑、行为和文化的塑造作用。他们提出，大脑与文化之间可以不经过行为的中介直接互动，却未解释如何互动。也就是说，这个模型缺失了身体、语言和意义系统在认知加工的重要作用，而这两个要素对于情绪的认知是必不可少的。因此，它是一个不够全面的模型。

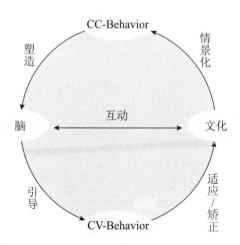

图 7.5 韩世辉和马燚娜提出的人类发展的文化-行为-脑环路模型

文化环境能将人类的行为语境化。学习新的文化信念和实践不同的行为脚本反过来可以改变大脑的功能组织方式。经过环境塑造和改变的大脑指导人们自发地实施适应环境的行为，由此改造当下的文化环境。有时，文化与大脑之间无需行为也可以直接相互作用。CC-Behavior代表culturally contextualized behavior，即文化语境化的行为；CV-Behavior代表culturally voluntary behavior，即特定文化中自发的行为（Han & Ma，2015：668）。

7.1.5 巴雷特和林德奎斯特等的情绪建构论模型

在 6.1 中，我们介绍了林德奎斯特等人将情绪与语言的关系总结为语言调节论、语言标签论和语言建构论三种理论（Lindquist et al.，2016）。在五年后，赛特普特和林德奎斯特进一步将情绪与语言的关系概括为四种模型，见图 7.6（Satpute & Lindquist，2021）。

第一种为"核心情绪论"。该理论认为情绪与语言是彼此分离的，二者之间没有互动（图 7.6 左 1）。语言对情绪的影响微乎其微，可忽略不计。该理论假定，情绪是先天遗传的，受生理机制的驱动产生表情，如面部肌肉的运动、行为、身体的变化和感受等（Ekman & Cordaro，2011；Izard，2011；Panksepp & Watt，2011）。全人类共享一些普遍的或核心的情绪，像愤怒、恐惧、悲伤、喜悦、惊讶、厌恶等，甚至许多哺乳动物也拥有或遗传了这些核心情绪（Ekman & Cordaro，2011；Ogarkova et al.，2009）。语言有助于识别或表达先天具有的情绪的感知和体验，情绪词与情绪本身无关，它们只是将人类普遍的情绪"沉淀"到语言之中，以便于交流。

第二种为"语言情绪互动论"。该理论认为，情绪与语言是相互影响的，语言可以通过提高或降低情绪的强度，来调节情绪（图 7.6 左 2）。

第三种模型是"语言情绪的本构论"。该理论认为语言与情绪是本构关系（constitutive relationship），其中语言 [诸如 anger（愤怒）和 calm（镇定）之类的情绪词] 是构成情绪的基本要素（图 7.6 右 2）。

第四种模型是"语言决定论"。该理论认为语言决定情绪（deterministic relationship），情绪完全由语言塑造或建构而成。比如撒皮尔 - 沃尔夫（Sapir-Whorf）的语言决定论假说（the Linguistic Determinism Hypothesis，LRH）。如图 7.6 右 1。

图 7.6　情绪与语言关系的光谱，展现了关于情绪与语言之间关系的四种理论模型
"L"代表语言，"E"代表情感，"A"代表感情，即 affect（Satpute & Lindquist，2021：214）。

关于核心情绪论的错误，我们在第六章已经论述过，在此不再赘述。赛特普特和林德奎斯特也反对语言决定论，认为它过于极端。因而，多数人赞同互动论和建构论。不过，他们认为互动论也不成立。因为它假定情绪词与情绪概念是彼此分离的两个系统，是在情绪概念产生之后，情绪词才与情绪概念相互影响——情绪语义有助于交流和调控情绪。互动论认为语义加工与情绪加工在神经层面上是两种不同的系统，但它们彼此影响、相互作用（见 Satpute & Lindquist，2021 的综述）。

按照情绪的建构论（Barrett，2006；Clore & Ortony，2013；Cunningham et al.，2013；Lindquist & Gendron，2013；Russell，2003），那些被人们称为"愤怒""悲伤""恐惧""骄傲"喜悦"等的心理事件，并不是建构心智的基本构件。这些貌似离散的情绪不是最小的"心理原子"，而可能由更为基本的心理"元素"组成，是这些"元素"经过相互作用产生的心理"化合物"（compounds）。这些元素本身并不针对某种特定的情绪，而是作为通用的脑区，可以表征多种多样的心理状态，包括情绪的感知和体验、记忆、视觉感知、思想等（Barrett & Satpute，2013；Lindquist & Barrett，2012）。情绪建构论的思想主要包含通过视觉信息感知他人的情绪，通过自身的内感受体验自己的情绪，以及对特定情境下的感觉信息赋予意义的概念知识（Gendron & Barrett，2009；Lindquist et al.，2013）。

因此，一些研究者提出，应当区分"情绪"（emotion）与"情感"（affect），"情绪体验"（emotion experience）与"情绪感知"（emotion perception）这两对概念（Barrett & Bliss-Moreau，2009；Russell，1980；Watson & Tellegen，1985；Yik et al.，1999）。关于这两对概念之间的差异，我们在前面已经介绍过了，不再重复。换言之，情绪建构论认为，看到一个人面部肌肉运动的视觉知觉（Barrett et al.，2007；Lindquist & Gendron，2013），或是感觉到自身身体内部状态（Barrett，2006；Lindquist，2013；Russell，2003）的意义，是由"愤怒""厌恶""恐惧"等概念知识赋予的。感知者头脑中的概念信息是构成情绪感知和情绪体验必不可少的要素。这是因为语言在情绪感知的习得、组织和使用中扮演着不可或缺的角色（Barrett et al.，2007；Lindquist & Gendron，2013），在"情绪体验"中也是如此（Barrett，2006；Lindquist et al.，2013）。

也许你会问，语言能对情感经验进行切分和组织的论断有科学依据吗？情感科学家们通过功能核磁共振（fMRI）、脑损伤研究和电刺激等现代技术研究发现，许多与语义加工相关的脑区和跨脑叶的皮层神经网络，如外侧前额叶皮层、外侧颞叶皮层（包括颞极）等都参与了情绪的加工（见图7.7）。通过fMRI扫描发现，前内侧前额叶皮层和外侧额下回都参与对情感意象的概念化，并将情感经验切分为离散的情绪，如"厌恶""恐惧""病态的喜好"等（Satpute & Lindquist，2021）。

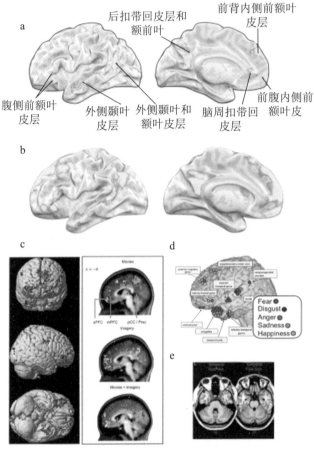

图 7.7　参与加工语义和离散的情绪概念相关的脑区

（a）中的这些脑区是通过语义加工任务进行神经影像元分析发现的可靠的功能激活脑区（Binder et al.，2009）。

（b）是在社会加工中，参与概念抽象化的脑区（Spunt & Adolphs，2014）。情绪词以及情绪词所指称的情绪都是对社会范畴中特定范畴（如恐惧）的抽象，它们可以指称不同情境下的多种特征（Barrett，2006；Satpute & Lindquist，2019）。注意，参与语义加工的脑区与参与情绪加工的脑区存在广泛的重叠。

（c）两个MVPA研究表明，离散情绪经验分类的像素信息包括前内侧前额叶皮层、腹外侧前额叶皮层和颞极（左边，Kassam et al.，2013）和前内侧前额叶皮层（右边，Saarimäki et al.，2016）。

（d）对与语义加工相关的脑区，如对颞极/颞叶皮层和腹外侧前额叶皮层进行颅内刺激，同样可以诱导出离散的情绪体验（Guillory & Bujarski，2014）。

（e）在体素级症状病变映射研究中发现，颞极与语言加工和离散情绪的感知相关（Campanella et al.，2014）（引自Satpute & Lindquist，2021：208）。

来自脑损伤和侵入式电刺激的趋同性证据也表明，语言在情绪加工中发挥了关键的作用。例如，对一些因疾病或中风等导致的脑损伤患者的研究发现，如果他们的颞极受损，他们就无法将情感分辨为离散的情绪（像愤怒、厌恶、恐惧、喜悦、悲伤、平静等），尽管他们仍然可以区分不同类型的情感（如愉快的、中性的和不愉快的）。**这表明，他们可以感知情感的效价，却无法感知离散的情绪。**这是因为颞极是语义加工的枢纽（semantic hub），该脑区对语义的提取至关重要。这些加工语义的脑区也负责将一种情绪与另一种情绪区分开来。例如，颞极、前额叶前部、腹外侧前额叶皮层等都参与对情绪的区分和分类。外侧颞叶和颞极对表征离散的情绪至关重要，但对情感的表征并不是必要的。脑岛和扣带回是主要负责情感表征的脑区。一些失语症患者依然保留了报告积极的或消极的一般性情感的能力。这表明，**颞极是给感觉信号赋予意义必不可少的脑区。没有该脑区的参与，情感只能表征为更具象的情感或基本的身体感觉。**

在此过程中，与语义加工相关的脑区与支持内感受和内脏运动功能的脑区（包括杏仁核等边缘区和脑岛等）相互作用。fMRI 实验表明，前内侧前额叶皮层和颞极与边缘区（即伏核、杏仁核和下丘脑）之间有更强的功能联结。当预测会产生强烈的、离散的情绪经验时，杏仁核与前内侧前额叶皮层的联结会增加。对大量神经影像的元分析表明：与语言和语义加工相关的脑区在情绪体验和情绪感知中也会被激活（Kober et al.，2008；Lindquist et al.，2012）。还有一些行为实验也表明，实验上操控语言的可及性会塑造情绪的体验。

总之，建构论认为情绪词不只是用于交流情感的工具，还是构成情绪的基本成分。连续的情感感受与语言结合，便发生了"化学反应"，产生了离散的情绪。打个比方，语言就如同制作蛋糕的面粉、水、鸡蛋、牛奶或黄油那样的原料，与情绪经验是不可分离的（你无法将做成的蛋糕再分解成面粉、水、鸡蛋、牛奶和黄油）。

尽管情绪的语言建构论模型将身体状态、语言概念和外部环境之间的互动看成是产生情绪的生理变化、心理感受、行为反应、面部肌肉活动和声带运动的原因（见图2.8），但对身体经验是如何在大脑的脑岛、扣带回等相关脑区加工的，语言概念、文化系统、身体的内外感觉信号之间是如何互动的等问题，仍然缺乏具体、详尽的描述。因而，显得比较粗糙和过于简化。

总之，上述五种情绪模型分别关涉人类认知（包括情绪）的不同面向：有的注重语言、身体和文化；有的把文化认知看作是异质分布的复杂系统；有的探讨身体、情绪、认知和大脑之间的互动关系；有的探讨文化、行为和大脑之间的关系；还有的强调语言对情绪的建构作用，认为语言将连续的、模糊的情感信息流切分，创造出离散的、抽象的情绪感知和情绪体验。然而，这些模型要么忽视了认知的神经生理基础——大脑与身体的互动，特别是内感受系统在情绪体验和情绪感知中扮演的关键角色，要么忽视了语言和文化对于情绪认知的建构和塑造作用，或是尚未厘清相关要素之间的关系。因此，它们对情绪概念化的解释都不够全面和准确。下面，我们基于内感受神经科学和情绪的语言建构论，特别是通过跨语际和跨文化的比较，尝试构建新的情绪概念化模型。

7.2   建构更科学的情绪多维概念化模型

情绪既具有神经生理的属性，又是语言和文化塑造的产物。一方面，情绪是对身体内部状态的心理表征 [表征为不同的效价的情感，从愉快的 / 满欲的（pleasant/ appetitive）到不愉快的 / 厌恶的（unpleasant/aversive）的情感范围]；另一方面，基于个人的生活经验、文化背景和语言会获得和发展出不同颗粒度的情绪概念，如英语中有 anger，sadness，fear，happiness，longing，surprise，admiration，envy，pride，conceit，guilt，wonder，shame，compassion，disgust，lust，embarrassment，awe，excitement，contempt，gratitude，delight，exuberance 和 love 等，这些情绪概念会赋予身体的内感受以更丰富、更精细的意义。具体来说，身体内部器官的神经和内分泌化学信号传入大脑，大约在脑干和后脑岛等区域表征为不同效价的感受。这些粗颗粒的情感感受再经过多通道的联合皮层（特别是前脑岛）的整合后，被概念和语言赋予意义，便产生了关于情绪的有意识的意象和语言符号的表征，从而把粗颗粒的身体内感受信号"翻译"为细颗粒的语言符号或心理意象。不同的语言和文化对情绪有不同的认知颗粒度和身体透明度，如汉语和英语（Zhou et al.，2021）。总之，感知与认知、身体与心智在情感表征过程中形成自下而上和自上而下的密切互动，如图 7.8。

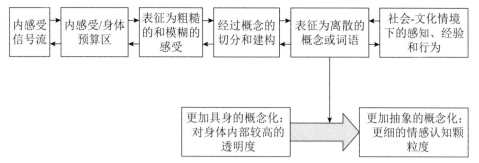

图 7.8　内感受、情感感知、认知和行为之间的互动关系（Zhou et al., 2021：324）

内感受信号流从身体内部传入大脑，其中的身体预算区根据过去的经验，对内感受信号进行预测和筛选，并在后脑岛表征为粗颗粒的情感感受（具有不同效价的身体感觉）。这些模糊的、粗颗粒的内感受信号进一步投射到中脑岛，与来自亚皮层的动机和情感信号整合后，再向前投射到前脑岛，与联合皮层的社会和文化、记忆、语言等多通道的信息整合，并表征为符合个人和文化认知模型的（即不同的概念化模式或倾向的）更加精细和离散的概念或词语。有些个人或文化会突显身体内部感受的感知方面，却不太重视对这些感受赋予抽象的概念意义（如汉语）。而有些个体和文化更加突显情感认知的颗粒度或分辨率，却对身体内部状态不够透明（如英语）。

站在前人的肩膀上，我们尝试建构了一个新的、更科学的情绪概念化多维模型，见图 7.9，该模型具有以下优点。

（1）包含的要素更加全面。之前的情绪概念化模型要么只观照了语言、心智和文化，要么只关注了身体和脑，或是只包含了脑、行为与文化等，本模型更加全面、系统，涵盖身体、脑、心智、语言和文化等多维要素的互动。

（2）厘清了情绪概念化中从身体的内感受信号到心理加工和语言表征之间的层级关系。该模型在加芬克和奎奇立（Garfinkel & Critchley, 2013）的内感受三维模型基础之上又整合了语言、社会和文化等因素，把情绪的概念化看作是神经层与心理层或概念层之间的映射。心理概念层是不同身体透明度和认知颗粒度的情绪在大脑中的心理表征和语言表征，神经层是情绪概念化的生理和神经生物基础，身体的生理唤起和神经加工源于情绪概念对特定情境下生理和情感状态的预测和模拟。

（3）具有可靠的神经科学理论基础，为情绪的具身性找到了更科学的解释。相比之下，认知语义学只是基于传统的、过时的情绪心理学理论，通过对语言现象的内省和哲学思辨，提出的"民间理论"。本书在神经层面描述了内感受生理信号如何被传到脑干，再与表征身体的动机状态的信号汇聚到下丘脑和丘脑，然后形成可通达意识的意象表征，这些信号再经过杏仁核、脑岛、腹内侧／眶前额叶皮质和前脑岛的加工，最终被表征为情绪感受和情绪体验。即情绪的具身性源自有机体为了维持身体内稳态，产生的内感受系统与大脑中枢神经系统的互动。

（4）基于现代的情绪语言建构论，把情绪词和情绪概念看作优先于身体的生理和神经加工，即大脑对内感受信号不是反应式的，而是预测和模拟式的。由此提出，不同语言和文化的人们尽管具有类似的概念化能力，但因语言和社会文化的差异，会产生不同的情绪概念系统。

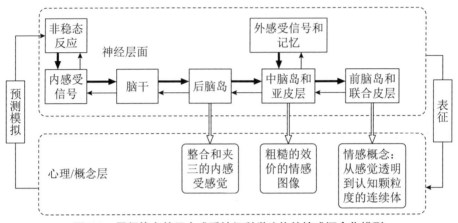

图 7.9　周频等人基于内感受神经科学建构的情感概念化模型

该图其实是图7.8的图示版，显示的是内感受信号在神经层加工的过程和在心理或概念层表征的情况。大脑根据过去的经验和个人对情绪的认知模式进行预测和模拟，表现为不同的应变稳态反应。这些信号经过脑干、亚皮层（包括下丘脑、腹内侧前额叶皮质、前扣带回、杏仁核等）逐级在后脑岛、中脑岛和前脑岛表征，情绪概念的颗粒度也随之变细。在后脑岛，内感受轴的信号经过整合和突显，使得生理感觉经过筛选，表征为粗糙的效价情感（好的、坏的或不好不坏的）。这些动机性和情感性的感受进一步在前脑岛和其他联合皮层加工，表征为更加离散的、精细的情感概念。按照个体或文化的差异，从对内感受更加透明的一端到对情绪认知颗粒度更细的一端形成一个连续统（Zhou et al., 2021：325）。

第八章

中西情绪认知差异的文化探源

我们已经知道，英汉语对情绪的认知存在系统性、结构性差异，即汉语对身体的内感受更透明，而英语对情绪的认知颗粒度更细（Zhou et al.，2021）。但知其然，还须知其所以然。为什么会是这样呢？这些差异的背后有什么历史和文化的原因呢？或者说，历史、地理和文化传统差异是否是导致中西方不同的情绪认知方式的部分原因呢？要回答这些问题，可以从哲学和人类学等宏观视角，探寻中西情绪认知差异的文化根源。

为此，我们将先从中西文明不同的世界观或宇宙观（按照西方的哲学术语，也叫作本体论）的角度，解析导致英汉情绪认知差异的文化渊源。然后，从认识论的视角，对比中国古代的农耕文化孕育出的身心统一论、整体论、天人合一的生命观和身体观、儒家"性情"范式中的"情"，与西方海洋商业文化孕育出的身心二元论、还原论、天人对立的生命观和身体观、西方"知情意"范式中的"情"。进而解释，为何汉语中较多用内感受描述情绪，而英语中更多用抽象的、认知颗粒度细的词语命名情绪。

8.1　中西情绪认知差异的人类学解释

著名人类学家费孝通曾对中西方人的情感认知进行过比较。他把"情感认知"称为"感情定向"。他所谓的"感情"指的是"激情"（passion）。他说，"这里所谓感情相当于普通所谓激动，动了情，甚至说动了火。用火来形容感情，就是指这动的势和紧张的状态，从社会关系上说感情是具有破坏和创造作用的"（费孝通，2016：83）。他认为可以从生理学和社会学两个方面去看待"感情"。因为喜怒哀乐等情绪虽然是生理现象，但也发生在人际互动之中，因此具有社会文化的属性。他引用美国心理学家威廉姆·詹姆斯的观点，把情感看成是由生理变化引起的：

> 感情在心理方面说是一种体内的行为导致外表的行为。William James（威廉·詹姆斯）说感情是内脏的变化。这变化形成了动作的趋势，本身是一种紧张状态，发动行为的力量。如果一种刺激和一种反应之间的关联，经过了练习，以及相当固定的话，多少可说成为自动时，就不会发生体内的紧张状态，也就是说，不带着强烈的感情。感情常发生在新反应的尝试和旧反应的受阻情形中（费孝通，2016：83）。

此外，费孝通认为情感还由社会和文化的塑造。比如，中国历史上的统治者为了维持社会稳定，倡导人们要克制激烈的情感。因为"感情的淡漠是稳定的社会关系的一种表示"（费孝通，2016：83）。他说，在中国"稳定社会关系的力量，不是感情，而是了解。所谓了解，是指接受着同一的意义体系。同样的刺激引起同样的反应……熟习引起的亲密感觉。亲密感觉和激动性的感情不相同的。它是契洽，发生持续作用；它是无言的，不像感情奔放时铿然有声，歌哭哀号是激动时不缺的配合"（ibid：85）。

他还引用奥斯瓦德·斯彭格勒（Oswald Spengler）在《西方陆沉论》里的观点，指出西方从古典到现代，对情感有过阿波罗式（Apollonian）和浮士德式（Faustian）两种文化认知模式。

> 阿波罗式的文化认定宇宙有一个完善的秩序，这个秩序凌驾于人的能力之上。人们只能去接受它、遵循它、维持它，人们安分守己地生活。这也是西方古典的精神。现代的文化却是浮士德式的。人们把冲突看成生存的基础。生命的过程就是不断克服阻碍，不断创造和寻求改变的过程，并从中获得生命的意义。如果没有了困难和阻碍，生命也就失去了意义（费孝通，2016：85）。

费孝通认为这两种文化认知模式也可用来解释乡土社会和现代社会在情感认知上的差异：中国传统社会属于乡土社会，是阿波罗式的文化，而西方现代社会是浮士德式的。这两种精神的差别也表现在两种社会最基本的社会生活里。可见，费孝通是从人类学或社会学的角度比较中西文化，以及乡土社会与现代社会对情感的认知差异。但他并未考虑语言、社会和文化对人们身体观的塑造，以及中西方不同的身体观导致的情感认知差异。人类学家加比认为，语言会塑造人们对情绪的认知，"情绪的概念化取决于特定社会文化所建构的意义系统或信念系统。同一生理症状会因操不同语言者的解读和概念化而产生不同的联想意义"（Gaby，2008：40）。

事实上，无论是身体观还是疾病观都受到特定时代的社会环境和历史文化的影响和塑造。医学史学家西格里斯特认为，医学与社会文化是紧密联系在一起的，"医学思想上每一个变化都是那个时代里世界观的结果"（西格里斯特，2019：36）。他还说，"回顾医学的历史我们认识到，医学的诸般理论往往是其同时代的'人生观'或者世界观的产物。从柏拉图和亚里士多德，到笛卡尔、莱布尼兹和康德，各个时代的哲学家对医学理论的塑造成形都施加了深远的影响"（ibid：62）。同样，我们认为一个民族和文化的情绪观也受到他们世界观的塑造。

8.2　中西方不同的世界观对英汉情绪概念化的影响

所谓"世界观"，也称为"宇宙论"（cosmology）或"本体论"（ontology），是人们对世界秩序的研究，旨在探究世界的本源或基本构成的哲学理论。从广义上说，就是探究世界中一切实在的最终本质或本源的哲学。从狭义上说，就是研究宇宙的起源、结构和本质的宇宙论（林德伯格，2013；沃尔夫，2005）。不同文明的世界观不同，荷兰科学史学家弗洛里斯·科恩（H. Floris Cohen）指出：中国认识自然现象的方法是"自下而上"（bottom-up）的，主要以经验事实和实用为导向；而西方是"自上而下"（top-down）的，"普遍化先于资料收集，经验事实被纳入一种理智构造，与实际问题的联系几乎不存在，思想非常抽象和理论化"（科恩，2012：7）。

除了中西方观察和认识世界的角度不同以外，科恩认为中西方解释自然的方式也不相同：中国人运用关联和循环的方式解释自然，而西方用因果关系解释自然。中国古代的思想家们用"道""气""阴阳"和"五行"四个基本概念编织出解释世界图景的织体。而希腊认识自然的思想分裂为两个方向：一方面，雅典的哲学家们通过建构抽象的理论解释宇宙万物；另一方面，亚历山大的科学家们用数学计算物质或运动之间的关系。因此，**西方人努力寻找解释自然现象产生、发展、变化的因果链条，即寻求"如果—那么"的逻辑关系。而中国思想家们始终关注一个核心的问题——如何才能建立一种稳定的社会秩序。他**

们设想，只有当社会秩序与人性相符，社会才能保持长治久安。而社会的稳定反过来又反映了宇宙的和谐。因此，中国文化强调千变万化的现象背后的相互依赖性和关联性，即天地万物的"和合"关系。他们把宇宙看成是一个巨大的有机体，其中的各个部分互相联系、此消彼长、彼此服务。对于中国人来说，"世界是一个无限精细的织体，每一根纹路都与其他纹路交织在一起。要想理解这种多重性，就必定需要一种关联、相互联系的思想。道、气、五行、阴阳这四种基本概念反映了这种思维方式，它们最终发展成为中国的世界图景"（ibid：25）。

钱穆（2012）基于地理环境决定论，提出中西文化是两种根本不同、平行发展的文化系统。中国传统文化是典型的内陆农耕的"自给自足"文化，西方传统文化则为海洋商业贸易文化。不同的地理环境和历史、文化传统造就了中西方不同的世界观或宇宙观。张岱年（1958）则指出，中国传统哲学认为世界的本源来自混沌、流动的元气，而西方传统文化认为世界的本源是固态的"原子"，物质世界是由不同数量的原子在虚空中运动，以不同方式组合而成的。他说，"西洋哲学中之原子论，谓一切气皆微小固体而成；中国哲学中元气论，则谓一切固体皆是气之凝结，亦可谓造成一种对照"（1958：64）。总之，中西方文明发展出了完全不同的世界观。这会对他们的情绪观产生哪些影响呢？

8.2.1　中国传统的"元气论"世界观造就混沌、笼统、综合的情感概念系统

在上一章我们提到，中国人倾向用高度综合、概括、笼统、颗粒度比较粗的概念或词语，像"感慨""感触""悲悯""惆怅""怅惘""唏嘘""凄凉""沧桑""苍凉"等来概念化或范畴化其情感经验。我们认为这部分是受到中国古代"元气论"的世界观或宇宙论的影响。中国传统文化的世界观和生命观都认为元气是产生和构成世界的基本物质和推动宇宙万物发生、发展、变化和消亡的能量或根本原因。所谓"元"通"原"，指天地万物之本原。元气学说的思想的起源可追溯至老子"道"的思想。张介宾说："盖天地万物皆由气化，气存数亦存，气尽数亦尽，所以生者由乎此，所以死者亦由乎此。"（2020：905）

中国人的生命观和身体观同样以元气论为基础，认为元气是生命与宇宙天地统一的物质基础。《黄帝内经·素问》中说，"夫人生于地，悬命于天，天地

合气，命之曰人"（2005：332）；庄子认为，人的生老病死过程就是元气的盛衰聚散。他说"人之生，气之聚也，聚则为生，散则为死"（2007：646）。也就是说，元气充足、运行正常，人的身体就健康。反之，元气不足或气机失调，则为致病之因。

由于气是飘忽不定、流动不居的实体，中国人从元气论的宇宙观、生命观和身体观出发，把宇宙万物，乃至自身的情感都看作是流动的、连续的经验。科恩说，"如果用一个现代词汇来翻译'气'，那么最好用'物质-能量'这一个人为的复合概念来理解它的含义。气本来是指空气、呼吸、蒸汽、雾、云等一系列现象。其共通之处在于，它们虽然可以被知觉到，但没有形状。由此，气的含义发生了拓展，它也可以指能够影响健康的身体活力以及气候和宇宙的力量"（2012：26-7）。相应地，中国人对情感或情绪的概念化显得较为概括、混沌、模糊和笼统。

8.2.2　西方传统的"原子论"世界观与离散的情绪概念

古希腊哲学家认为宇宙万物的不断变化只是表象或假象，其背后是恒定不变的本质，丰富多样的物质世界都由不可再分的原子构成。或许受到原子论思想的影响，西方人的情绪也被概念化为离散的、颗粒度较细的抽象概念。原子学说最早由古希腊爱奥尼亚学派的著名学者留基伯提出。他认为原子是最小的、不可分割的物质粒子。原子自古就存在于虚空之中，不生不灭，它们的运动产生了万事万物。德谟克利特作为留基伯的学生，继承并发展了他的学说。德谟克利特认为，宇宙中除了原子和虚空外，别无他物。原子永恒存在于宇宙之中，物质之间的差异在于构成它们的原子的数量、形状以及排列方式的差异。原子在本质上是相同的、不可再分的，它们也没有"内部结构"。原子之间通过碰撞和挤压传递相互作用。德谟克利特认为，人的灵魂也是由最活跃、最精微的原子组成，因此也是物质的。当原子分离，物体就消灭，灵魂也随之消亡（波尔，1964；科恩，2012；林德伯格，2013）。

也许受此影响，西方人在对世界进行切分和范畴化时，倾向于用离散的，而不是连续的方式。同样地，他们把情绪也看作可以细分为不同层次和颗粒度的实体：复杂情绪由基本情绪组成。就像西方结构语言学派把语义分为上义词、下义词（Robins，2014）一样，认知语义学将情感分为上义层、基本层和下义层（Rosch，1975，1979）的概念的认知模式，可以说这些切分和分层的思想都可追溯到古希腊原子论的世界观。

可见，中西方文化以迥然不同的概念化或范畴化方式（或者说，采用了完全不同的隐喻）解释世界的本源。中国文化"元气论"的隐喻塑造了中国人以连续、流动、混沌、变幻不定的"气"来概念化世界的本源，用元气的消长和盛衰来解释世间万物的荣枯和兴衰（比如"朝气蓬勃""生气勃勃""气数已尽""气象万千""紫气东来""生气""气愤""气势汹汹""气吞山河""英雄气概"等，参见附录四）的思维模式。西方文化用不可再分的、最小的、离散的固态粒子——"原子"的隐喻来概念化世界的本源，以原子在虚空中的聚散运动来概念化世界的发生、发展、变化和消亡。何祚麻（1995）指出，原子论反映的主要是物质的离散性、非连续性，而元气论反映的是物质的流动性、连续性。因此，中国人对情绪的概念化更加综合、概括、笼统和模糊，并且更突显身体的感受方面，因而更加具体；而西方文化对情感的概念化更加离散、精细、颗粒度更细，更注重心理的方面，因而更加抽象。

中西方的认识论，即人与世界（主客）的关系，以及身体与心灵的关系，对于人们情绪的概念化有何影响呢？中华文明是农耕文明，长期从事农业生产以及农村的生活方式使得人们逐渐形成了天人合一、物我交融的整体观思维方式。而西方的海洋商业贸易文明孕育出了天人对立的生命观和还原论的思维方式。不同的认识论造就了英汉不同的情绪概念化模式和情绪概念系统。

8.3　中西不同的认识论／天人观／物我观造就不同的情绪概念系统

中国人倾向用内感受和较为概括、笼统、模糊的概念认知情绪，这除了受以元气论为哲学基础的世界观、生命观和身体观的影响外，还受中国传统的天人合一、身心统一论、整体论的认识论哲学思想的影响；此外还受中国传统儒家"性情"范式的影响，即儒家将"欲"与"情""人心"与"道心"分开，把"情"看作是"知"（知识）和"意"（意志）的根基和主导的教化的结果（谭惟，2021）。而英语之所以更多用抽象的心理概念认知情绪，这既与西方的天人对立的思想、身心二元论、还原论的认识论哲学传统有关，还与西方工业革命之后的机械论的身体观（即把身体看作是机器）有关。也就是说，在西方文化"知情意"的三分构架中，"知"（即知识、知性、逻辑）处于核心地位，"知"统领和规定着"情"和"意"的基本涵义（ibid）。下面具体讨论。

8.3.1 中国人"天人合一"的整体论传统、内倾的民族性格和情感的"躯体化"倾向

前面讨论过，汉语中有大量用五脏六腑的内感受描述情绪的语言现象，这与中医和中国哲学的理论思想的影响密切相关。中医理论认为，脏腑、情志、神智三者相互影响、彼此关联——脏腑功能的失调会导致情志失衡，而情志的失衡也会导致脏腑功能的失调。金木水火土五行之间的相生相克对应心、肺、肝、脾、肾五脏，也对应喜、怒、忧、思、恐五志。这种万物相互联系、相互影响、因果相互转化的思想来源于中国文化中的天人合一的思想传统，以及整体论、身心统一论的思维方式（Maciocia，2015；孙广仁、郑洪新，2018；Zhou et al.，2021）。

天人合一和整体论的思想在中国历史悠久、源远流长。早在商代之前，中华文化就萌生了天人"相应"的思想，以《周易大传》为代表的天人协调说逐渐发展成为中国文化思想的主流。这一学说自汉宋以后就逐步发展演变成"天人合一"的思想。所谓"天人合一"是指人与天道本性生养、赞化、共运的关系，即人与自然的统一、协调和有机的联系。这种自然观将人置身于自然之中，认为人是自然的一部分和不可或缺的要素，《中庸》把"天、地、人"并称为"三才"（谢晓家，2012）。

钱穆（2012）在对中国人的天人合一的宇宙观和人生观的论述中指出，中华农耕文明造就了中国人的农业人生观，农村永远是中国文化的发酵地。这是因为，中国人正是在自然的劳作中，将其生命与自然融合为一。他说，"中国文化，建基于农业。既富自然性、亦富生命性，……人之在天地大自然中，乃得融成为一体"（钱穆，2004：36）。他还指出，"农耕文化之最内感曰'天人相应'、'物我一体'，曰'顺'曰'和'。其自勉则曰'安分'而'守己'"（ibid）。

此外，中国的农耕文化也造就了中国人内倾型的民族性格。钱穆（2012）认为，农业文化最主要的人文特征是安居乐业，他将之总结为：安、足、静、

定。因此，与游牧和商业文化相比，农业文化偏向保守，注重"顺"与"和"前提下的物我一体（赖功欧，郭东，2005）。中华文化具有安定守成、沉着质朴、崇尚和平的特征，"是一种旨在求安足（即政治上求'安'，经济上求'足'），而不在求富强的内倾型文化"（陈勇，1994：22）。唐美彦、王岗也指出，中国的农耕文化"造就了和谐、宁静和相对稳定的生活环境，家族宗法的权威孕育了中国人不喜欢向外扩张和远征的特性。自给自足的经济形态和封建一统的政治制度使中国文化具备了内倾性的特点，中国的身体文化也具有内倾性"（2014：83）。可以推想，这种内倾型的文化和民族性格不鼓励人们用具体的概念去探究和剖析自己的情绪究竟属于什么样的情绪范畴或类型，而是用身体内脏的感受直接去表达自己的情感感受。换句话说，中国人不大倾向把情绪或个人情感当作一种实体或对象去剖析、分析和评价，而是与身体内部的生理感受联系在一起。奥迪斯指出，在中国传统社会中，人们忌讳情感外露，在公开场合，倾向于内敛和压抑自我的情感表达。人们往往淡化、抽离和躯体化自己的情绪（Ots，1990）。

8.3.2 西方"天人对立"的还原论传统、外倾的民族性格与情绪的抽象化倾向

钱穆（2012）基于地理环境决定论指出，西方文明属于海洋性的城市商业文明，它发祥于地处海滨的希腊、罗马及近海各岛屿。古希腊的国土面积狭窄，土地贫瘠，濒临海洋，这样的自然环境不适合发展农业，人们需要向外扩张和征服。在强大的自然力面前，古希腊人既惧怕大自然的威力，又不甘于屈服，由此逐渐发展出了"天人对立"的世界观和生命观。

西方这种侧重于向外探索的文化造就了他们外倾的国民性。钱穆说，"西方文化乃自然本位者（此即指其外倾），故爱从自然世界中来寻求建立人文世界之一切理论与根据。故科学发明，在西方文化体系中必然要引生极大的激动。同时这种役使自然的制天、驭天观念也推动了西方人对权力的崇拜和对外在物质经济的追求，形成了追求物质利益的功利主义价值观和以个人主义为中心的人生信条"（引自陈勇，1994：24）。因此，西方文化鼓励人们向外探索、征服和冒险的精神，这些都是他们外倾的国民性的体现。钱穆说，"西方文化总会在外面客观化，在外在的物质上表现出它的精神来"（ibid）。

西方天人对立的世界观和生命观导致西方人倾向于以主观与客观、身体与心灵二分的思维方式认知外部世界和自我。赵岷等人（2011）指出，古希腊人将身体与灵魂、自然与人、理性与感性、神学与科学分离，并使这些二分的概念相互对立。关于身体与灵魂的对立，苏格拉底认为，"身体对于知识、智能、真理、正义和美德来说是一个不可信赖的因素和通向它们的障碍。因为充满欲望、本能、烦恼、疾病、恐惧和冲动的身体总是不停地在打扰或破坏灵魂的思考和宁静。因此人类要想获得知识，须尽量不和肉体交往，不沾染肉体的情欲，保持自身的纯洁"（赵岷、李翠霞、王平，2011：27）。柏拉图则认为，人的思想是三股内部力量的永无止境的战争，以达到控制行为的目的。一股是维持基本生存本能的力量，比如，饥饿和性冲动。第二股力量是情绪，如喜怒哀乐等。他认为，本能和情绪都只能让你活得像个动物，把你的行为弄得支离破碎、十分不明智。他说，"带着肉身去探索任何事物是要上当的"（2000：15）。要对抗这种混乱，人还需要第三股力量，即理性思维才能驾驭这两头猛兽，引导人走向更加文明和正义的道路。

柏拉图的这种关于内部冲突的道德故事听起来颇有道理。他把理性与情感和本能之间看作是彼此敌对、斗争的观念，长期以来形成了西方人行为的最佳解释模式：倘若人能适当地约束自己的本能和情绪，那么他的行为就被看作是理性的和负责任的。倘若选择非理性的行为，那么他的行为就是不道德的。如果不能理性行事，就被看作是有精神疾病的。因此，这种逻辑成为了西方文明中最深入人心的叙事，构成了西方的情绪概念系统和话语体系的基础（Barrett，2020）。

柏拉图关于灵肉分离的理论深刻地影响了后世的哲学家。他的"身心二分，心高于身"的理念推动笛卡尔论证了灵魂和身体是两种完全不同的实体，即确立了他的身心二元论。后来，笛卡尔把身体解释为机器，按照机械的原理工作，并受灵魂的控制，这强化了身体作为纯粹物质的经验主义身体观（Barrett，2020）。基督教也将身体与灵魂置于尖锐的对比之中。"灵魂的地位崇高，是人内在如神的本质；而身体，是尘世地下的组成部分，兽欲之所在，对它的照顾和关心不必太多"（西格里斯特，2019：7）。可见，西方传统一度试图超越生理的身体，并始终将身体置于"身心二元论"的构建中（Barrett，2020）。正如杨军指出的，"这种精神的异化，导致几千年来，哲学、神学、科学、理性和由此形成的各种人生观、价值观、伦理观、意识形态，除了把身体作为一个无限索取和投资的对象之外，都是对其施以压制、奴役、摧残和迫害……从西方整个发展历程来看，最终走向的就是一种理性精神的胜利。因为理性是精确的、恒常的、不变的、同一的"（2009：16）。因此，西方文化往往把情绪看作是心理的实体，而非身体生理活动的结果，即是离身的。情绪概念往往用抽象的词语去表达，这也是他们把用内感受表达情绪的现象看作是隐喻的根本原因。

此外，钱穆还比较了西方的"知情意"三分构架中的"情"与中国传统儒家"性情"范式中的"情"。他指出，在西方，"知"处于核心地位，"知"统领和规定着"情"和"意"的基本内涵；而在中国传统儒家思想中，"情"具有第一性的主导地位，"情"是"知"（知识）和"意"（意志）的根基与归属（谭惟，2021）。下面，我们基于这种区分，解释英汉情绪概念化的颗粒度差异。

8.3.3 儒家"性情"范式中的"情"与西方"知情意"范式中的"情"

19 世纪以来，在中西哲学和文化互动的背景下，许多学者都阐发了关于"情"在儒家乃至整个中国文化中的内涵的讨论。有学者提出，中西方的"情"分属不同的概念框架或范式：中国是"性情"范式中的"情"，而西方是"知情意"范式中的情（谭惟，2021）。谭惟（2021）认为，在这些讨论中，钱穆论"情"是中国传统哲学现代阐释比较成功的一个范例。她把钱穆关于中西方对"情"这一概念的比较的相关论述概括为以下三个方面的内容。

首先，西方的"知情意"范式中的"知"与"情"是二分的，"知"占主导，人要获得对世界的真"知"，甚至需要将理智与情感剥离。而在儒家思想体系中，"知"与"情"不可分。儒家思想中的"知"分为"见闻之知"和"德性之知"。"见闻之知"类似于西方人的"知"（知识），而"德性之知"是"凭借有限经验的知识，通达人生的智慧，即识得人人同然与生俱来的天性、本心——'仁'"（谭惟，2021：56）。西方的"知识"把知识本身当成终极目的，和"见闻之知"一样，往往缺乏人道的立场。儒家认为"知"只有最终成就"德性之知"，实现"摄知归仁"，才完成了"知"的使命。因此，在中国文化体系中"情"比"知"根本。

其次，西方"知情意"范式中的"情"更多指向儒家思想中的"人心"或欲望的部分。而儒家思想中的"情"除了包含欲望之情的"人心"，更多指向人心经过修养后能够达到的"道德情感"，是"由欲转情"的"道心"。

最后，西方的"意"指凭借理性控制情绪、情感、欲望的自由意志。这种意志来自个体的理性和意志。而儒家注重人的历史性和群体性，并不强调个体的自由意志，而要通过"礼乐"实现"大群意志"。因而，个体不是通过理性的"知"，而是通过感性的"情"来通达大群意志（谭惟，2021）。

可见，在西方的"知情意"的概念框架内，"知"居于核心和主导地位。从古希腊开始，西方人认为，作为认识主体的人，其本质特征是具备"理智""精神"和"自我意识"。人要获得关于世界或客体真实、可靠的知识，必须摒除情感、感官错觉和意志等主观的心理活动，运用"理性"的思想、原理和方法（包括逻辑和数学等），而不是靠感官经验的方法，探索事物发生、发展的"理由"，构建自然科学的"物理"体系。因此，"情感"和"意志"都服从于"知识"或"理智"（谭惟，2021）。

而在中国文化中，"情"统领"知"，"知"服从"情"。儒家思想认为，"人欲"或"人心"常常是不自明、不自主的，而"道心""仁心"是竟体通明，时时能自由自主，不夹杂丝毫不自知、不自主的成分的心，故宋、明儒称之为"天地之性"或"天理"。社会教化的作用就是教人"由欲转情"，由自然人进入文化人，把"人心"的欲望层面升华为经过修养后"道心"的道德层面。钱穆认为，"人心"与"道心"差别在于公与私，人心是为了私人利益，道心则是关注公众利益。因此，钱穆认为儒家重"情"重的是"道心"生发出来的"情"。只有通达"道心"的知识学问才是真正有效的通达个人、家、国、天下（谭惟，2021）。

总之，在西方"知情意"的概念框架内，"情"基本上就是指人的七情六欲或喜怒哀乐等具体的情感、情绪或情欲，是偏于个人的、主观的；而在儒家的"性情"范式中，"情"除了包含主观的"欲"以外，还包含客观性，因为超验的"真情""至情"或"道心"可以通达天地、自然，与事物的"情实"、客观性的关联起来（ibid）。对于西方人来说，情感不仅与身体是二分的，与理智也是分离的。"情"是"知"的对象或客体，人们可以用理智或认知去认识情感或情绪。

因此，在英语中，对情绪的概念化多表现为用抽象的认知词或心理词描述，较少用内感受词表达。而对中国人来说，万物是相互联系的，"知"与"情"不可分，"情"与"身"也不可分。主观与客观、身体与心灵都是融为一体、互不分离的。通过修养"道心"可通达天理。在中国人的"情"中，"人心"或"人欲"部分与身体脏腑是密不可分的、彼此互动的。中国人的"道心"则与天地、宇宙、自然等相契相合。因此，中国人偏向以整体论的方式看待世界、人生、情感和身体，并以抽离的、躯体化的、自然化的（用自然现象概念化情绪，像"春风得意""晴空万里""晴天霹雳""汹涌澎湃""乌云密布""阳光明媚""暴跳如雷"等都可以用来形容心情或情绪）、淡化的方式概念化情绪。因此汉语中存在着大量系统地用内感受表征情绪的词语，而较少用抽象的认知评价词描述情绪。

需要指出的是，情绪的认知还受时代和社会发展的影响。英语对情绪的概念化也经历过从对身体较透明的阶段到较不透明，从更加具身化的情绪表达到用更加抽象化的情绪表达的演变过程。例如，18 世纪之前，在尚未进入工业革命的英国，人们日常的口头语言表达中也常见用身体词汇描述情绪。伴随着英国工业革命的到来，人们对身体的认知从肉体转变为"身体是机器"（BODY IS MACHINE）的隐喻。美国乔治梅森大学常务副校长、著名历史学家彼得·斯特恩斯（Peter N. Stearns）指出：

身体观的改变使得情绪越来越远离了传统把它看作是躯体的功能的观念，尽管 20 世纪又有了把情绪看作是身体功能的回归。在 19 世纪之前，主流的信念、医学界和大众等都把愤怒、快乐、悲伤看作是与身体的功能密切相关的。比如，心脏会摇晃、发抖、膨胀、变冷。因为那时情绪是具身的，它们具有明显的躯体属性：人们会被狂怒抓住（甚至会让人停经），血液发热是愤怒的本质，人恐惧时会冒冷汗。也就是说，情绪中包含身体的内容。而到了 18 世纪，历史学家越来越意识到，身体的体液观，即把体内的液体和情绪等看作是脉搏的观念，开始让位于更加机械化的图景。在身体是机器的观念中，情绪变得难以描述，情绪的状态也难以表达。尽管依然可以用身体的状态描述情绪，但这个时候已经被看作是隐喻了（Stearns，1994：66-7）。

斯特恩斯还指出，在西欧和北美等国家和地区，从维多利亚时代到当代，人们对直接表达情绪的接受度逐渐降低。在维多利亚时代，人们较能接受富有激情的表达。而到了现代社会，人们对自发的激情越来越难以容忍，甚至充满敌意，倾向于收敛和控制情绪表达的强度。也就是说，人们变得越来越"酷"
（cool）、越来越抽离（impersonal）、越来越谨言慎行。伴随着现代化进程的加速，西方人不仅越来越疏离自己的身体，也越来越远离自发的情感表达，对情绪的认知变得更加抽象，情感变成了认知的对象或客体，对情感的分析或认知的颗粒度越来越细。

同样，随着中国现代化进程的加速，中国人对情绪的躯体化也呈现衰减的趋势。这主要因为受到两次大的社会变革的影响。第一次是在 1919 年的五四运动之后，一些进步的知识分子和文化先锋，像鲁迅、胡适、陈独秀、蔡元培、李大钊、刘半农、钱玄同、周作人等发起了"新文化运动"。他们大力倡导"白话文"运动，主张书面语要用白话文取代文言文，并引进了大量西方的新词和语法表达思想，使得一些新的情绪词进入中国人的日常话语（张冠夫，2016）。

第二次则是在 1978 年的十一届三中全会后推行了"改革开放"的政策。伴随着大量西方思想的涌入，中国在社会、经济、文化和思想上发生了翻天覆地的变化。比如，改革开放之前，中国人并没有心理疾病（像抑郁症、焦虑症、恐惧症、双相情感障碍等）的概念（Kleinman & Kleinman，1985）。而现在，在现代化程度越高的大城市，人们越重视心理健康，并开始使用更加抽象的情绪词或概念描述或解释自己的感受。比如，现在受教育程度更高的中国人多用"悲伤"，而不是"肝肠寸断""心胆俱裂"等；用"恐惧"，而不是"悬心吊胆""胆破心寒"等；用"愤怒"，而不是"大动肝火""急火攻心"等表达自己的情感。也就是说，现代人用内感受描述情绪的现象比古代有逐渐减少的趋势（这个观察还有待于今后进一步通过实证研究加以验证）。

总之，中西方对情绪的概念化尽管存在"身体透明度"和"认知颗粒度"上的差异，但这种差异并不是一成不变的，而是受到时代和社会发展的影响。西方过去虽然把生理疾病与心理疾病看成不同范畴的疾病，但近年来，随着具身认知科学、身心医学（psychosomatic medicine）、整合医学（integrative medicine）等的出现和发展，把身体与心灵看作是一个互动的整体的观点逐渐为西方科学界接受（Snyderman & Weil，2002；Barrett，2017；Damasio，1994；李辛，2019）。这说明，随着全球化的进程的加快，中西方的身体观、身心观还有对情绪认知的差距有逐渐趋中和缩小的趋势。

第九章

怎样翻译具身的情绪词？

改革开放几十年来，中国经济飞速发展，取得了令世人瞩目的伟大成就，中国的国际地位和影响力也显著提升，这些都为中国文化走出去提供了重要支撑。身为中国人，我们不仅越来越自信，也为自己的优秀传统文化感到骄傲和自豪。这些话绝不是空洞的口号，而是我的切身感受。记得在 20 世纪 80 年代，我还在上初中时，我父母有时会邀请一些老同学、老朋友来家里聚餐。我父亲的一位同学全家移民去了美国，他们夫妇原本都是国内一所大学的教师。但为了小孩能在美国接受教育，到了美国后，不得不靠打零工，比如给别人的房子刷油漆、给汽车旅馆打扫卫生等养家糊口。而我父亲另一位同学当时已是国内一所重点大学的教授，已经有好几次出国交流的机会了。那时，能出国看世界的人非常少，西方发达国家在我们眼里是神秘而陌生的。我们就请他俩聊聊对美国的观感。其中一位说，见识了美国资本主义国家的发达和富裕，真感觉"美国的月亮都比中国圆"！但是，今天的我们已不必如此妄自菲薄，仰视西方了。在引进和吸收国外先进文化的同时，我们国家也在不断提升文化软实力，增强中国文化的国际影响力。翻译则在中国文化的对外传播中，扮演了十分重要的角色。

中国传统的文学作品，如诗词、小说、戏曲等会有大量表达情感的词语和句子。该如何有效且科学地将中国人的情感经验传达给不同文化的读者或受众呢？在指导研究生论文时，我的一位研究生找到了潘震教授的博士论文《中国传统情感英译研究——以中国古代短篇小说及其英译本为语料》。在仔细读过他关于中国古典文学作品中一些包含人体器官范畴的情感词的英译一节后，我发现他的有些观点值得商榷。因此，我打算专门用一章来讨论该如何把汉语中具身的情感表达翻译为英文的问题。

我们将首先介绍国内翻译界对中国传统的具身情感词英译问题的一些观点；其次，综述当前翻译理论界倡导的一些主要的翻译观；最后，基于对《红楼梦》的两个英译本的比较，提出跨认知的翻译理论模型。

9.1　潘震关于中国传统情感词英译的研究

潘震指出，"中国传统文化中的人体器官范畴代表着特定的功能和性质，蕴含着相应的情感文化。这体现了'天人相应、天地人合一'的中国古代朴素唯物主义思想，人身体的各个部位、各种器官都与自然界的各种物象以及相应的人类情感世界联系起来"（2011：169）。因此，他提出为了传播中国文化、保持中国文学作品的神韵，在不违背原文意义的基础上，尽量采用身体部位或生理感受的词语翻译汉语中的躯体化情感词，而不是翻译为抽象的心理词或认知词。他举例如下（引自潘震，2011：163）：

例（124）：侯兴看罢，怒从心上起，恶向胆边生，道"师父兀自三次无礼，今夜定是坏他性命"（《喻世明言·第三十六卷·宋四公大闹禁魂张》）

Rage seized him. "Even my master was humiliated by him three times. Tonight，I'll surely finish him off!"（杨曙辉，杨韵琴）

When Hou finished，he *was filled with anger and hatred* and said to himself，"He was insolent three times to my teacher. Tonight，I must take his life."（Timothy，C. Wong）

潘震认为，这两种译本的译法都过于简化，"未能保留人体器官参与愤怒情感表达的隐转喻本原……其实这正是西方读者了解中国传统文化的一种途径"（2011：163）。他建议将这句成语译为"anger rose from his *heart*，hatred was born in his *belly*"（ibid）。

同样，他认为像"心机""怀二心""亏心事""动心""心满意足""放心""安心"等包含"心"的情感词的英译，都应尽量保留原文情感语言的神韵。比如，他认为，下面的两个译本中对"心机"的翻译均过于简单，未能译出其神韵（引自潘震，2011：157）。

例（115）：刘妈妈道"老官，你但顾了别人，却不顾自己。你我费了许多心机，定得一房媳妇……"（《醒世恒言·第八卷·乔太守乱点鸳鸯谱》）

"Old man!" said his wife. "You are more about other people than you do about ourselves. You and I *went to a lot of trouble* before we landed this marriage deal..."（杨曙辉，杨韵琴）

"Look, old fellow, you're always more concerned about other people than you are about yourself. You and I *have put a lot of effort* into arranging this match..."（Patrick Hanan）

再如，潘震认为在下面的两个译本中，詹姆斯·海托华（James R. Hightower）的译本将"安心"译为"quiet your heart"，比张兆前翻译的"keep composed"更好地保留了原文情感语言的神韵（ibid：162）。

例（123）：戒曰："慎勿语，虽尊神恶鬼夜叉、猛兽地狱；及君之亲属，为所困缚万苦，皆非真实。但当不动不语，宜安心莫惧，终无所苦。当一心念吾所言。"（《太平广记·杜子春》）

"...As long as you *keep composed*, you won't be hurt. Remember what I said."（张兆前）

"...Through it all you must neither move nor speak; *quiet your heart* and fear not, and in the end you will suffer no harm. Just put your mind on what I have said."（James R. Hightower）

同样，他认为将下例中的"肺腑之交"译为"a bosom friend"比"close friendship"更好（ibid：165）。

例（128）：朱世远与陈青肺腑之交，原不肯退亲，只为浑家絮聒不过，所以巴不得撒开，落得耳边清净。（《醒世恒言·第九卷·陈多寿生死夫妻》）

Zhu Shiyuan, being *a bosom friend* of Chen Qing's, had never wanted to cancel the betrothal in the first place.（杨曙辉，杨韵琴）

Because of his *close friendship* with Ch'en Ch'ing, Chu Shih-yuan had never wanted to renounce the marriage in the first place.（Jeanne Kelly）

潘震指出，"杨译使用的'bosom friend'指胸部，并转指内心与原文的隐转喻模式较为贴近，相比之下，珍妮·凯莉（Jeanne Kelly）的译文则过于简化"（ibid：165）。

同样，他认为下面这个例子中，杨宪益和戴乃迭的译本中将"一肚子忿气"译为"was boiling with rage inside"比西里尔·伯奇（Cyril Birch）将之译为

"concealed a burning indignation" 更为形象，达到了"情感传真"的效果（ibid：165）。

例（129）：莫稽在马上听得此言，又不好揽事，只得忍耐。见了丈人，虽然外面尽礼，却包着一肚子忿气。（《喻世明言·第二十七卷·金玉奴棒打薄情郎》）

...Though he was not remiss in observing proper etiquette on greeting his father-in-law, he *was boiling with rage inside*. (杨曙辉，杨韵琴)

And when he arrived home and saw Jin, he still paid his father-in-law every outward respect, although he was *thinking resentfully*. (杨宪益，戴乃迭)

He simply had to put up with it; but his correct observance of etiquette on greeting his father-in-law *concealed a burning indignation*. (Cyril Birch)

但有时，他的观点会前后矛盾。比如，对包含"肠"的情感词的英译，潘震并不强调要"保留原文情感神韵"。他给出了"刚肠""牵肠挂肚""肠子狠"和"吐露衷肠"四个例证（ibid：167-168）。

例（132）："宵分，女子复至，谓宁曰"妾阅人多矣，未有刚肠如君者。君诚圣贤，妾不敢欺……"（《聊斋志异·聂小倩》）

"I've met many people, but never have I met anyone who is *hard-hearted* as you. You are a sage. I dare not deceive you..."（黄友义）

"I've had experience with many men, but never was there anyone *with your moral integrity*. You are truly a saint: I dare not deceive you..."（Denis C. & Victor H. Mair）

"I've had much experience with men but I've never met anyone as *firm* as you. You are truly a sage. So I wouldn't dare deceive you..."（Timothy A. Ross）

例（133）："为了你，日夜牵肠挂肚，废寝忘餐，晓得我在你家相熟，特央我来与你讨信。"（《醒世恒言·第十六卷·陆五汉硬留合色鞋》）

"*He's been thinking of you* day and night and forgetting all about eating and sleeping. Knowing I'm a good family friend of yours, he asked me to get a reply from you."（杨曙辉，杨韵琴）

"*He's been in agony* day and night for love of you-unable to eat or sleep. When he learned that I knew your family, he begged me..."（Diana Yu）

例（134）：又哭道"就是分的田产，他们通是亮里，我是暗中，凭他们分派，那里知得好歹。只一件上，已是他们的肠子狠了。（《醒世恒言·第三十五卷·徐老仆义愤成家》）

"And even in the division of land, they know all the ins and outs, but I'm in the dark. They are the ones doing the division. What do I know? One instance alone shows *how ruthless they are*."（杨曙辉，杨韵琴）

"Even in the division of property, they know what they're doing, but I've been kept in the dark, leaving everything to their mercy. How could I know whether it's fair or not? But I have become aware of *their basic cruelty* through just one thing."（Susan Arnold Zonana）

例（135）：陈青将自己坐椅拨近三老，四膝相凑，吐露衷肠。（《醒世恒言·第九卷·陈多寿生死夫妻》）

Chen Qing hitched his chair closer to Sanlao and, as they sat knee to knee, he *spoke his mind*.（杨曙辉，杨韵琴）

Ch'en Ch'ing brought his chair up closer to Wang and then *poured out everything that was on his mind*.（Jeanne Kelly）

潘震写道，"以上四例'肠'器官在不同情感表达中的参与，已属于一种无生命隐转喻形式，若要将其隐转喻本原即'肠'的器官名称译出，则似乎过于勉强，因此本文认为，可如同以上几位译者将其意译处理即可"（ibid：169）。他所谓的"无生命的隐转喻"是指语言表达经过长期发展已经固化或石化，缺乏原有比喻的修辞功能，甚至原语读者也无法建立意象。他说：

> 无生命隐转喻构建的情感范畴已历经范畴化或数次范畴化过程，仅仅凸显原范畴的部分特征，从而使读者无法在新的意象与原意象之间建立联系。如"生气"一词，源于"气"这一中国古老的哲学范畴……而现在中国读者在读到"生气"时很难联系到"气"的原始意象，故"生气"完全没有必要译成"produce qi"或其他异化的翻译方法，喻指极度的悲伤之情，否则就是一种过于极端的异化或硬译。而以"万箭攒心"较"生气"而言，则是一种较为鲜活的隐转喻形式，读者很容易在身体伤害与心理伤害的两个意象之间建立联系，因此有必要将其译为"as if his heart were stabbed by ten thousand arrows"，而不能简单地处理为"he was greatly depressed"，故本文称之为半生命隐转喻或全生

命隐转喻（潘震，2011：55-6）。

可见，他对躯体情感词的翻译缺乏一以贯之的立场。一方面，他强调要尽量保留原文情感语言的神韵，达到"情感传真"的要求。另一方面，当在英语文化中无法找到对等词或替代词的躯体情感词（如"肠"）时，他却主观地认为它们是"无生命的隐转喻"，采用意译处理也可。我们不禁疑问，难道"刚肠""牵肠挂肚""肠子狠""吐露衷肠"等比"心机""怀二心""亏心事""动心""心满意足""放心""安心"等更无生命吗？似乎凭直观，我们会感觉后者更像死喻，用法更固化，因为"心"比"肠"的使用更频繁、更常见。

潘震在他的博士论文中引经据典、旁征博引地强调文化翻译需要将具有民族性的"文化基因"凸显出来，让西方读者真正了解到中国古代文学作品"原汁原味"的语言表达，及其所蕴含的中国传统文化思想。他指出，"语言差异是文学翻译必须考虑的因素，但是情感文化差异的正确处理也是至关重要的，换句话说，原文中的情感需要真实地传达出来，即情感传真"（2011：57）。然而，究竟该如何处理汉语中包含躯体，特别是包含内感受概念的情感词的英译呢？是该采用异化译法，把汉语中的躯体概念在英语中以直接或间接的方式表达出来，还是应采用归化译法，按照英语国家的情感认知方式，用符合英语表达习惯的形式翻译呢？

国内外学者关于翻译理论的研究要么在语码转换的层面讨论（如直译与意译），要么在文化信息传播的层面（如归化与异化）讨论，少有学者基于具身认知科学和情感神经科学，比较英汉语的情感概念系统，进而讨论汉语中的躯体情感词的英译问题。因此，难免会陷入主观臆断。

9.2 传统翻译观背后的语义观和知识论问题

翻译理论研究经历了从跨语际的范式到跨文化的范式，再到跨认知范式的演变。早期的翻译理论之所以忽视跨认知层面的切换，除了认知科学和神经科学的发展尚未成熟外，根本原因在于传统的翻译理论大都基于传统的语义观和知识论（epistemology）。比如，直译 - 意译的翻译观预设了指称论的语义观和逻辑经验主义或客观主义的知识论，归化 - 异化的翻译观则预设了观念论的语义观和经验论的知识论。下面简要梳理。

在当代语言哲学中，许多逻辑学家和哲学家基于语言分解论（decompositionism）或戴维森所谓的"砖块理论"（building-block theory），假定语篇或文本由句子组成，句子由词语按照语法规则组成，因此把词语看成是语言最基本的意义单位。翻译问题最终落实到了两种语言之间的词语是否具有相同的指称问题上（朱志方，2008）。如果源语与目的语拥有相同的指称，则可采用直译法。如果目的语缺乏源语对某个指称的标签时，可以通过意译法解释其意义。

这种翻译观背后的知识论是"逻辑经验主义"或客观主义，它假定存在一个客观的世界，并且一种语言关于客观世界的经验可以翻译为另一种语言。即翻译就是把用一种语言表达的人类经验转换为另一种语言符号的过程，如图 9.1。

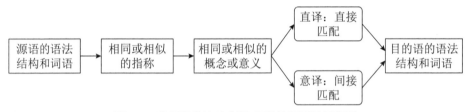

图 9.1　基于指称论的直译-意译的翻译观示意图

9.2.1　归化 - 异化的语义观和知识观

当把翻译看成是跨文化交际的行为时，意义不再被看作是脱离认识主体的客观存在，而被看成是人们思想中的观念（idea）。"观念"是洛克（2007）哲学中的一个基本范畴，用以表示心灵所知觉、所思想的直接对象、材料、基本元素。在洛克看来，知识来源于人类的观念，而观念来源于通过感觉和反省的经验在心灵上留下的痕迹（靳松，2010）。不过，受时代科技水平所限，他无法深入认知科学和神经科学的层面来探究观念是如何产生的。

人们基于他的经验主义的观念论认为，意义并不是脱离认识主体的客观存在，而是因人而异、因文化而异的。因此，翻译的过程就是跨文化交际的过程，即把一种文化的观念移植到另一种文化的观念系统之中。这种转化有两种方式：一种是异化，另一种是归化。异化论者认为，译者应尽可能地保留源语的文化信息或意象，并传达给目的语读者。而归化论者认为，译者应尽量向目的语文化靠拢，追求与目的语文化的功能对等。究竟选择哪一种，译者可发挥其主体性，选择要么向源语文化靠拢，要么向目的语文化靠拢，如图 9.2。

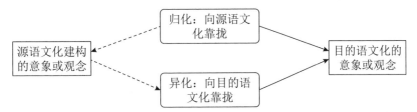

图 9.2 归化-异化的翻译观是以观念论的语义观和经验论的知识论为理论基础的

上述两种翻译观要么认为语言的意义是柏拉图的实体（弗雷格的"指称论"），要么是人心中的观念（洛克的"观念论"）。蒯因（2007）将这两种意义观称为"语言的博物馆神话"。

9.2.2 蒯因的整体主义的意义观和行为主义的知识论

蒯因认为传统的语义观把意义与语言表达之间的关系看成是博物馆中的展品与它们的标签之间的关系，就像一幅画作的两种语言的标签是等值的一样。西方传统的主流翻译理论从语文学的范式到结构主义的语言学范式都是以"博物馆神话"观念为主导的（徐艳利，2013；周晓梅，2011）。蒯因基于行为主义和整体主义意义观对此进行了批驳，并提出了"翻译的不确定性"论题（周晓梅，2011；陈波，1996；朱志方，2008）。

事实上，"翻译的不确定性"论题涉及了不同语言和文化群体的**认知结构或概念化方式存在系统性差异**的问题。蒯因认为，各种解释外部世界的理论都是一个包括主客观在内的**整体**，它也只能以一个整体去接受经验世界的**检验**，而不能用该理论中的个别命题去面对经验的法庭（蒯因，1987）。除了"情绪"概念外，中西方对很多基本概念的认知也相去甚远。比如，西方人眼中的 body 并不等同于中国传统文化中的"身体"，即 body ≠ 身体。因为按照中医理论，"身"和"体"是两个概念，"身"指身躯、躯干，"体"指肢体。同样，中医里的"五脏"也不等同于西医里解剖学意义上的内脏器官（孙广仁，郑洪新，2018）。还有，中国人的健康观源于中医的气血理论（如《黄帝内经·素问》中有"人之所有者，血与气耳"）。所谓"健"指元气充足有力，"康"指经络通畅顺达。而在西医中则预设了"疾病"或引起疾病的病毒、细菌、肿瘤等的存在，所以 healthy 在牛津词典里的释义为"having good health and not likely to become ill/sick"（指身体状态良好，无疾病）。因此，healthy ≠ 健康。总之，**中国古人说的"情感""身体""五脏""健康""疾病"**

等都应放在中国传统医学的概念框架内去理解，而英语中的 emotion、body、visceral organs、health 和 illness/diseases 等应放在西医理论的概念框架内去认识。

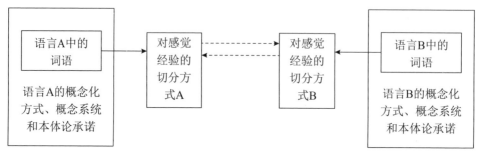

图 9.3　蒯因的整体主义的语义观和翻译的不确定性论题

不过，塞尔认为蒯因的行为主义的语义观取消了一切内心现象，忽视了认识主体的心理因素，是第三人称的观点。因而他忽视了不同语言和文化群体在认知结构上的差异。

9.3　跨认知的翻译范式——以具身情感词的翻译为例

随着认知科学和神经科学的发展，翻译研究也进入了认知翻译学的范式。不过目前大多数的研究者是在认知科学的框架下，探索**译者个体**的认知活动和心理行为对翻译的影响（文旭 & 张铖奇，2023）。而我们认为，翻译还需要考虑不同**语言和文化群体**的概念系统和认知结构差异，然后在认知结构层面进行切换。

以情绪词为例，直译 - 意译和归化 - 异化的翻译观背后的语义观都把语言与认知看成是彼此独立的，词语只是给实体或观念贴上的标签。喜怒哀乐等情绪被看作是人类普遍的、共同的心理体验和感知。当人们对不同语言和文化中的"情绪"概念进行翻译时，会先入为主地假定全人类都拥有相同或相似的情绪概念、情绪感知和体验，不同之处仅在于他们使用不同的词语给情绪贴上了标签。然而，情感神经科学研究发现，情绪并不是客观的，而是受语言建构的，不同语言会突显情绪的不同侧面。并且，汉语更多突显情绪的内感受方面，而英语更多突显情绪的认知方面（Zhou et al.，2021）。

因此，当说汉语者用心惊肉跳、肝胆俱裂、牵肠挂肚、撕心裂肺、肝肠寸断、柔肠百结等情感词描述情绪时，唤起的身体内感受比西方人强烈，对这些情感的认知却比西方人模糊。换言之，也许中国人并不甚清楚，也不大能分辨自己的身体感受究竟是哪一种"恐惧"（如是焦虑、忧虑、惊恐、不安，还是其他什么具体的"恐惧"），却能感受到不同程度的内感受变化。即便用到一些抽象的情绪词，中国人也倾向用一些模糊、概括、笼统的词语，比如心情郁闷、心烦、心里不爽等表达自己的情感（身体）感受，却不习惯用颗粒度比较细腻、清晰的情绪词表达自己的心理（认知）感受。相反，说英语者在用恐惧、悲伤、忧虑、抑郁、焦虑等情绪词时，他们通常不认为这些心理感受与身体有什么关系。也就是说，中国人情绪概念系统的基础是"身心同一论"，而西方人的情绪概念系统基于的是"身心二元论"（Zhou et al.，2021）。

总之，我们认为，在将中国人的具身情感词翻译为英语时，不应生搬硬套地将汉语中的具身情感词翻译为英语中与身体的生理活动相关的词语，而应该转化为符合西方人情绪认知习惯的抽象的情绪词，也即切换为西方的（英语的）情绪概念系统，如图 9.4 所示。因为，即便英汉都有情绪的躯体化现象，英汉突显神经和生化信号在身体与大脑之间的传递方向是相反的（Zhou et al.，2022），因而也不能简单化地类比。

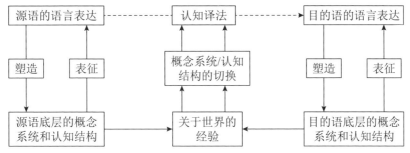

图9.4　跨认知翻译模型

　　源语底层的概念系统和认知结构塑造了源语母语者对世界的认知方式和关于世界的心理模型，并表征在其语言系统之中。同样，目的语底层的概念系统和认知结构塑造了目的语母语者关于世界的心理模型，也表征在其语言之中。语言也塑造人们的认知结构和概念系统。翻译不仅是语言层面的形式和意义的转换，还要基于两种语言和文化群体的概念系统和认知结构进行跨文化认知结构的切换。

为了验证这一论断，笔者的研究生高雅比较了《红楼梦》的两个英译本，即杨宪益、戴乃迭的译本（简称杨译本）和大卫·霍克斯（David Hawkes）的译本（简称霍译本）是如何处理具身情感词的，并比较这两个译本在西方读者中的接受度。下面简单介绍她的研究。

9.4 对《红楼梦》两个英译本中的躯体情感词的英译比较研究

9.4.1 研究问题

（1）杨译本和霍译本分别是如何处理《红楼梦》中包含内感受情感词的英译的——他们是用对应的内感受词，或用其他身体部位的生理活动的概念替代，抑或是将它们译为抽象的情绪词？

（2）在杨译本和霍译本中，采用具身译法和抽象译法的所占比例分别是多少？他们译法的差异说明了什么？

（3）如何科学地评价这两个译本对汉语中具身情感词的英译？

9.4.2 研究方法

（1）从绍兴文理学院的汉英平行语料库中找到120回《红楼梦》的两个英译版本，即霍译本和杨译本[①]。

（2）从该平行语料库[②]中检索出《红楼梦》原文中包含心、肝、脾、肺、肾、胆和肠的躯体词。

（3）筛选出其中与情感有关的躯体词，剔除与情感无关的词语。

（4）依据它们所包含的内脏概念，对这些躯体情感词进行分类。

（5）对收集的语料进行定性和定量分析和讨论。

9.4.3 研究结果

（1）原文小说中包含心、肝、脾、肺、肾、胆和肠的词语分别有39、11、61、67、0、120和88个。

（2）筛除其中与情感无关的词语，剩下五类躯体情感词，包含胆、肝、肠、

① 曹雪芹，高鹗 . 红楼梦 . 第 1-5 卷 [M]. 大卫·霍克思（Hawkes D.），译 . 上海：上海外语教育出版社，2014.

曹雪芹，高鹗 . 红楼梦：汉英对照 [M]. 杨宪益，戴乃迭（Yang Xianyi, Dai Naidie），译 . 北京：外文出版社，1999.

曹雪芹，高鹗 . 红楼梦 [M]. 北京：大众文艺出版社，1998.

② Ren，L，Sun，H. & Yang，J.（2010，February 14）. Chinese-English Parallel Corpus of A Dream of Red Mansions）. http://corpus.usx.edu.cn/ . Available Feb-4th-2021.

肺、心。

（3）主要研究《红楼梦》中的四种基本情绪，即喜悦、愤怒、悲伤和恐惧
（见表9.1）。

表 9.1　《红楼梦》中包含内脏概念的情感词的分布情况一览表

内脏	喜悦	愤怒	悲伤	恐惧
心	29	16	41	22
肝	/	4	3	/
脾	/	/	/	/
肺	/	/	1	/
肾	/	/	/	/
胆	/	/	/	4
肠	/	/	6	1

（引自高雅，2021：34）

从表 9.1 可见，《红楼梦》中表达喜悦、愤怒、悲伤、恐惧这四种基本情绪
概念的词语中，主要涉及五种脏腑词，即心、肝、肺、胆、肠。其中，心与这
四种情绪几乎都有关，与肝相关的情感词主要涉及"愤怒"和"悲伤"，与胆
相关的主要涉及"恐惧"，与肠相关的主要涉及"悲伤"和"恐惧"，而与肺相
关的情感词通常与心结合在一起，可表达"喜悦""愤怒""悲伤"和"恐惧"。

译者通常采用三种方法翻译包含内感受的情感词：第一种是直译法，用
对应的内脏感受翻译，如"心碎"译为"*heart*broken"；第二种是换译法，用
其他身体部位或器官词代替，如"肺腑之交"译为"*bosom* friend"，"搜肠刮
肚"译为"rack one's *brain*"，"刚肠"译为"hard-*hearted*"，"肝胆俱裂"译为
"*heart*-broken"；第三种转译法是用抽象的心理词或认知词转译汉语中包含躯体
概念的情感词，如将"心花怒放"译为"be overjoyed/ elated"，"肝肠寸断"译
为"overwhelmed by grief"或"sorrow-stricken"，"惊心破胆"译为"extremely
frightened"，"肝胆俱裂"译为"overwhelmed by grief or terror"。相比而言，霍
克斯的译本更多采用转译法，而杨宪益夫妇的译本中直译法和换译法较多。为
了简便，我们把前两种方法统称为具身译法，把第三种译法称为抽象译法。它
们在杨译本和霍译本中所占的比例如图9.5所示。

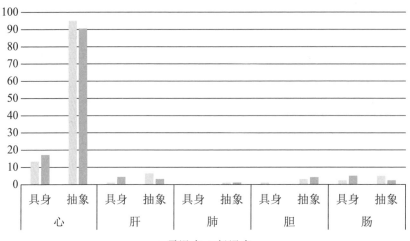

图 9.5 杨译本和霍译本中的喜悦、愤怒、悲伤和恐惧四种核心情绪的躯体情感词的译法比较

　　总体而言，这两个译本大都采用抽象译法，且数量基本相当。在对恐惧的翻译中，杨译本采用具身译法明显多于霍译本（高雅，2021：37）。

　　以包含"心"概念的"喜悦"情感词的英译为例，在翻译包含"心"的情感词中，杨译本和霍译本大部分都采用抽象译法，如 satisfaction，delighted，please，raptures，happy 等。只有少数采用了 heart 的具身译法，比如，"神怡心旷"译为"refresh and gladden the *hearts*/ravishing the *hearts* and minds"，"心动神移"译为"enchanting/hold one's *heart* spellbound"。此外，杨氏夫妇将"喜得心痒"直译为"so pleased that he *itches* to do something"。

　　从表 9.2 可见，在对表达四种核心情绪中包含"心"的躯体情感词的翻译中，几乎每一种情绪都用到了具身译法，尤其是对"悲伤"的翻译中，两个译本都有近三分之一用具身译法。而对"愤怒"则都是用的抽象译法，几乎没有用具身译法。

表 9.2　两个英译本中对包含"心"的情感词的译法比较

情感	喜悦		愤怒		悲伤		恐惧	
译法	霍译	杨译	霍译	杨译	霍译	杨译	霍译	杨译
具身译法	2	3	1	/	9	10	1	4
抽象译法	27	26	15	16	32	31	21	18

（高雅，2021：37）

　　包含"肝"的情感词主要用于表达"愤怒"和"悲伤"情绪。其中，杨译本比霍译本使用的具身译法的数量多——杨译本共用了 4 次，霍译本仅用了 1 次。总的来说，这两个译本中，对"愤怒"的抽象译法都多于对"悲伤"的抽象译法（ibid：46）。两个译本对包含"肺"的情感词都采用了抽象译法（高雅，2021：48）。《红楼梦》中总共有四处用到了包含"胆"的情感词，霍译本和杨译本都用了 1 次具身译法，3 次抽象译法（ibid：48-9）。包含"肠"的情感词主要用于描述"悲伤"和"恐惧"，霍译本和杨译本都采用抽象译法处理表达"恐惧"的躯体情感词，而对表达"悲伤"的躯体情感词，霍译本更多用抽象译法，杨译本更多采用具身译法。比如"心碎肠断"，杨译为"heart-broken"，霍译为"unutterable anguish"。"肝肠崩裂"，杨、霍分别译为"heart-rending"和"fit of sobbing"。杨译和霍译对"泪干肠断"都采用具身译法，译为"weep her eyes out/as if her heart would break"。杨、霍对"愁肠"都采用抽象译法，译为"raw anxieties"和"keenest anxieties"。两个译本对"柔肠几断"都采用具身译法，如"broken-hearted/heart break/heart ached with grief/ heart was wound into a tight knot"。杨和霍对"牵肠挂肚"都采用抽象译法，译为"on tenterhooks"和"anxiety"（ibid：49-50）。

9.4.4 讨论及结论

通过比较《红楼梦》的两个经典译本我们可以清楚地看到，无论是杨译本还是霍译本都大多采用了抽象译法，即采用了归化的译法（如图 9.6 所示），并非潘震所谓的为了"保留原文情感语言的神韵，达到情感传真"的效果，采用具身的译法。

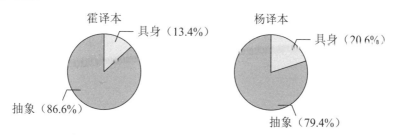

图 9.6 《红楼梦》的霍译本和杨译本中对具身情感词译法的比例分布

究其原因，我们认为，首先按照中国传统的身心观，这些脏腑、情志和神智都是密切相关和互相影响的。而西方文化传统认为，身体、情感和认知三者是彼此独立的。汉语的情感表达中大量使用内感受词，这不仅反映了中国文化表达情绪的方式，也是中国人认知和体验情绪的方式。如果非要把汉语中的具身情感词也用躯体化的方式呈现在英语中，不仅不会让西方读者深切体会中华文化的神韵，反而会让他们感到迷惑不解、一头雾水。因为在英语中，用内感受表达情感的词并不常见，倘若生硬地用躯体化的方式翻译情绪，不仅难以让英语读者将特定的情绪与某种内感受联系起来，还会影响他们对小说人物情绪的理解。

其次，如果翻译的语言形式和内容符合目的语读者的常规认知模式，则有助于他们对文本内容的理解。由于英汉的情绪认知存在系统性、结构性差异，在将汉语的躯体情感词译为英语时，需要尽量按照西方人认知情绪的方式进行翻译。即采用抽象译法比具身译法更符合英语读者的认知习惯，而不是用身体部位表达情绪。否则，对于英语读者来说，很难理解某种内感受究竟在表达怎样的情绪。即便英汉都有用身体感觉和行为表达情绪的现象，但英汉语突显的神经和化学信号在身体与大脑之间的传递的方向是相反的，因而也不能简单化地类比。

最后，从西方读者对这两个译本的接受效果看，无论是在英美学术界还是普通读者中间，霍译本的被认可程度明显高于杨译本。这也从侧面证明霍译本采用的归化译法要比杨译本采用的异化译法更容易让西方读者接受（江帆，2007；汪庆华，2015）。汪庆华认为，杨、霍译本为我们提供了一个重要的启示就是，归化比异化更重要。他说，"虽然异化译本在传播中国文化方面都起着不可替代的重要作用，但异化译本毕竟只能满足为小众的专业型读者，传播范围及影响力比较有限。中国文化要真正走出去，必须有广大普通读者的参与，尤其是需要以美国为主导的文化强势国家广大读者的参与……坚持异化为主只会阻碍中国文化对外传播，造成中国文化的自我边缘化。从这个角度来讲，归化在中国文化尚处于弱势阶段比异化更加合适"（2015：103）。

通过我们对英、汉语的情绪概念化结构的比较，同样也认为对汉语中的躯体情感词的英译应当更符合西方人对情感的认知方式，采用归化译法，而不是想当然地认为通过异化译法可以"传播中国文化、保持中国文学作品的神韵"。这也是霍译本比杨译本更易被西方读者所接受和认同的根本原因。

下 篇

学会做自己情绪的主人

第十章

掌控情绪，活出丰盈

在过去，人们常常把快乐、悲伤、恐惧、愤怒、骄傲、嫉妒、钦佩、敬畏等情绪看成是心理的现象，西方传统的健康心理学和精神病学等也把焦虑症、抑郁症、强迫症、双向情感障碍等情绪障碍当成是心理疾病加以治疗。另外，传统的情感神经科学把情绪看成是大脑因受刺激产生的心理感受。因此，很多治疗精神疾病的药物都主要针对大脑的生理功能，调节其神经和生化指标；或是通过认知疗法，如谈话、认知行为疗法等，来改善大脑的高级认知功能。而随着内感受神经科学的兴起和发展，越来越多的研究表明，这些观点都是狭隘且不全面的。

内感受神经科学认为，情绪归根到底来自于自心血管系统、呼吸系统、消化系统、泌尿系统、血液淋巴系统、网状内皮系统和内分泌系统，以及身体内的化学、渗透压和体积变化等的内感受信号在大脑的脑岛皮层和扣带回皮层等脑区的逐级加工和表征。达马西奥（2018）认为，就像汽车需要油表来显示油箱里的油量是否充足（或是电动车上有个电池图标可以显示电量的百分比或里程数），我们的感觉是否良好（是好的、糟糕的或是介于二者之间的），其实是反映我们生命状态的"晴雨表"。我们身体的内感受系统每时每刻都通过神经和化学信号与大脑保持沟通，以便大脑能随时掌控身体内部的状况，及时纠正身体出现的偏差，保证我们活得健康且丰盈。例如，你因长期工作压力过大，身体不堪重负时，你的身体内稳态遭到了破坏。这时，大脑会发起协同反应，极力调节机体以恢复其内稳态的平衡，保证机体的健康和生存。

大脑面对如此压力是怎样协同工作的呢？首先，压力会激活大脑的杏仁核产生应急反应，包括引起下丘脑释放更多的促肾上腺皮质激素。同时，身体内的应激激素，如皮质醇和去甲肾上腺素等水平激增。这些激素的增加会让你感觉焦虑不安。这个过程还会刺激肠道的应激反应，影响肠道菌群的组成和活性，从而影响人的消化功能（Mayer，2016：26）。经过身体和大脑的这一系列的操作和反应，你既会感觉身体不舒服，也会感觉心情不愉快，并将之解读为焦虑、恐惧或抑郁（如果按照中医的解读，可以是肝郁气滞、情志不畅、心烦意乱、心悸腹胀、失眠多梦等）。相反，当你身体的内稳态处于平衡稳定的状态时，你会感觉安康、舒畅，甚至对未来的生活充满希望和热情。"感受每时每刻都会无声无息地向心智通报身体的生命状态是怎样的。如此一来，感受就能自然而然地告诉生物目前的生命过程是否有利于她的安康和兴旺"（达马西奥，2018：9）。

前面说过，大脑不是一个刺激反应系统，而是一个贝叶斯预测系统，是根据过去经验形成的生成模型，预测在当下或未来在类似情形下，身体需要支出多少物质和能量的概率（Barrett，2017）。当预测与身体的实际需要匹配时，我们就感觉良好、心情愉悦；反之，则感觉不好、心情郁闷或烦躁。而我们过去的经验、信念或认知模型受到我们的概念系统和语言系统的建构或塑造。比如，你要是生活在中国古代，并认为女人理应"三从四德"，你会坚信"嫁鸡随鸡，嫁狗随狗"的人生信条，并以做贤妻良母为己任。相反，如果你生活在现代大都市，你的思想没有被那些传统思想先入为主地塑造和束缚，而是接受过现代高等教育，你会相信女性只有经济和精神独立，追求事业上的成就感，牢牢掌握自己的命运，才能适应社会竞争，也才能获得自信和自由。那么，拥有这两种想法的女性的人生目标、决策和行为都会截然不同。并且，她们对什么是"幸福""成功""失败"的人生的定义亦不相同。也就是说，不同的预测、预期、信念系统和概念系统会对生活经验赋予不同的意义，并导致不同的行为和结果。在这其中，脑岛皮层会按照不同语言和文化的情绪概念系统、个人的信念和过去的经历等形成的认知模型，对内感受信号流进行整合、突显、切分或概念化。事实上，我们每个人的思想、性格、气质、行为等是许多因素复杂互动的结果。其中包括我们的语言、文化环境、信念、人生阅历、遗传基因，甚至还有来自母亲的菌群、我们家庭其他成员携带的微生物、我们的饮食、大脑活动与心理状态等（Mayer，2016）。其中，语言和文化造成的影响往往是系统性和结构性的。

此外，情绪不仅反映我们的身体状态，也会影响我们的身体状态。例如，当你认为自己遭到周围人的排挤和孤立，或遭受了不公正的待遇时，如果你能通过重新评估和用颗粒度更细的情绪词给自己的感受贴标签，就能缓解甚至有效驱散笼罩在你心头的阴霾，也能减少负面情绪对身体造成的伤害。比如，通过重新评估，你可以把这些经历视为人生的历练，是让自己获得成长，学习让内心变得更加强大、思想更加宽容的机会，而不是一味沉浸在负面情绪中不能自拔，怨天尤人或感叹命运的不公。

用更精细的情绪词给自己的感受贴标签，我们可以这样做：这些不公让我感到很**愤怒**，那些伤害我的人令我对他们感到**失望**和**厌恶**，我的心情是**忧伤**的……但面对这些打击和伤害，我的内心是强大的，我是自信的，我不会因别人的负面评价、攻击和伤害而自我怀疑，甚至自卑。我要学会屏蔽这些负面信息，停止内耗，把时间和精力花在提升自我上……

因此，该如何管理我们的情绪、降低罹患情绪疾病的风险、提高"情商"（即情绪管理能力）、增加幸福感、活出有意义的人生等，都将需要从这些全新的、具身的或基于内感受的以及建构论的情绪理论框架中寻找路径，获得启发。即基于身体、大脑、语言、心智、情绪五位一体的情绪健康理论，探讨有效掌控情绪，活出丰盈人生的方法。

下面，我们将先介绍几种主要的关于情绪健康的理论，然后介绍几种有效管理情绪、提升幸福感的方法。

10.1　关于情绪健康的几个理论

加州大学洛杉矶分校消化道疾病研究中心的联合主任埃默伦·迈耶（Emeran Mayer）教授（他也是奥本海默压力与复原力神经生物学研究中心执行董事）大致将情绪的理论演变分为四个阶段。

第一个阶段是基于身体的情绪理论。该理论是由美国哲学家、心理学家和医生威廉·詹姆斯和丹麦医生卡尔·兰格在 1880 年代中期提出的。他们认为，情绪起源于我们对身体的感觉，如心脏怦怦跳、肚子咕咕叫、呼吸急促、胃肠的痉挛和蠕动等内脏剧烈活动时产生的内感受的信息的认知评估。

第二个阶段是基于大脑的情绪理论。该理论是哈佛大学著名生理学家沃尔特·坎农（Walter Cannon）于 1927 年基于广泛的人体实证数据提出的。他认为是杏仁核和下丘脑等特定脑区的活动对环境刺激的反应激发了情绪体验。他提出该理论旨在反驳詹姆斯 - 兰格的情绪理论。不过，由于当时还没有现代的脑成像设备，既无法了解大脑的化学和神经介导的反馈系统，更无法了解内感受系统对情绪的影响。

第三个阶段是大脑—身体环路理论。现代神经科学家安东尼奥·达马西奥和巴德·克雷格认为，大脑—身体环路是由神经和化学信号从身体到脑，再由脑到身体形成环路。达马西奥认为，情绪是身体内部状态的"代言人"，**有什么样的生命状态就会有怎样的情感感受**。此外，我们过去的不同效价的情感经验不仅以抽象的概念存入我们的记忆里，还会以身体标记的方式存储在记忆中，引导我们的决策。如果过去的经验留下的是正价的情感经验和身体感受，我们会偏向继续接近或追求这样的感受；反之，如果过去的经历留下了负面的体验或感受，我们会避免再次体验那样的感受。即情感感受和躯体标记是我们决策和行为的"导航系统"。克雷格研究发现，来自身体各部分（主要是身体的内部器官和组织）的无数的神经信号在脑岛形成内感受表征，而这些感觉意象（images）总是与一个动作连接——从大脑的扣带皮层穿过身体，产生运动反应，也就是说，身体与大脑形成一个闭环。他认为，每种情绪的产生都是为了维持整个机体的平衡。

第四个阶段是基于肠道—微生物—脑的情绪理论。该理论是对大脑—身体环路情绪理论的扩展。随着近一二十年来关于肠道、肠道微生物与大脑之间相互作用的认识的加深，科学家们发现，情绪的好坏还与肠道的健康与否有着十分密切的关系。该理论认为，尽管大脑中有一些基本的情绪神经环路，像负责恐惧、愤怒、悲伤、喜悦等基本情绪的神经环路主要由遗传基因决定，它们在生命的早期被编辑和修改，在婴儿刚出生时就会出现，但情绪的肠道反应的完全发展需要终身学习。我们的肠道—微生物—脑系统要通过训练和微调，才能发育成熟。该系统与我们个性化的发育、生活方式和饮食习惯等密切相关，因此肠道的健康状况会微调我们的情绪生成机制。我们感受情绪的方式与肠道微生物的状况有关。无论是工作或生活中的压力，还是我们的饮食、服用的抗生素和益生菌等，都能改变肠道菌群代谢的活性，进而调节我们的情绪反应。

英语中有句谚语"You are what you eat"（人如其食），中国也有句俗语"一方水土养一方人"。意思是，我们吃什么（比如中国北方人吃面食和肉食较多，而南方人吃大米和鱼虾、蔬菜较多），生活在什么地区（如沿海还是山区，东部还是西部等），都会影响我们的性格、性情和秉性等。这是因为，饮食结构和风土人情会影响我们的肠道功能和肠道菌群的种类和数量，进而影响人们情绪感知和体验的强度和持续时间。并且，我们肠道的每一次经历都会储存在我们的大脑里，形成一个巨大的、个人独有的数据库，这些都是塑造我们每个人独特气质、性格、情绪感知和体验模式的重要因素（Mayer，2016）。肠道及其肠道菌群也被称为我们的"第二大脑"（Gershon, 1999; Mayer, 2016; Damasio, 2018）。

拥有运动医学和健康管理双学士学位、运动科学硕士学位和营养生物化学博士学位的肖恩·M·塔尔博特（Shawn M. Talbott）整合了近年来关于心脏与大脑互动的大量研究（2023），指出心脏不再是传统所认为的是"循环泵"，心血管也不仅是"输送管道"，而是我们的"第三大脑"。

近年来，又出现了**第五阶段的情绪理论，即基于社会建构论的情绪理论**。前面已经多次介绍过该理论，它是由丽萨·巴雷特教授提出的。她认为，情绪不同于情感（affect），情感是反映身体内部状态的效价（如好的、坏的或介于好坏之间的），而情绪是对粗颗粒的情感信号赋予的意义。即情绪是由特定语言系统建构或塑造的。由于她的情绪理论非常具有革命性、颠覆性，目前在世界情感神经科学界极具影响力，先后斩获了许多重要的奖项。例如，近年来，她荣获了美国国立卫生研究院"先锋奖"、神经科学古根海姆奖、心理科学协会（APS）和情感科学协会（SAS）颁发的终身成就奖，以及美国心理学会（APA）杰出科学贡献奖。她还当选为美国艺术与科学学院、加拿大皇家学会和许多其他荣誉学会的院士。

基于上述情绪理论，研究者们在不同层次或维度提出了该如何管理情绪的理论，下面我们主要介绍五种情绪健康理论。

10.2 情绪健康管理理论

10.2.1 基于头脑的情绪健康管理理论

传统的情绪心理学理论认为，情绪是大脑受到外界刺激后，在中枢神经系统，特别是所谓的"边缘系统"（如杏仁核、伏隔阂等神经核团）和内侧前额叶皮层产生的心理表征。因此，情绪被看成是与身体无关的、基于脑的心理现象。从这一研究传统出发，牛津大学莫德林学院研究员、埃塞克斯大学心理学系情感神经科学实验室主任伊莱恩·福克斯教授（2012）在她的著作《为什么幸运的人一再走运，不幸的人继续倒霉？》（*Rainy Brain，Sunny Brain：the New Science of Optimism and Pessimism*）提出，我们大脑中有专门负责积极情绪的"艳阳脑"和负责消极情绪的"阴雨脑"。"艳阳脑"扎根于古老的"快乐脑"，而"阴雨脑"扎根于古老的"恐惧脑"。"快乐脑"指对奖赏和好事做出反应的那些古老的脑区，如伏隔阂，而"恐惧脑"指对危险和威胁做出反应的古老的脑区，如杏仁核。这些古老的情绪脑区都受高级脑区，即前额叶皮层的若干脑区的调控。她认为，随着人不断经历外界的刺激，"快乐脑"和"恐惧脑"也不断地做出相应的反应，于是，前额叶皮层的若干区域与"快乐脑"和"恐惧脑"之间会形成相对固定的神经回路，就产生"艳阳脑"和"阴雨脑"。可以用下面的等式简要地表示它们之间的关系：

"艳阳脑" = 古老的"快乐脑" + 前额叶皮层的若干区域

"阴雨脑" = 古老的"恐惧脑" + 前额叶皮层的若干区域

她认为，人人都拥有"艳阳脑"和"阴雨脑"，而且在大脑中的位置也大致相同，只不过有些人是"艳阳脑"占主导，有些人则是"阴雨脑"占上风。换言之，有些人的大脑更容易对快乐和乐趣做出反应，而对恐惧和焦虑感受的阈值较高；但有些慢热的人，他们要花较长时间才能活跃起来，并且对危险和威胁高敏感，非常容易烦恼和担忧。她认为，正是这些差异造就了人们在性格、气质等方面的不同。这种差异主要是由基因构造、人生阅历、看待和诠释周围世界的方式决定的。"阴雨脑"过度活跃就可能引起焦虑症和抑郁症等严重的心理疾病。快乐脑则对好东西包括食物、住所、保护、爱、宽恕、同情等做出反应。

由于大脑神经具有可塑性，长期生活在压力状态下，会改变某些脑区的结构，导致抑郁和焦虑的人格倾向。同样地，长期生活在快乐和幸福的环境下，也可以改变大脑的神经结构。因此，福克斯教授认为，一切情绪都来自于大脑特定的结构和功能。要减少负面情绪的干扰，可以通过重塑我们的大脑，即改变神经元之间的连接，活出健康、丰盈的人生。例如，为了消除创伤记忆（如创伤后应激障碍，PTSD），根据上面的公式，既可以自下而上，通过暴露疗法或药物疗法，改变古老的"恐惧脑"的恐惧记忆；也可以自上而下，通过认知疗法增强大脑情绪控制中枢的活动，抑制杏仁核的活跃程度，以压抑恐惧。所谓暴露疗法就是教人直面所害怕的东西，把恐惧记忆压抑下去。例如，可以让有蜘蛛恐惧症的人多次暴露在蜘蛛的面前，并告诉他们蜘蛛不会伤害他们。经过几次治疗后，大多数人能克服对蜘蛛的恐惧感。这是因为在提取情绪记忆时，再次激活的情绪记忆处于一种暂时的不稳定状态，可以通过添加新的信息，即每次提取一段记忆，这段记忆都会发生轻微的变化，然后作为一段更新的记忆被存储起来。这个过程叫作"重新巩固"（reconsollidation），可以持续大约 6 个小时。治疗师可以利用这个重新巩固的机会，改变患者的创伤记忆。

认知疗法的基础是，由于大脑的内侧前额叶皮质的神经与杏仁核直接相连，可以通过直接刺激前额叶皮层（PFC）的神经细胞，降低杏仁核的活跃度，从而缓解或消除恐惧和焦虑情绪。这是因为大脑内侧前额叶皮层与杏仁核是拮抗的关系，即 PFC 反应越强，杏仁核的反应则越弱。反之，如果 PFC 受损无法有效抑制杏仁核，会导致恐惧症。研究发现，有 PTSD 的人与没有 PTSD 的人相比，其内侧前额叶皮质的体积更小，活跃度更低。相反，大脑的控制中枢越活跃的人，他们越少出现严重的 PTSD 症状。

那该如何激活内侧前额叶皮质呢？福克斯教授认为，可以通过重新评价和诠释事物的方式调节情绪。因为在我们重新评价和诠释一个事件或经验时，可以激活 PFC（例如告诉自己，也许事情并没有我们想象的那么糟糕），进而抑制杏仁核的活跃度。也就是说，重新评价和诠释我们经验的过程是大脑皮层区向较低级、较敏锐的区域发送抑制信号，在认知的层面调节情绪。因此，光是想一想，就能激活大脑控制中枢，进而抑制杏仁核的反应。她指出，很多心理疾病，如焦虑、恐惧、恐惧症、PTSD 和抑郁症都是因为 PFC 与杏仁核之间的脑回路出了问题——要么是 PFC 不够活跃，要么是杏仁核过于活跃所致。

另外，连接 PFC 与杏仁核的神经纤维钩束（uncinate fasiculus）的粗细也会影响情绪的调控力。有研究发现，钩束的粗细与自陈式特质性焦虑水平呈负相关。也就是说，越容易焦虑的人，钩束越细，钩束越粗的人，焦虑水平越低。因为粗壮的钩束让 PFC 与杏仁核之间的连接更强——难怪人们会把那些大大咧咧、不易焦虑的人称为"神经大条"！

总之，福克斯猜测，杏仁核与 PFC 的活跃度以及钩束的粗细是决定人的焦虑水平高低的关键。为什么有些人胆小怕事、心理脆弱、容易焦虑、忧心忡忡，而有些人内心强大、处变不惊、从容淡定？这既与他们大脑的 PFC、杏仁核体积的大小、活跃度有关，也与连接 PFC 与杏仁核的钩束的粗细有关。焦虑水平低的人往往是通过激活 PFC 中的控制中枢，将抑制信号沿着粗壮的钩束向下传递给杏仁核，进而平息惊恐反应。而焦虑水平高的人往往 PFC 不够活跃，再加上他们的钩束也较细，因而无法有效抑制杏仁核的活动，使得他们的恐惧难以平息下来。

相应地，对情绪障碍的治疗要么针对情绪控制中枢（即 PFC），要么针对杏仁核的应激脑。针对 PFC，可以采用经典的谈话疗法、认知行为疗法，自上而下地提高 PFC 的活跃度，降低应激脑的活跃度。而针对杏仁核的，可以在分子水平上，给抑郁症患者服用抗抑郁药，以增加神经元突触之间的五羟色胺等神经递质的浓度。

另外，神经科学研究发现，我们的左右脑半球对情绪的加工有不同的分工。当一个人的左脑比右脑活跃时，他往往是一个容易"想得美"的乐天派——凡事都往好里想；相反，假如他的右脑比左脑活跃，则偏爱"未雨绸缪"，啥事都事先作最坏的打算。研究发现，那些容易焦虑、爱担忧的人，经过认知行为疗法的训练后，他们的左脑变得更加活跃，而那些接受消极训练的人的右脑会变得更活跃。这说明，我们的大脑神经具有可塑性，认知行为疗法既可以改变大脑对恐惧的反应，也可以改变大脑对快乐的反应。总之，心理治疗会影响情绪的控制力，而抗抑郁药物则直接作用于杏仁核，从而直接抑制过于活跃的"恐惧脑"。

除了上述方法外，还可通过专注冥想 [如"注意聚焦"（Focused attention，FA），即把注意力集中在某个事物上——可以是自己的呼吸，或者一根蜡烛，或是一个词语] 调节情绪。这是因为专注冥想能够增强 PFC 中那些调节情绪反应的神经网络。研究发现，越专注的人，他们的 PFC 的电活动越强，而杏仁核的电活动越弱。

研究还发现，那些坚韧不拔、对生活始终保持积极乐观心态的人不仅能更快地从挫折和失败中恢复过来，而且更能享受人生。这与他们对生活和工作有强大的"掌控感"有关，即感觉能够把握自己的命运。这种掌控感的神经机制也是 PFC 对下皮层的控制能力。如果一个人缺乏"掌控感"，就容易患上与压力相关的疾病，如胃溃疡。研究证实，"掌控感"对健康和幸福至关重要。这种"掌控感"不一定是真实的，哪怕是虚假的，只要觉得自己有掌控力，或曰"自我效能感"就行（即"我认为我行"的感觉）。所以，乐观者往往相信自己有掌控力，哪怕这种感觉不是事实，而是自我陶醉，自视甚高，也要比那些虽然有自知之明，清楚认识到自己无掌控力的人能以更丰盈的方式，活得更积极、乐观和幸福。

一个人要活出幸福感，福克斯建议可从三个方面入手，那就是制造快乐感、沉浸感和意义感。吃一顿美食、添置一套漂亮的新衣服，或是购置一栋豪华的别墅，这些都能给你带来或多或少、或强或弱的快乐感。不过，这样的幸福不会持续太久，它们来也匆匆，去也匆匆。很多研究表明，财富一旦达到了基线水平，再继续增加也不会提高人的幸福感。

沉浸感是指当你全神贯注地做某事时的感觉。加州克莱蒙特研究生院的匈牙利裔心理学家米哈里·切克森米哈（Mihaly Csikszentmihalyi）把这种投入感叫作"最佳体验"（optimal experience），或"心流"（flow）。无论你是全身心地投入撰写论文，还是聚精会神地画画或做木工活，在这种"心流"的时刻，你都完全地活在当下，既感觉不到过去，也感觉不到未来。你的身和心会毫不费力地融为一体。产生心流的关键是：任务的难度与个人的能力相当。因为任务太简单，你很快就会厌倦，而任务太难，你会产生焦虑感。只有当任务难度适中，并具一定的挑战性时，你才会进入一种全神贯注的"心流"境界。

但沉浸感不一定是最高级别的幸福感。因为你可以非常专注于你的业余爱好，但这种幸福感带来的意义不见得很多，有时可能只是你在消磨时间，打发你无聊的退休生活。而最能让你获得长久幸福的是，投入地做对你有意义的事业。福克斯（2014）指出，乐观者的真正标志是能够投身到一项事业、努力实现有意义的目标。比如，科学家为了攻克癌症，造福人类，而投入他的科研事业中。因为，这时他的工作不仅仅是一份职业、一个谋生的饭碗，更是一项崇高的事业。

过去，人们通常认为当自己心情不好时，要么努力压抑这种情绪，要么像鸵鸟一样把头埋进沙子里，逃避或不以理会。但专门研究丰盈的心理学家芭芭拉·弗雷德里克森（Barbara Fredrickson）发现，**消极情绪是无法被压抑或消灭的，但可以被抵消。所谓"丰盈"是指活在巅峰状态，包括能享受生活的美好、有成长、有创新、遇到逆境能很快恢复过来的状态。**她发现，在美国，大约只有 20% 的人能活出这个意义上的丰盈状态。她指出，要活出丰盈的关键是让积极情绪与消极情绪之比 [简称 "积极比"（positive ratio）] 大于 3∶1。因为三次积极情绪可以抵消一次消极情绪。积极的情绪体验包括惊奇、同情、满足、感恩、希望、快乐、爱和性欲等，而消极情绪包括愤怒、被轻视、厌恶、尴尬、恐惧、悲伤和羞耻等。大多数人之所以活不出丰盈的生命状态，是因为他们的积极比通常只有 2∶1。长期活在这种状态下，尽管也可以让你勉强过得下去，却不会让你生活得积极向上、充满热情和希望，甚至会让你越来越颓废，最后变得随波逐流、得过且过或玩世不恭。但一旦把这个比例提高到 3∶1 以上，你就能活得丰盈。她还与数学家马歇尔·洛萨达（Marcial Losada）合作比较了丰盈者与非丰盈者的积极比，发现丰盈者的积极比是 3.3，非丰盈者的积极比是 2.2。因此 3.3 的积极比是个关键的分水岭，它能将丰盈者与非丰盈者区分开来（福克斯，2014）。

积极比也可以用来评估婚姻的质量。西雅图高特曼研究所（Gottman Institute）的约翰·戈特曼博士（Dr. John Gottman）是研究亲密关系的专家和临床医生，他和从事心理咨询的妻子朱莉（Julie）在过去的五十多年里，对婚姻关系、父母教养、子女的社会化发展，特别是对离婚的研究都颇有建树。他们研究发现，夫妻在互动中积极体验次数与消极体验次数之比如果是 5∶1 以上，则往往拥有幸福美满的婚姻，而随着这一比例的下降，离婚的概率会逐渐增加。

总之，福克斯基于脑的情绪健康观可概括如下。

（1）情绪主要来自于 "艳阳脑" 和 "阴雨脑"。人们的性格和气质的差异在于他们是以 "艳阳脑" 为主导，还是以 "阴雨脑" 为主导。

（2）"艳阳脑" 由古老的 "快乐脑"（主要在伏隔核）与位于大脑皮层的控制情绪调节的内侧前额叶皮质组成；"阴雨脑" 由古老的 "恐惧脑"（主要是杏仁核）和控制情绪调节的前额叶皮质之间形成的环路控制。

（3）调节情绪的方法既可以自上而下借助神经的可塑性，通过认知疗法或专注冥想疗法等，重塑大脑皮层的神经回路，将 "阴雨脑" 改造为 "艳阳脑"；也可通过让患者服用抗抑郁药物，直接作用于杏仁核上，抑制过于活跃的 "恐惧脑"。

（4）消极情绪无法被消灭，而是靠体验更多的积极情绪抵消。人要想活出丰盈的人生，体验的积极情绪与消极情绪之比应大于 3∶1。丰盈者的积极比是 3.3，非丰盈者的积极比是 2.2。3.3 的积极比是将丰盈者与非丰盈者区分开的关键。幸福的婚姻需要夫妻之间的互动中积极体验次数与消极体验次数之比在 5：1 以上。当他们互动的积极比越低时，离婚的概率就越高。

不过，显然她的情绪健康理论把情绪仅仅看作是大脑的神经功能，尚未认识到情绪归根结底来源于身体的内感受系统。尽管她介绍了很多如何抵消负面情绪，活出丰盈人生的方法，但还不够全面。下面，我们讨论基于内感受的情绪健康理论。

10.2.2　基于内感受神经科学的情绪健康管理理论

近年来科学家们发现，身体的感觉系统不仅包括外感受系统，还包含内感受系统。而内感受系统又分为古老的内部世界和新的内部世界。前者主要指在脏器（包括心脏、肺、肠道、皮肤和平滑肌等）和血液循环中进行新陈代谢的化学过程和它们的运动形成的意象（images），它涉及基础内稳态，这是最初和最古老的内部世界。我们通常用"安康""疲惫""不适""疼痛""快乐""心悸""心灼热""心绞痛"等词语来描述内部世界的意象。这些古老的内部世界的意象正是感受的核心成分。而新的内部世界包括由我们的骨架和附着在骨架上的骨骼肌产生的感受或意象。因为骨骼肌与内脏的平滑肌不同，它受意识的控制。它帮助我们走路、说话、唱歌、跳舞和做饭等。骨架和骨骼肌就像身体的脚手架，皮肤附着在脚手架上（Damasio，2018）。

身体的外感受系统、新的内感受系统和古老的内感受系统与大脑的交流方式是不同的。古老的内部世界与中枢神经系统之间的交流具有以下特点。首先，古老的内部世界可以通过更古老的纯化学的信号，如皮质醇、血清素、多巴胺、内源性阿片肽和催产素与中枢神经交流。因为在中枢神经系统中，位于脑干层级的第四脑室的底部的极后区，位于较高位置的端脑中的侧脑室边上的各个室周器，还有背根神经节（背根神经节将神经元的细胞聚集在一起，它们的轴突广泛分布于脏器中，并负责将身体信号传递到中枢神经系统）都没有血脑屏障（即保护大脑免受血流中分子影响的屏障），所以游动在毛细血管中的化学信号可以直接将内稳态状况的信息通知到那些脑区。中枢神经系统也可以对古老的内部世界的信号做出反应，并作用于信号源。其次，除了化学信号外，内感受信号到中枢神经系统的传递主要由两种神经元负责：一种是其轴突没有髓鞘的神经元，即 C 类神经纤维；另一种是轴突有少许髓鞘的神经元，即 A 类神经纤维。利用这种漏电的、缓慢且古老的无髓鞘纤维，可以用旁触传递（ephapsis）的方式传播电脉冲，使得神经信号不仅可以发生在轴突之间，还可以发生在神经元的细胞体之间，甚至发生在神经元与诸如胶质细胞这样的支持细胞之间，由此可以让身体内部任何地方的信号都对神经系统开放，并与之协调融合。因此，"内部"世界与神经系统形成了一个连续的、融合的交互复合体。与内部世界相关的意象首先在脑干核团中被整合，然后在大脑皮层的脑岛皮层和扣带回皮层被再表征和扩展。

而"外部"世界则主要是通过有髓鞘的、绝缘的、快速的神经系统将刺激信号传入中枢神经系统。在多数情况下，中枢神经系统不会直接作用于外部世界。与外部世界相关的表征包括视觉、听觉、嗅觉、触觉和味觉都在大脑皮层和上丘被整合，它们被连接到中枢神经系统的多个专门的感官区，即所谓的"早期"视觉、听觉和触觉等皮层，然后在"联合"皮层中进行整合（ibid）。

因此，情绪不只是由大脑中枢神经系统产生的心理现象，还是内脏器官和组织每时每刻向大脑传入的神经和化学信号在大脑的脑岛、扣带回等区域产生的心理表征。达马西奥（2018）认为情绪其实反映的是生命的状态——身体的内稳态保持平衡或良好，我们就会感觉安康，甚至喜悦；反之，则感觉烦躁、焦虑或抑郁等。因此，身体的内感受信号在大脑中被翻译为不同效价的"情感"，它们构成我们的"背景心情"（background mood）或生命的底色。比如，是心态阳光，还是阴郁；是性格乐观、开朗，还是悲观、忧郁；是心情愉悦，还是低落；是态度积极进取，还是消极退缩。

而我们的外感受系统，包括视觉、听觉、嗅觉、触觉、味觉等分布在身体外部的感受器在受到外界刺激后，会引起大脑的情绪性反应。比如，看到高速公路上发生了惨烈的交通事故，造成严重的人员伤亡，我们会毛骨悚然；听到悦耳动听的音乐时，我们会心情舒畅；闻到蜡梅的芳香，会感觉心旷神怡；品尝美味佳肴时，会感觉心满意足等等。

此外，达马西奥认为，还有些情绪反应是受各种各样的情境刺激引发的行动程序，比如受饥饿、口渴、寒冷等驱使，我们有强烈的寻觅食物、水和更保暖的衣服的冲动和驱力；为了取得成功，我们自我驱动、坚持不懈地工作；或因遭受不公正待遇激发的愤怒，被歹徒劫持而引发的恐惧等，以及快乐、悲伤、羡慕、嫉妒、轻视、怜悯和仰慕等情绪性事件或经验引发的情绪性反应。新的内部世界则给心智带来了生物体本体感受或骨骼和肌肉的感受，从而让人们知道他们的行动或与外部世界互动会产生怎样的后果，以及会带来怎样的感受。比如，目标是否达成，对外部世界是否有掌控力等带来的满足感或无力感。

总之，达马西奥认为，无论是由身体内感受状态提供的背景心情，还是因情境刺激外感受而引发的情绪性反应，都会使我们对所感知的世界和体验的事件赋予好的或坏的、有利的或不利的、愉悦的或不愉悦的、可靠近的或应回避的效价，从而让我们做出对自己生存和发展有利的事情，避免做出对自己不利，甚至带来伤害的事情。

因此，按照达马西奥的情绪理论，由于情绪是具身的，要保持情绪的健康，就需要保持身体的健康，特别是保持内稳态的平衡。由此，我们也可以推论，对于那些被过多负面情绪主导的人，比如恐惧、抑郁、焦虑或易怒的人，我们需要给予更多的同情和理解，并给予他们的身体更多的支持和帮助，而不是只关注他们的思想或心理出了什么问题。中医、瑜伽等疗法对缓解情绪压力都是有效的手段。

不过，达马西奥的具身情绪论并未涉及肠道、肠道微生物和大脑之间的互动，以及对我们情绪健康的影响。

10.2.3 基于肠道 - 脑互动的情绪健康管理理论

尽管情绪是比较主观的、私人的感受，但在日常生活中，我们可以通过观察一个人的面部表情甚至微表情，猜测其情绪状态。近十多年来，科学家们发现，在我们的肚子里还藏着一个"表情包"，即肠道也是"我们情绪的一面镜子"，或是"我们情绪表演的剧场"（迈耶，2019）。换句话就是：**你有怎样的肠道状态就会有怎样的情绪；反之，你有怎样的情绪状态，也会有怎样的肠道状况。**加州大学洛杉矶分校的消化疾病研究中心的联合主任埃默伦·迈耶教授（2019）在他的《第二大脑：肠脑互动如何影响我们的情绪、决策和整体健康》中系统阐述了过去被人们忽视的肠道，以及寄居在肠道中的数量庞大的微生物菌群对情绪的影响。他认为，肠道与大脑之间时刻保持着密切的沟通和相互作用：肠道和肠道菌群不仅每时每刻都在收集你肠道中的食物和环境的信息，并报告给大脑；它们每时每刻也在感受着你的大脑传来的各种情绪，像紧张、快乐、焦虑或愤怒等。当肠道出现肠易激、慢性便秘、消化不良、功能性胃灼热等异常反应时，大脑会立即让你感受到恶心、疼痛、腹胀等，还会让你产生腹泻、呕吐等反应。同时，你的大脑会让你感到沮丧、不安、焦虑、恐惧、抑郁等负面情绪。同样，当我们长期生活在压力和恐惧下，我们的肠道健康也会受到伤害，可能会出现肠易激综合征、消化不良、便秘等健康问题。

正常情况下，肠道和肠道菌群无需大脑和脊髓操心，就能打理好自己的事情：它们会自主蠕动、消化食物、吸收营养、辨认并清理食物中的有毒或有害物质等。但生活中的起起伏伏难免会引起我们的情绪波动，而情绪波动会波及甚至干扰胃肠道的自主功能。比如，当你正在享用午餐，突然接到交警打来的电话，通知你的丈夫遭遇了车祸，已经被紧急送往医院抢救，这一晴天霹雳会顿时让你的大脑和身体进入应激状态——本该自主蠕动的胃肠道突然就动弹不得了，吃进去的食物也就停留在肠胃里无法被消化。相反，当我们被幸福和快乐的家庭氛围包围时，一些积极的肠道微生物信号分子，像血清素、多巴胺和内啡肽被释放进入肠道内部。这不仅有利于我们和家人的健康，还可以保护肠道免受感染。因此，不仅肠道、肠道微生物以及大脑之间的密切互动会影响我们的消化和吸收功能，肠道还可以实时反映大脑的每一种情绪。迈耶指出，肠道"可以影响我们的基本情绪、疼痛敏感度、社交，甚至引导我们做许多决策"（2019：8）。

为什么肠道和肠道菌群会对整个身体以及情绪产生如此大的影响呢？大多数人恐怕还不了解肠道的以下神奇之处。

（1）肠道，也叫肠神经系统（enteric nervous system，ENS）其实是一个神经元的巨大宝库，里面分布着五千万到一亿个神经元，其数量堪比脊髓里的神经元。过去，我们只知道人脑和脊髓里有神经元，现在才知道在肠神经系统里也蕴藏着数量庞大的神经元，它们能像大脑里的神经元一样，既可以感觉各种刺激，又可以对刺激做出反应。

（2）肠神经系统是一个独立的神经系统，可以在没有大脑或脊髓的参与下，协调和管理消化功能。基于以上两个特点，肠神经系统也被称为为我们的"第二大脑"（Gershon，1999；Mayer，2016；Damasio，2018）。

（3）肠内还拥有数量庞大的免疫细胞。过去，人们认为免疫细胞主要分布在血液循环和脊髓里。现在科学家们发现，大多数的免疫细胞其实生活在肠道壁内。我们不得不惊叹于造物主的高明设计，因为这显然有利于肠道内的免疫细胞对吃进去的食物中的有害病菌和病毒进行直接消杀。

（4）肠道中还分布着大量的内分泌细胞，其总体积比性腺、甲状腺、脑垂体和肾上腺等的内分泌腺体加起来都大，因此可以有效调节身体的内分泌功能。

（5）肠道内有一种叫血清素或五羟色胺的神经递质或信号分子，它不仅对维持肠道的正常功能至关重要，而且对于保障睡眠、食欲、疼痛敏感、情绪以及总体幸福感等基本的生命功能也十分重要。过去，人们以为这种神经递质只有大脑才能分泌。现在发现，微生物菌群是数万亿个肠道菌群的集合体，分泌了高达90%的体内神经递质。例如人体中95%的血清素其实都产生并储存在肠道内，它是一种能产生"幸福感"的神经递质；肠道还生产了高达70%的多巴胺，它主要用于提供动力；此外还有大部分的去甲肾上腺素（用于专注）、γ-氨基丁酸（用于放松）及其他许多物质。这些神经递质对人的情绪、动机和复原力有巨大的影响（塔尔博特，2023）。

（6）肠道与大脑之间通过神经和化学信号时刻保持互联互通：一方面，肠道与大脑之间有大量的神经束将它们连接在一起，以便它们通过神经信号保持联系；另一方面，肠道内产生的一些化学信号，如激素和炎症信号分子可通过血液循环传送到大脑。大脑也可以产生同样的化学信号，并传输给肠道中的平滑肌细胞、神经细胞和免疫细胞等，从而调节或改变肠道的功能。因此，无论我们是酒足饭饱、饥肠辘辘，还是吃了变质的食物，肠道都会把这些感觉信号通过神经束和血液循环传送给大脑，触发相应的反应。比如，吃完饕餮大餐后，大脑会产生饱腹感和满足感，命令你停止进食；饥肠辘辘时，会产生饥饿感和焦躁感，迫使你赶紧进食；吃了腐败变质的食物后，会产生不适感或恶心感，让你通过呕吐或腹泻，将毒素从体内排出。另外，这些肠道感觉与唤起的情绪不是"一次性的消费"，聪明的大脑会"吃一堑长一智"，将这些肠道的感觉信息储存起来，以备将来做决策时调用（比如今后见到不新鲜的食物，就会唤起恶心的感觉，让你避之不及）。

除了肠道的神奇构造和功能外，我们的肠道里还寄居着数量超100万亿的细菌、古生菌、真菌和病毒等微生物。这个惊人的数字是不是把爱干净、甚至有点洁癖的你吓一大跳？其实大可不必紧张，正常人的身体内寄生的微生物大部分是对身体有益的益生菌和对我们无害的中性菌，只有少量是有害菌。益生菌的功能是抑制有害菌的生长，并改善肠道环境的细菌。常见的益生菌包括乳酸杆菌、双歧杆菌等。它们能产生有益于人体健康的代谢产物，如短链脂肪酸，给结肠上皮细胞提供能量，并促进水分吸收。有害菌是指可能导致感染、炎症和其他疾病的，对人体健康不利的微生物。常见的有害菌包括大肠杆菌、沙门氏菌等。它们通过产生毒素破坏肠道屏障或干扰正常肠道菌群的组成，对人体健康造成不利影响。中性菌是指在肠道菌群中对人体没有直接的积极或消极影响的微生物。其种类繁多，包括一些不易归类为益生菌或有害菌的微生物。有趣的是，这些肠道菌群的总重量与大脑的重量基本相当，大约有 1.2 公斤。

这些肠道菌群对我们的生存和繁衍至关重要，有人甚至称之为一个"被遗忘的器官"。其重要性在于：第一，肠道微生物可以帮助加工消化道无法处理的食物成分，调节身体的新陈代谢，并对我们吃进去的食物中的有毒有害物质进行清理和解毒。第二，它们可以训练和调节免疫系统，以及预防有害病原体的入侵和增殖。第三，栖息在肠道最内层的黏液细胞上的菌群可以与肠道的免疫细胞以及大量的细胞传感器（编码肠道的感觉）融为一体，实时监听大脑发送给肠道的信号。因此，我们日常生活中所经历的喜怒哀乐、各种小确幸、小烦恼等，还有我们生活状态的点点滴滴都会被这些微生物敏锐地捕捉到，并传输给大脑，产生情绪表征。而大脑中生成的情绪又会影响肠道，肠道微生物随之又产生信号传给大脑。如此循环往复，会增强我们的情绪状态，甚至延长情绪状态持续的时间。第四，肠道菌群的健康与我们的身体和大脑的健康状况密切相关。假如肠道菌群发生紊乱，会导致炎症性肠病、抗生素相关的腹泻，以及哮喘，甚至还与自闭症谱系病和大脑的神经退行性疾病（如帕金森病）有关（迈耶，2019）。

科学家们发现，肠道菌群越丰富、种类越多，我们的大脑越健康。事实上，人一生中肠道菌群的数量和种类并不是固定的。在三岁以前，婴幼儿肠道的菌群尚不稳定，且多样性偏低，是神经发育障碍脆弱的窗口期，因而更易患上自闭症和焦虑症。青壮年时期，人们的肠道微生物的数量和种类都达到最高峰，因而大脑的活力也处于最佳状态。随着年龄的增长，我们肠道微生物的数量和种类开始逐渐下降。因此，老年人更易患上帕金森和阿尔兹海默症等神经退行性疾病（迈耶，2019）。

总之，可以说我们至少有两个"情绪脑"：一个在大脑内，一个在我们的胃

肠道里 [也有科学家认为心脏是我们的第三个"情绪脑"（塔尔博特，2023）]。大脑内的基本情绪环路至少包括七个情感操作程序，它们管理机体对恐惧、愤怒、悲伤、玩耍、欲望、爱和抚育的反应（Panksepp，1998），主要由遗传基因决定。而肠道菌群是我们的"第二个情绪脑"，更多受后天因素的影响，且终身都在发展。即除了遗传基因外，肠道菌群还受到我们母亲的菌群的影响（这是因为胎儿在出生前的肠道是无菌的。顺产分娩的婴儿最先定植的肠道细菌来自于母亲的产道，而剖宫产分娩的新生儿未接触母亲产道，其肠道菌群主要来自体表的微生物和环境中的微生物）、你的家庭其他成员携带的微生物、你的饮食，以及你的大脑活动与心理状态。因此，每个人的肠道菌群的数量和种类都不尽相同，并且其发展是需要通过终身学习的。也是就是说，我们每个人独特的肠道发育、生活方式和饮食习惯都能微调我们的情绪产生机制。我们一生的情感经验和生活经历都会在大脑中创建一个巨大的肠道信息库，储存我们极其私人的信息（迈耶，2019）。

此外，肠道中微生物的基因差异远比遗传基因对我们的性格和情绪模式的影响要大。迈耶（2019）指出，人与人之间有 90% 以上的基因是相同。但生活在肠道中的微生物基因数量约有 800 万个，是人类基因组的 400 倍，而且每个人肠道内的微生物基因约有 95% 是不同的。肠道菌群通过它产生的代谢物影响我们的情绪。因此，人与人之间的情绪模式、气质和性格差异（比如你是活泼外向的，还是文静内向的；是积极乐观的，还是消极悲观的；是喜欢冒险的，还是安分守己的，等等）主要受肠道菌群的影响。因此，福克斯以"脑为中心"的情绪健康理论把人是乐观的还是悲观的人格特质仅仅看成是"艳阳脑"占主导或"阴雨脑"占上风是不够全面的，忽视了我们的"第二个情绪脑"。

总之，肠道、肠道菌群，还有大脑是双向互动、互相影响的。一方面，大脑的情绪操作程序会启动身体反应。当你感到焦虑、恐惧或有压力时，大脑中控制生命机能的下丘脑会立马做出反应，激活促肾上腺皮质激素释放因子 - 皮质醇系统，将促肾上腺激素释放因子和皮质醇释放到血液中，身体便做出应激反应，增加新陈代谢。另一方面，许多会让大脑感到压力的生活事件，比如感染、手术、意外事故、失业、食物中毒、睡眠不足、戒烟，甚至女性的月经都可能增加大脑的压力感。而这些压力会激活大脑中的应激程序，然后精心安排一个最适合我们身体的反应模式，比如有些人压力一大，就会腹泻或便秘。不同的情感操作程序会使用不同的信号分子，比如，释放内啡肽可以止痛并促进幸福感，多巴胺能触发欲望和行为动机，催产素可以激发信任感和吸引力，促肾上腺皮质激素可以触发应激反应。即便是你躺在沙滩上，沐浴着温暖的阳光和享受着轻柔的海风时，促肾上腺皮质激素释放因子也可通过调节肾上腺分泌皮质醇的多少让你产生幸福的感觉（迈耶，2019）。

肠-脑互动的情绪理论会对情绪健康管理带来哪些启示呢？首先，无论是身体健康管理还是情绪健康管理，都要从身体、肠道菌群、大脑以及我们生活环境中的菌群这一生态系统观出发，而不是孤立地把情绪看成是大脑神经细胞活动的结果，或身体本身的功能。就外部环境而言，我们居住的地球的真正主宰者是微生物，而不是我们人类。地球上的每一个角落都是它们的家园，凡是你能想到的，无论是火山口、南北极的冰川、珠穆朗玛峰、马里亚纳海沟、岩石里，还是雾霾的颗粒中都生活着微生物。它们的数量和重量加起来要远远超过地球上其他所有动物、植物等肉眼可见的生物的总和（段云峰，2018）。

人体也是微生物的宿主，分布在人体的体表和体内的微生物的数量比人体自身的细胞数量都多，人体的微生物数量为 390000 亿，而细胞数量为 300000 亿。在我们的眼、耳、口、鼻，以及膀胱、胎盘和血液等的每一寸皮肤和黏膜上分布着一千多种细菌和真菌，其中 80% 生活在消化道内，重量可达 2 千克。因此可以说，人体其实也是受微生物主宰的。这些微生物菌群在多种水平上与大脑进行着对话。因此，它们绝不是可以忽略的存在。段云峰指出，"从出生那刻起，人类自身就注定要和微生物共处一生，这些微生物就犹如人体的一个器官，它们是否正常决定了人体的健康状况"（2018：48）。只有从这种生态系统观出发，让我们成为自己的"生态系统工程师"（迈耶，2019），才能维护好我们的身心健康。

顺便说一句，这种现代的生态健康观与中国传统的"天人合一"的哲学观、养生观有着异曲同工之妙——在古代中国，人们虽没有细菌、真菌、病毒或微生物等概念，但人们把"气"当作是人与天地和万物共生共通的本质。而在现代的生态科学理论里，无论是人体还是自然界，都是微生物的宿主，人与自然并非主客二分、征服与被征服的关系，而应寻求和谐共生、生态平衡。

第二，要保持健康的心理和积极的情绪，需要我们维护自己肠道和肠道菌群的健康，保持身体内外生态环境中的生物多样性和丰富性。因此，在生活中，不要把细菌等微生物当作是我们健康的敌人，不要试图消灭它们。很多人以为越干净就越不容易生病，于是，不仅把家里打扫得一尘不染，还经常在房间里喷洒消毒剂。事实上，世界上95%以上的细菌都对我们是无害的，其中很多还对我们有益。一般家庭根本无需使用消毒剂，除非是有家人得了传染病。打扫卫生的意义在于有效减少细菌的数量，而不是完全消灭它们。即使是坏的细菌也能帮助训练我们的免疫系统（段云峰，2018）。总之，"干净不是指一个细菌都不留，干净是指优化细菌组合，让有益的细菌始终占上风。换句话说就是，消灭真正危险的细菌，有意识地栽培有益的细菌"（恩德斯，2019：219）。有研究还发现，生活环境越干净，患阿尔兹海默症的风险越高。段云峰指出，"在遗传背景一致的人群中，生活在卫生条件较差的环境下的人要比卫生条件好的人患阿尔兹海默症的风险更低。与贫困落后的发展中国家相比，生活在发达国家的人群阿尔兹海默症发病率更高，特别是北美和欧洲，80岁以上的老人患病率要明显高于其他国家；拉丁美洲国家、中国和印度的发病率明显低于欧洲国家，并且农村地区低于城市地区"（2018：220-1）。**也是就说，脏点儿更健康，太干净反而会增加患阿尔兹海默症的风险。**

要适量地食用发酵食品和服用益生菌。研究者们发现，自然发酵的食品，如酸奶、奶酪、果汁、泡菜和酸菜等含有丰富的益生菌，它们可以有效帮助有焦虑倾向的人降低焦虑水平。尽管食用酸奶并没有改变肠道菌群的成分，但这些富含不同种类的乳杆菌和双歧杆菌的食物可以改变肠道微生物产生的代谢物，调节神经递质血清素的水平，从而微调身体的控制系统，进而调节我们的情绪、疼痛敏感性和睡眠（迈耶，2019）。

第三，修复肠道菌群可以辅助治疗抑郁症、焦虑症等情绪障碍。过去，人们认为抑郁症主要是因为大脑中分泌的血清素的活性不足。治疗主要是针对大脑——通过让患者服用选择性血清素再摄取抑制剂，如百忧解、帕罗西汀，以及西酞普兰等提高大脑血清素信号系统的活性。然而，现代神经科学和精神病学研究发现，人体95%的血清素其实都储存在肠道内。肠道微生物及其代谢物在抑郁症的发展中可能扮演着重要的角色，它们可能会影响抑郁症的严重程度以及病程长短。生活或工作中的压力、饮食结构、服用益生菌或抗生素等因素都会影响我们肠道菌群代谢活性，进而调节情绪产生环路的发展和反应。目前，医生们已经开始通过粪便微生物移植疗法治疗焦虑症、抑郁症的患者，试图将来自健康捐赠者的粪便微生物群转移进肠道受损患者的体内，帮助他们恢复肠道菌群的多样性，重建患者自身微生物的组成。

第四，生活在世界上不同地区的人们的性格特征和情感模式会受到当地环境的影响，我们应当理解和尊重人性的差异性和多样性。生活在高纬度与低纬度地区，或是生活在沿海和内陆地区、平原和高山地区等的人们接触到的菌群数量和种类，包括环境和食物中的菌群数量和种类等都可能存在差异，这些因素会影响他们的情感模式和性格特征。正所谓"一方水土养一方人"，因此西方推行的所谓"普世价值"或"普遍的人性"可能是一个伪命题，不能强求地球上的人们拥有相同的价值观和情感诉求，而应尊重彼此的差异或多元。

第五，迈耶还认为我们的价值观，即我们对世界好坏的判断与我们的肠道直觉（gut feelings），特别是与我们生命早期和饥饿有关的肠道直觉有关。这是由于在我们还是新生儿时，饥饿感是我们感受到的第一个负面的原始情绪。当婴儿的肚子空空时，肠道会释放饥饿激素，大脑因此产生急迫的饥饿感和强大的驱动力（婴儿通过大声啼哭来表达他们刻不容缓的生理需求）。因此，强烈的饥饿感是婴儿坏的肠道直觉的基础，它触发了婴儿对母乳的强烈欲望。如果婴儿的需求能得到及时满足，比如能吸吮到母乳时，由于母乳富含益生元与益生菌，并且含有一些与安定类似的化学物质，母乳可以让婴儿的大脑镇静下来，并通过缓解饥饿感使婴儿感觉舒适。此外，妈妈对婴儿肌肤温柔的抚摸（这也是内感受的一部分）和柔声细语都会让婴儿建立起最原始的积极情绪。迈耶认为，"婴儿期饱腹感或饥饿感——好或坏的感觉——循环交替，可能成为日后生活中形成判断好或坏的肠道直觉的基础"（2019：133）。我们的大脑保留了肠道中从出生起需求是否得到满足的全部记录。一个婴儿如果从小就得到了及时喂养和充分的、温柔的呵护和照顾，而另一个婴儿的需求被忽视，或未能得到及时满足，他们最早建立的肠道直觉模型会大不相同。这种最初的认知模型告诉他们，"这个世界是什么样子，以及我必须怎么做才能生存下去"（迈耶，2019：133）。常言道"三岁看小、七岁看老"，这虽是一个经验之谈，但迈耶根据生命头三年内的肠内微生物生态发育的研究证据猜测，"很有可能肠内微生物影响着世界各地的婴儿的情绪状态与发育，从哭闹到咿呀学语"（2019：133）。这说明，人们的性格、秉性、气质、情绪状态和发育特征从他们婴幼儿时期开始，就受到照料者与他们互动模式的影响。

第六，"你之为你"和"我之为我"的身份认同不仅仅是大脑的各种神经活动储存在海马体里的纪录片，还包括我们一生积累的无数肠道直觉储存在大脑超级数据库里的数据，其中包括非常隐私的个人经历、动机，以及对这些经历的情绪反应等。甚至当我们还在母亲的子宫里时，大脑就开始收集这些信息了。这些信息代表了我们一生所经历的无数积极和消极的情绪状态。这些经验也塑造了我们千姿百态、千变万化的个性特征和人生故事。

近年来，越来越多的研究发现，心脏健康与情绪状态相互影响。科学家们还提出"心脑"是我们的"第三大脑"（塔尔博特，2023）。下面，我们简要介绍心脏与大脑之间的对话，及其对我们情绪的影响。

10.2.4　基于心脏健康与情绪健康关系的情绪健康管理理论

在我们的语言中常见用"心"来表达情感和认知的现象，例如心不在焉、倾听心声、心碎、扎心、心提到嗓子眼、玻璃心、心在滴血、心胸狭窄、心胸宽广等。媒体上也时有报道经过心脏移植手术后的病人竟然奇迹般地具备了与心脏捐赠者相似的性格、感觉方式，甚至过往的记忆等案例。这些都让我们不得不怀疑，心脏是否真的具有记忆、认知和感受情绪的功能。塔尔博特（2023）通过对大量关于心脑互动的研究进行综述后提出，人体内有三个"脑"，即头脑、心脑和肠脑，它们各有自己的优势（见表10.1）。

表 10.1　人体的三个"大脑"各自具有的功能和优势

大脑	功能	优势
头部（第一）大脑＝"头脑"	思考型大脑（逻辑／标志）	逻辑性
肠道（第二）大脑＝"身体"	感知型大脑（情感／同情）	直觉性
心脏（第三）大脑＝"精神"	感受型大脑（信任／气质）	共情性

（塔尔博特，2023:8）

他认为，正是这三个"大脑"互相协作、同频共振，才能让我们的身体、情感和认知保持健康与活力。事实上，大脑能够感知到什么，取决于它从身体其他部位，比如肠道和心脏等内部器官和组织接收到什么样的信号。头脑将接受到的这些内感受信号整合为某个决定、某种情绪或对周遭世界的某种解释，从而确定自身的状态。也就是说，头脑的工作主要是对内感受信号加以整合，并赋予意义或给于解释，真正的感受和感知其实发生在肠道、心脏等其他内部器官和组织之中。

　　心脏与大脑之间通过神经、激素、免疫、肠道微生物组、基因和机械感觉等多种通路时刻保持着对话和交流，如图 10.1（Candia-Rivera，2024:2）。

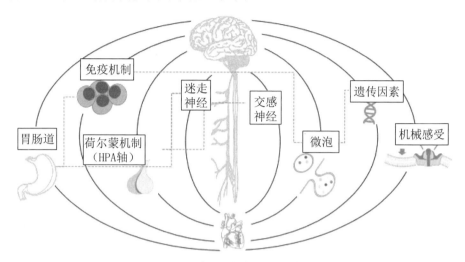

图10.1　脑心之间相互连接的通路

　　这些通路促进大脑与心脏之间直接或间接地发生相互作用。大脑与心脏除了通过迷走神经和交感神经这些自主神经系统的通路相互沟通之外，还可通过下丘脑 - 垂体 - 肾上腺（HPA）轴内的激素机制进行交流。从大脑发出的与神经炎症相关的神经会影响心脏的免疫机制。胃肠道则通过由神经支配的肠道起搏细胞，以及具有肠介导效应的微生物组参与心 - 脑互动的机制，当肠道微生物组失调时，可能会导致脑中风。心与脑之间也会通过微泡进行交流，微泡中含有诸如 microRNAs 的基因调控信使。最近有研究发现，大脑和心脏的疾病受遗传因素的影响，尽管心 - 脑之间是否真的存在通过 microRNAs 进行基因调控的机制，还有待进一步证明。机械感觉是脑 - 心交流的另一种机制，大脑的压力感受器和机械敏感离子通道的机制对心脏的每一次脉动都能做出相应的反应（Candia-Rivera，2024:2）。

　　越来越多的研究表明，心脏绝不只是一个"循环泵"，它还是心理生理网络的一部分。这是因为心脏里有大约 4 万个神经元，这个数目虽不算大，但足以使心脏成为强大的信息"发生器""传输器"和"接收器"。来自心脏的电信号能够动态地影响大脑的稳态、认知、感知和情绪处理过程，进而有可能影响情绪和行为的方方面面。因此，心脏病也不仅仅是一种简单的"管道"疾病。

过去人们认为，心脏病是因过量的胆固醇堵塞心血管所致。但现在科学家们知道，自由基造成的氧化损伤或炎症是导致胆固醇变得黏稠，继而形成血管斑块沉淀物，并堵塞血管内壁的原因。也就是说，慢性炎症会触发血管内的沉积物破裂，阻塞心脏，导致心脏病的发作（塔尔博特，2023）。

早在1950年代，人们发现心脏健康与否与情绪状态密切相关。例如心脏病患者罹患抑郁症的风险更高，而长期处于压力和焦虑状态的人出现心脏病的比例也更大。在1990年代早期，科学家们开始认识到，心脏不仅可以独立于大脑行事，还与大脑时刻保持对话，共同影响我们的身心健康。一门新兴的医学科学——"神经心脏病学"由此出现。医生们还提出了一种新的身心疾病，叫作"心碎综合征"（broken heart syndrome）。它是一种应激性的心肌病，一些人突发心肌衰弱往往是因为他们的身体或精神遭受巨大压力，比如失业或痛失亲人。这些都说明心脏与情绪之间有着十分紧密的关联（ibid）。

衡量心脏健康程度最重要的一个指标是心率变异性（heart rate variability，HRV），它指示个体逐次心跳周期的毫秒差变异情况。该指标基于这样一个假设：健康心脏会比不那么健康或处于压力状态下的心脏呈现出更多的规则性。心率变异性的数值越高，代表心脏越健康，抗压能力也越强。它也可以用于衡量交感和副交感神经系统之间的平衡水平，心率变异性越高，代表心脏越平静，复原力越高，也更有效率。心率变异性常常会受到各种压力源的影响，包括运动、脱水或感染等身体上的压力，以及工作、学习、财务和睡眠质量等心理的压力，使我们产生"倦怠"感。与之相反的则是"活力"的状态。

塔尔博特用"活力"的概念来描述心理健康状态，并将之定义为一种持续的三层情绪状态，即"体力充沛、精神敏锐以及情感健康"（2023:8）。如何才能让我们的心理保持"活力"的健康状态呢？他指出，当身体处于平衡状态时，心脏能够沿着相同的相干波长产生、传输和接收信号。而当这些信号在整个肠 - 心 - 脑轴上处于同调共振（声音信号）时，我们的身心感觉是最好的。此时，人体会产生很强烈的幸福感和充足的抗压能力，也最有可能体验到积极的情绪，比如快乐、幸福、爱、感恩和复原力。但当肠 - 心 - 脑轴上的信号失去平衡时，人就更有可能体验到负面的情绪，比如压力、紧张、焦虑、恐惧、愤怒、疲劳、悲伤和迷惘等。也就是说，大脑与心脏之间存在着器官串联效应。心脏损伤会导致大脑的压力 / 抑郁症状，而在脑外伤中，大脑的损伤也会促使心脏产生压力（ibid）。

因此，保持情绪健康的另一个秘诀就是让我们的肠 - 心 - 脑轴上的信号保持和谐共振，即尽量让我们的身体、情感和认知和谐一致，不纠结、不内耗、不自我怀疑、不自我否定。

下面，我们将介绍巴雷特教授关于社会建构论的情绪理论对情绪健康的启示。

10.2.5　基于社会建构论的情绪健康管理理论

在巴雷特的情绪建构论的理论框架内，内感受、情感、身体预算、预测、预测误差、情绪概念（或情绪词）和社会现实等是相互影响、彼此互动的整体。她指出，"你的身心之间有一个特殊的连接。每当你的身体发出一个动作，消耗身体预算时，你的心理同时也会利用概念有所行动。每一个心理活动都会有一个身体反应。你能够让这些联结为你所用，掌控你的情绪，提高你的适应力，让你自己成为更好的朋友、伙伴或爱人，甚至改变自己"（Barrett，2017：221）。也就是说，我们的身体与社会之间的边界是可渗透的（Barrett，2017）。原因在于，首先，情感来源于身体的内感受信号在大脑中产生的心理表征。即由脑岛将身体内部的神经和化学信号翻译为好的、坏的或介于好坏之间的，愉快的、不愉快的或介于愉快和不愉快之间的，可靠近的或应规避的等心理表征。这些粗颗粒度的情感感受再经过情绪概念的切分、重组、创造或建构，产生颗粒度更细的情绪。例如，好的、愉快的情绪可以包括快乐、心满意足、骄傲、放松、喜悦、充满希望、备受鼓舞、崇拜、感激、欣喜若狂等。而坏的、不愉快的情绪可包括愤怒、憎恶、暴躁、阴郁、窘迫、焦虑、恐惧、不满、妒忌、悲伤、惆怅等（Barrett，2017）。

值得注意的是，这些情绪词大多是从英语中翻译过来的，汉语中表达"愉快""高兴"和"不愉快""不高兴"的词语很多是具身的或躯体化的表达，例如汉语中表达愉快和高兴的词语有（用百度搜索引擎搜索"表达高兴的词语"）：

欢天喜地，眉飞眼笑，眼开眉展，眼笑眉飞，大喜若狂，皆大欢喜，开眉展眼，喜行于色，欢呼鼓舞，欢欣若狂，满心欢喜，嘻嘻哈哈，自得其乐，宜嗔宜喜，酒酣耳热，眉花眼笑，鞔然而笑，喜眉笑眼，载歌载舞，得意忘形，抚掌大笑，兴高采烈、喜出望外，喜上眉梢，喜不自胜，喜不自禁，喜气洋洋，喜笑颜开，笑逐颜开，心旷神怡，心满意足，心情舒畅，心醉神迷，心花怒放，乐乐陶陶，其乐融融，乐以忘忧，乐不可支，欣喜若狂。

汉语中表达不愉快、不高兴的词语有：

郁郁寡欢，闷闷不乐，黯然神伤，快快不乐，垂头丧气，心灰意冷，愁眉不展，愁眉苦脸，恼羞成怒，气急败坏，怒火冲天，怒发冲冠，怒不可遏，怒火中烧，心烦意乱，愁容满面，拍案而起，勃然大怒，破口大骂，心急火燎，急不可耐，怨声载道，自怨自艾，怨天尤人，民怨沸腾，牢骚满腹，心烦意乱，忧心如焚，郁郁寡欢，愁肠寸断，灰心丧气，唉声叹气，叫苦不迭，黯然神伤，痛不欲生，声泪俱下，萎靡不振。

此外，不同的社会文化群体使用的情绪词可能也存在差异，例如《红楼梦》里的上层阶级的公子、小姐用的情绪词可能更加文雅或矫饰，而底层的仆人、婆子和村妇等使用的情绪词会更加粗俗或朴实。因此，不同的语言、文化和社会群体对身体的内感受信号的切分、组织、建构的方式不同。

那么预测与情绪是什么关系呢？巴雷特（Barrett，2020）认为，大脑的内感受网中有一个负责身体预算的神经回路，它是大脑的预警器，一刻不停地在帮助身体预测当下或未来需要的物质和能量以维持身体内稳态的平衡。如果大脑的预测与身体能实际提供的物质或能量相匹配，我们会感觉良好，心情愉悦。反之，如果大脑的预测与身体实际所能提供的物质和能量不匹配，即出现了预测误差，我们会感觉糟糕。如果预测误差长期无法得到修复，我们就会感觉非常痛苦，甚至导致焦虑症、抑郁症等情绪障碍。

试想这样一个情景，几位驴友进入大山深处的森林里徒步。随着他们登山高度的增加，山上的气温开始变得越来越低。更让他们意外的是，山上不仅云雾缭绕，还下起了小雪。云雾中的水汽夹杂着漫天飞舞的雪花，很快就将他们身上的衣服打湿了。由于水比空气的导热性强，身上湿漉漉的衣服不仅不能保暖，反而加倍带走了他们的热量，让他们感到寒冷刺骨、瑟瑟发抖。这种感觉愈演愈烈，挥之不去，自然是非常难受的，就像一直响个不停的警报，提醒着他们务必赶紧找到一个可以遮风避雨的山洞，再拾一些干树枝生火取暖，以便把身上的衣服烘干。因此，那种让人难以忍受的刺骨的寒冷感，以及伴随寒冷产生的焦躁情绪就是大脑预测身体需要的体温与身体实际的体温不匹配时，发出的警报或求救信号。如果不能及时回应大脑发出的警报，尽快想办法恢复到正常体温，身体就会因失温过久而有生命危险。

同样，如果我们因工作压力过大、失恋或离婚等事件引发长期的睡眠障碍，大脑内感受网的身体预算回路预测我们一天需要6—9个小时的睡眠才能维持身体内稳态的平衡，而我们实际上只能睡2—3个小时，甚至更少。这时大脑预测的睡眠时间与实际的睡眠时间存在较大误差，大脑的预警器会拉响警报。即当长期睡眠严重不足，大脑的交感神经过度兴奋，而副交感神经受到抑制，下丘脑会分泌大量的皮质醇激素产生应激反应。长期的应激反应会导致内分泌和代谢紊乱、认知功能和心血管受损、免疫力下降等。这时，我们不仅会感觉身体上的不舒服，像心悸心慌、萎靡不振、健忘易怒、精神恍惚、难以集中注意力等，还会产生心情低落、心境恶劣、暴躁易怒、焦虑抑郁等负面情绪。

此外，情绪建构论认为，情绪语言或情绪概念在预测中发挥了不可或缺的作用，它们不仅对身体的内感受信号流进行切分、重组和建构，而且为我们预测提供了生成模型。即我们不是先有情绪，才有情绪概念和给情绪贴标签的情绪词。相反，我们是先有情绪概念和情绪词，才会产生相应的情绪感受和体验。也就是说，我们所感知和体验的情绪往往是"自我实现的预言"（self-fulfilled prophecy）——你有怎样的认知或预测，就会产生怎样的感受。

为了说明这个道理，不妨再举一个例子。假设你生活在几十年前一个偏远闭塞的小地方，那时的人们大都抱有"男大当婚，女大当嫁""不孝有三，无后为大""男尊女卑"等传统思想。而你已经到了24岁的年龄还没有结婚对象，这让你和你的父母都会感到来自社会各方面的压力。这些压力让你感到焦虑和自卑。久而久之，长期失眠和焦虑让你患上了胃溃疡、心律不齐等身体疾病。相反，倘若你生活在今天的国际化大都市，女性越来越看重个人的价值实现，不把结婚生子当成是人生的必需品，更崇尚男女平等、独立、自由、自我实现、尊重多元化、包容等现代的价值观，加之有更加国际化的视野和工作机会，你就不会有所谓的"年龄焦虑"，也不会因为自己到了30岁还未结婚生子而感到自卑和焦虑。

因此，情绪建构论认为是我们的信念、认知或概念系统塑造了我们的情绪经验。也就是说，具有不同信念、认知或概念系统的人的预测是不同的——生活在闭塞落后地区或时代的人们的头脑里压根就没有"男女平等""女性独立""自我价值实现""开放包容""多元化"等概念，对这些词也闻所未闻，相反，他们脑子里充斥着"男大当婚，女大当嫁""不孝有三，无后为大""男尊女卑"等陈旧观念和道德叙事，他们对生活的预期、感知都会受到这些传统观念的塑造或束缚。因此，你大脑里有怎样的观念、概念、认知词语或叙事，就会有怎样的预期，也就会对自己的内感受信号赋予怎样的意义。

巴雷特认为，管理好我们的情绪关键要把握好两个方面：一方面是尽量保持我们身体预算的平衡，另一方面是通过增加情绪概念或情绪词汇，让我们的情绪颗粒度变细，进而改变我们的预测。对于保持身体预算的平衡，她建议不要熬夜，少吃精制糖和有害脂肪，少摄入咖啡因，多吃蔬菜，多锻炼，通过按摩保持身体舒适，做瑜伽和保证充足的睡眠等，这些都可降低促炎细胞因子。尽量不要去噪音大、人流拥挤的地方，多接触绿色植物和自然光，在室内种植盆栽，经常参加朋友聚会，轮流请客等，都对身体预算有利。

如何让我们情绪的颗粒度变细呢？巴雷特建议通过外出旅行、读书、看电影、尝试不同的食物，"做一个体验收藏家"，尝试新观点、新衣服，促使你的大脑融合已有的概念，形成新的概念，积极改变你的概念系统等，学习新的情绪词汇，甚至通过学习外语中的情绪词和发明新的情绪词等来实现。因为词汇孕育概念，概念推动预测，而预测调整身体预算，身体预算确定你的感受（Barrett，2017）。我们以下图 10.2 表达她理论的逻辑 .

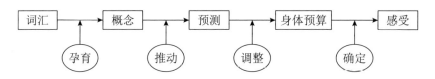

图 10.2　词汇、概念、预测、身体预算与身体和心理感受的关系
词汇孕育概念，概念推动预测，预测调整身体预算，身体预算确定感受（Barrett，2017）。

不过，我认为光靠学习或掌握一些零碎的情绪词并不足以提高我们的情商或情绪管理能力。因为，零碎的概念或词语并不是系统化的思想，无法形成系统的、连贯的、能自圆其说的观念。只有把概念转化吸收为我们能认可的系统的观念和叙事，比如世界观、人生观和价值观，才能内化为能指导我们预测、调整我们身体预算的生成模型或信念。因此，今后还需要探索如何在语篇层面，而不是停留在词语层面细化我们的情绪认知颗粒度。换言之，就是探索如何通过话语系统和叙事细化我们的情绪认知颗粒度，而不是仅仅死记硬背情绪词。因此，如何通过语篇叙事或话语体系，有系统地塑造和改善人们的情绪管理能力是今后有待深入探讨的问题。

结　语

本书基于当今情感科学研究领域前沿的内感受神经科学的相关理论和实验证据（如 Damasio，2018；Cameron，2001；Craig，2015；Critchley et al.，2004；Garfinkel & Critchley，2013；Seth et al.，2012；Petzschner et al.，2021 等）以及情绪的语言建构论（Barrett，2017；Lindquist et al.，2016；Barrett，2006；Lindquist & Gendron，2013 等）反思了以下五个方面的问题。

（1）目前国内外认知语言学界关于情绪概念化存在错误的论断：把用内感受概念化情绪的现象当作是概念隐喻。为什么会出现这种错误的观点，背后的原因是什么？

（2）传统的情绪心理学忽视了内感受和语言在情绪认知中发挥的关键作用，其关于情绪结构的模型存在哪些问题？在新兴的内感受神经科学和情感建构论的理论框架内，情绪的结构又可分为哪些维度？如何比较不同语言和文化的情感的概念结构？

（3）在新兴的内感受神经科学的理论框架内，西方传统的健康心理学和精神病学界对于情绪躯体化的论断是否成立？非西方文化中广泛存在情感躯体化的现象，并且该现象在西方社会的中下层阶级中也比中上层阶级更加普遍，这是否就像西方情绪心理学家所认为的那样，是内感受力弱和有述情障碍的表现？

（4）传统对情绪概念化的解释模型通常只涵盖两三个或三四个要素之间的关系，大都忽视了内感受、脑或语言等关键要素，因此不够全面和系统。如何基于现代神经科学的理论，建构包含身体（包括外感受和内感受）、脑、心智、语言和文化等多要素互动的情绪概念化模型？

（5）中国翻译界关于如何英译中国传统文学作品中包含内感受的情绪词，

存在直译和意译、归化和异化的争论。然而，这些传统的翻译观主要是在跨语言或跨文化的层面讨论问题，既未深入认知科学的层面，也缺乏关于情绪概念化的科学依据。在基于内感受神经科学的新的情绪概念化理论框架内，如何英译中国文学作品中的躯体情绪词？如何重新评价传统的翻译理论？

（6）如何基于情绪科学理论提高我们的情绪管理能力（即所谓的"情商"），活出幸福、丰盈的人生？

笔者通过与世界顶尖的内感受神经科学家、情感神经科学家、精神病学家、具身语义学家和认知神经科学家开展深入的跨学科合作，对认知语义学和传统的情绪心理学理论进行了批判与反思，并基于内感受神经科学重建了包含身体的内外感受、脑、心智、语言、文化的情绪概念化模型。本书的贡献主要体现在以下几个方面。

第一，通过回顾和反思传统心理学和神经科学界在生物演化、社会文化、神经心理学和神经生物学等不同维度和层面对情绪的定义，以及关于情绪的五种理论模型（情绪的生物演化论模型、社会建构论模型、身体感觉论模型、语言塑造论模型和认知评价论模型），我们认为这些情绪模型要么只观照了语言、心智和文化，要么只关注了身体和脑，或是只包含脑、行为与文化等等，尚未综合考查和厘清身体、脑、心智、语言和文化五种因素在情绪概念化过程中的互动关系。而本研究构建的模型涵盖了更全面的相关要素，厘清了身体、脑、心智、语言和文化在情绪的概念化过程中的互动关系，即厘清了从身体的内感受信号到心理加工和语言表征之间的层级关系。

第二，通过回顾和反思语义理论的沿革（从逻辑语义学、情境语义学到认知语义学），我们提出，随着神经科学的发展，语义理论的研究逐渐走向科学实证，将迈入具身语义学的研究范式。本书还进一步将具身语义学分为基于外感受的具身语义学和基于内感受的具身语义学两个发展阶段。我们指出，基于外感受的具身语义学只能解释具体词义的具身性，而无法解释像"真""善""美""自由""民主"等这类抽象概念的具身性的神经生理基础。因此，具身认知其实是身体的内感受系统、外感受系统和脑三者互动的结果，并且，在认知加工中，内感受比外感受和脑更加基本（Damasio，2018，2021）。然而，传统的心智理论主要以脑为中心，忽视了内感受的重要作用。本研究在传统的具身认知语义理论的基础上，增添了内感受这一关键要素，使得新的具身认知理论可以更科学地解释抽象概念的具身性问题。

第三，通过比较英、汉语中四种所谓的"原型情绪"，即"喜悦""恐惧""愤怒""悲伤"，我们发现：（1）汉语对情绪的概念化表现为较高的身体透明度和较粗的认知颗粒度。相反，英语对情绪的概念化表现为较低的身体透明度和较细的认知颗粒度。（2）汉语对情绪的具身概念化更多突显的是从身体到脑的传入神经系统的概念表征，而英语更多突显的是从大脑到身体的传出神经系统的概念表征。因此，汉语突显的是心智对身体的接纳和顺应的情感认知模式，英语则突显的是心智对身体的操纵、控制的情感认知模式。这对于揭示语言和文化对情感的感知、认知和体验的差异性和多样性提供了科学的理论依据和新的研究路径，也更有力地驳斥了"西方文化优越论"和"西方中心主义"对非西方文明的偏见和歧视。

第四，修正了认知语义学界对情感躯体化现象的一个普遍的误解。目前的认知语义学界的研究者们大多认为用内脏的感受或生理变化（即内感受）描述情绪的现象属于隐喻。我们则基于内感受神经科学反思和驳斥了这一错误观点，并指出，由于内感受是产生情绪感知和体验必不可少的要素，用内感受描述情绪的现象理应是转喻而非隐喻。

第五，纠正了西方医学界，特别是健康心理学和精神病学界对非西方文化中普遍存在的情感躯体化现象的误解和偏见。西医通常将有情绪躯体化倾向的患者诊断为"述情障碍"。他们认为，这种现象在东亚、西非、中东等非西方的国家和地区，以及在经济和文化发展水平相对落后的群体中更为普遍，并声称这种情感认知方式是内感受力弱的表现（Tsai，et al.，2002，2004；Ma-Kellams et al.，2012 等）。我们基于内感受神经科学和情感神经科学指出，这种观点源于"西方中心主义"的错误偏见。我们还在身体的透明度和认知的颗粒度这两个维度内，比较了英、汉语中的原型情绪的概念化特征后发现，汉语对情绪的概念化表现为较高的身体透明度和较粗的认知颗粒度，即较多用身体的内感受词（如心痛、心焦、心烦、心花怒放、心碎肠断、撕心裂肺、摧心剖肝、呕心抽肠，剖肝泣血，五内俱裂，等等），以及用一些比较模糊、笼统、概括、综合的词语（比如感慨，感触，感伤，悲悯，惆怅，寥落，唏嘘，凄婉，沧桑，等等）描述情绪。相反，英语对情绪的概念化表现为较低的身体透明度（只有少数且零散的用内感受描述情绪的词，如 light or heavy hearted，heart skipping， heartless，with all one's heart，have a visceral reaction，has a lot of gall，being spineless，gutted or gut-wrenched，stomach tied in knots 和 butterflies in the stomach 等）和较细的认知颗粒度（大多用抽象的认知词描述情绪，如描述恐惧的英语词有 apprehension，misgiving，trepidation，dread，horror，phobia，terror，alarm，consternation，foreboding，qualm，suspicion，fret，uneasiness，distress，panic 等等）。我们指出，用身体的内感受概念化情绪并不是低级的、有缺陷的情绪认知模式，而是由语言和文化塑造的，更加直接和透明地突显情绪概念的方式，因此，并不是所谓的述情障碍。

第六，通过对中西文明和文化的本体论 / 世界观和认识论的比较，我们探寻了导致英、汉情绪概念化存在系统性、结构性差异的文化渊源：中国传统文化的本体论是流动的、连续的"元气论"，而西方文化传统主张离散的、个体化的"原子论"的世界观。因此，中国人对情绪偏向用笼统、模糊、综合、颗粒度较粗的词语描述和表达，而英语的情绪认知系统更多用离散的、颗粒度较细的词汇描述情绪。此外，中国文化的认识论表现为身心相合、"天人合一"的整体论。中国农耕文化造就了中国人内倾的民族性格，这种内倾型的文化和民族性格并不鼓励人们用具体的概念去认知和剖析自己的情绪究竟属于什么样的情绪范畴或类型，而是直接用身体的内感受去表达自己的情绪感受。换句话说，中国人不大倾向把情绪或个人情感当作一种实体或对象去加以认知和分析，而是与身体内部的生理感受联系在一起。而西方文化主张"天人对立"、身心分离的二元论。因此，西方文化往往把情绪看作是心理的实体，而非身体生理活动的结果，即离身的。情绪概念往往用抽象的词语去表达。这一结论对于揭示不同民族和文化的情感认知模式的文化差异性或多样性提供了更加科学的解释和新的理论研究方向。

第七，我们基于英汉语或中西方民族对情绪的感知、认知和体验存在的系统性和结构性的差异，探讨了这一研究发现对中国传统文学作品中的躯体情感词英译的启示。由于传统直译 - 意译的跨语际的翻译观和归化 - 异化跨文化的翻译观本质上都属于"等值翻译观"，背后分别假定了指称论的语义观和逻辑实证主义的知识论，以及观念论的语义观和经验主义的知识论，而这些语义观和知识论均受到了哲学家蒯因（2007）的批驳，称它们为"博物馆神话"。我们提出了跨概念系统的翻译理论模型，并指出，翻译应当首先注重在认知结构和概念系统层面的切换，其次才是语言形式和句子意义层面的转换。本书还对中国古典小说《红楼梦》的两个英译本，即杨宪益夫妇和霍克斯的译本中对具身的情感词的英译进行了比较。我们发现霍译本更多采用归化译法，而杨译本更多采用异化译法（高雅，2021）。江帆（2007）对这两个译本在西方学者和普通读者中的接受度的研究表明，霍译本比杨译本的接受度更高。我们认为，这是因为霍译本采用的是更符合西方情感认知方式的归化译法。因此，霍译本在西方具有更高的接受度也为跨概念系统的翻译观提供了佐证。

总之，传统的认知语义理论、情绪心理理论和翻译理论都忽视了内感受在心智加工和情绪概念化中的关键作用，也忽视了语言对情绪的建构和塑造作用，并且基于传统和过时的"以脑为中心的"认知科学和心智哲学理论，而对情绪的概念化理论、情绪障碍的诊断、中国传统文学作品中的躯体情感词的英译等存在错误的论断或文化偏见。而我们基于前沿的内感受神经科学和情绪的语言建构论，反思和重新审查了这些谬误或偏见背后的根本原因，提出了新的跨语言和文化的情绪概念化模型，修正西方医学对非西方文化的情绪认知的错误偏见，提出了新的跨概念系统的翻译观。

最后，我们梳理了从"以脑为中心"的情绪理论，到基于内感受神经科学的、基于脑—肠轴理论，再到基于情绪的社会（语言）建构论的情绪健康理论，提出情绪健康的管理需要从大脑、身体、内脏和胃肠道、以及情绪的语言表达和认知颗粒度等维度进行系统化、生态化的综合管理的方案。

由于本书主要聚焦于理论的反思、批判和重建，尚未开展情绪心理和神经科学方面的实验研究，我们计划今后继续开展情绪认知的跨国和跨学科合作研究。我们将邀请美国亚利桑那大学心理学系、精神病学系和神经学系的理查德·莱茵（Richard Lane）教授以及英国的萨塞克斯大学布莱顿-萨塞克斯医学院神经科学系的雨果·奎奇立教授和永井洋子高级讲师，伦敦大学学院认知神经科学研究中心的萨拉·加芬克教授参加我们的课题研究，旨在从以下方面将语料统计与心理学和神经科学实验相结合，验证和拓展本研究的相关假设和理论。

（1）是否以英语为母语者对情绪的认知颗粒度更细，而对身体的透明度较低；而以汉语为母语者对情绪的认知颗粒度较粗，而对身体的透明度较高？如何通过语料库和神经科学实验验证这些假说？比如，除了研究汉语中的躯体情绪词如何翻译为英语，也要研究汉语中的颗粒度粗的情绪词，像感慨、唏嘘、沧桑、苍凉、悲凉、惆怅等在特定语境下是如何翻译为英语的，它们的脑成像有哪些特征？而英语中的颗粒度细的情绪词，它们的脑成像又有哪些特征？

（2）是否以汉语为母语者更多是用从身体到脑的传入神经通路的具身情感词表达情绪，而英语更多是用从脑到身体的传出神经通路的具身情感词表达情绪？在使用这些情绪词表达情绪时，他们的脑成像和内感受（包括被试对心跳等内感受的识别力、准确性和内感受意识）有何不同？

（3）研究从西方引进的情绪量表的翻译是否符合汉语情绪认知规律，以及如何修改和完善当前的情绪量表。

（4）如何在语篇层面，开展跨语际、跨文化的情绪叙事结构的比较研究？在此，不妨简单列举几条我能想到的关于英汉情感叙事结构的不同之处：

a. 在中国传统哲学的"元气论"背景下，产生了"情绪是气"的隐喻（如赌气、怄气、生闷气等）。由于气是混沌的、连续的、流动的，中国人的情绪认知颗粒度也较粗。而西方传统的"体液说"造就了"情绪是液体"的隐喻（Kövecses，2003）。同时，西方哲学的"原子论"使得西方人将情绪切分为离散的、细粒度的抽象实体（Zhou et al.，2021）。

b. 由于古汉语是基于"事件"（event）的语言，印欧语系是基于"事物"（thing）的语言（罗思文，安乐哲，2020），汉语情绪词多为描述身体感觉、反应或行动的事件（如撕心裂肺、肝肠寸断等），而英语情绪词多为给情绪贴认知标签（如 anger，fear，sadness，joy 等）。

c. 英汉围绕不同的"概念簇"（concept-cluster）（罗思文，安乐哲，2020）展开叙事：汉语以身体事件为核心展开具身的情感叙事，而英语以精神和灵魂为核心（对身体和环境的对抗和征服）展开抽象的情感叙事。

d. "托物言志""借物喻志""借景抒情"的情感表达貌似在中西方都很普遍，但对人与自然关系的认知在深层结构上存在根本的不同：中国主要用"兴"的手法，而西方主要用"象征"的手法。前者是托事于物，后者是以物征事，二者呈现出不同的心理生成机制与表达路径。中国的"兴"源自物我交融的思维方式，即人和物是不分彼此的，自然物也仿佛浸润着人的情感和思想，体现出同根同源的生命力；而西方的"象征"源自主客两分的认知方式（张节末，2021；吴蔚，2021）等。

本书主要还是在词语层面比较了英汉的情绪概念结构，而在语篇层面比较英汉的叙事结构存在哪些差异，它们是怎样产生的，对中西方思维方式以及对情绪的感知、认知、体验和行为等会有哪些影响，都是有待今后深入探索的问题。

（5）中国政府倡导的"文明互鉴的和平发展观"是否与中国人的语言、情绪概念化方式、经络穴位的身体观、身心相合、天人合一的哲学思想等有关，而英美国家政府主张的"零和博弈的霸权外交政策"是否与英语的情绪概念化方式、肌肉的身体观、天人对立和身心分离的二元论哲学等有关？如何设计相关的实验加以验证？

（6）随着中国综合国力和国际地位的不断提升，思考基于我们的情绪概念化理论，如何讲好中国故事，更有效地在世界上传播中国文化，推动中西方文明的交流互鉴等。

参考文献

英文

Arbib, M.A., 2005. From monkey-like action recognition to human language: An evolutionary framework for neurolinguistics [J]. *Behavioral and brain sciences,* 28(2), 105-124.

Arnold, M. B. . 1960. *Emotion and personality*[M]. New York: Columbia University Press.

Arnold, M. B., & Gasson, J. A. 1954. *The human person; an approach to an integral theory of personality* [M]. New York: Ronald.

Averill, J. R. 1990. Inner feelings, works of the flesh, the beast within, diseases of the mind, driving force, and putting on a show: Six metaphors of emotion and their theoretical extensions [C]. In: Leary, D. E. (Ed.), *Metaphors in the history of psychology*. Cambridge：Cambridge University Press, pp. 104–132.

Averill, J.R. 1985. The Social Construction of Emotion: With Special Reference to Love[C]. In: Gergen, K.J., Davis, K.E. (Eds) , *The Social Construction of the Person*. New York: Springer Series in Social Psychology. Springer, pp. 89-109. https://doi.org/10.1007/978-1-4612-5076-0_5

Aziz-Zadeh, L. 2013. Embodied semantics for language related to actions: a review of fMRI and neuropsychological research [C]. In:Y. Coello and A.Bartolo (Ed.). *Language and Action in Cognitive Neuroscience*, pp. 273-283.

Aziz-Zadeh, L.& Damasio, A. 2008. Embodied semantics for actions: Findings from functional brain imaging [J]. *Journal of Physiology-Paris,* 102(1-3), 35-39.

Aziz-Zadeh, L., Wilson, S.M., Rizzolatti, G., Iacoboni, M. 2006. Congruent embodied representations for visually presented actions and linguistic phrases describing actions [J]. *Current biology,* 16(18), 1818-1823.

Baidu.com. Available online: https:// www.baidu.com (accessed on 4 January 2022).

Barrett, L. F. , & Satpute, A. B. . 2013. Large-scale brain networks in affective and social neuroscience: towards an integrative functional architecture of the brain [J]. *Current Opinion in Neurobiology, 23*(3), 361-372.

Barrett, L. F. 2006. Solving the emotion paradox: Categorization and the experience of emotion [J]. *Personality and Social Psychology Review*, 10 (1), 20-46.

Barrett, L. F. 2020. *Seven and a Half Lessons about the Brain* [M]. New York: Houghton Mifflin Harcourt Publishing Company.

Barrett, L. F., & Bliss‐Moreau, E. 2009. Affect as a psychological primitive [J]. *Advances in experimental social psychology*, *41*, 167-218.

Barrett, L. F., & Lindquist, K. A. 2008. The embodiment of emotion [C]. In: G.R. Semin & E.R. Smith (Eds), *Embodied grounding: Social, cognitive, affective, and neuroscientific approaches*. New York: Cambridge University Press, 237-262.

Barrett, L. F., & Simmons, W. K. 2015. Interoceptive predictions in the brain [J]. *Nature Reviews Neuroscience*, *16*(7), 419-429.

Barrett, L. F., Gross, J., Christensen, T. C., & Benvenuto, M. 2001. Knowing what you're feeling and knowing what to do about it: Mapping the relation between emotion differentiation and emotion regulation [J]. *Cognition & Emotion*, *15*(6), 713-724.

Barrett, L. F., Mesquita, B., Ochsner, K. N., & Gross, J. J. 2007. The experience of emotion [J]. *Annual. Review. Psychol.*, 58, 373-403.

Barrett, L.F. 2017. *How emotions are made: The secret life of the brain* [M]. New York: Houghton Mifflin Harcourt.

Barsalou, L. W. 1999. Perceptual symbol systems [J]. *Behavioral and brain sciences*, *22*(4), 577-660.

Barsalou, L. W. 2008. Grounded cognition [J]. *Annu. Rev. Psychol.*, 59, 617-645.

Barsalou, L. W. 2009. Simulation, situated conceptualization, and prediction [J]. *Philosophical Transactions of the Royal Society B: Biological Sciences*, *364*(1521), 1281-1289.

Barsalou, L.W., Simmons, W.K., Barbey, A.K., Wilson, C.D. 2003. Grounding conceptual knowledge in modality-specific systems [J]. *Trends in cognitive sciences,* *7*(2), 84-91.

Beauregard, M., Lévesque, J., & Bourgouin, P. 2001. Neural correlates of conscious self-regulation of emotion [J]. *Journal of neuroscience*, 21(18), 1-6.

Beilock, S. *How the Body Knows its Mind: The Suprising Power of the Physical Environment to Influence How You Think and Feel*[M]. New York: Atria Paperback. 2015.

Binder, J. R., Desai, R. H., Graves, W. W., & Conant, L. L. 2009.Where is the semantic system? A critical review and meta-analysis of 120 functional neuroimaging studies [J]. *Cerebral Cortex*, 19(2), 2767-2796.

Blackburn, S., 1995. History of the philosophy of language [C]. In: Honderich, T. (Ed.), *The Oxford companion to philosophy*. Oxford, UK: Oxford University Press, pp. 454-458.

Boulenger, V., Hauk, O., & Pulvermüller, F. 2009. Grasping ideas with the motor system: semantic somatopy in idiom comprehension [J]. *Cerebral cortex*, 19(8): 1905-1914.

Brading, A. 1999. *The Autonomic Nervous System and its Effectors* [M]. Oxford: Blackwell Science Ltd.

Brown, T.L. 2003. *Making Truth: Metaphor in Science* [M]. Urbana; Chicago: U. of Illinois Press.

Cabanac, M., 1971. Physiological role of pleasure [J]. *Science*，173(4002), 1103-1107.

Cameron, O.G. 2001. *Visceral sensory neuroscience: Interoception* [M]. New York: Oxford University Press.

Campanella, F., Shallice, T., Ius, T., Fabbro, F., & Skrap, M. 2014. Impact of brain tumour location on emotion and personality: a voxel-based lesion–symptom mapping study on mentalization processes [J]. *Brain*, 137(9), 2532–2545.

Candia-Rivera.D.,Faes,L., De Vico Fallani,F.& Chavez,M.2024. Measures and Models of Brain-Heart Interactions(preprint).DOI: 10.48550/arXiv.2409.15835.

Chengyu.t086.com.Available online: http://chengyu.t086.com (accessed on 4 January 2022).

Citron, F. , & A. E Goldberg. 2014. Social context modulates the effect of hot temperature on perceived interpersonal warmth: a study of embodied metaphors [J]. *Language & Cognition*, 6(1), 1-11.

Citron, F. , Cacciari, C. , Funcke, J. M. , Hsu, C. T. , & Jacobs, A. M. 2019. Idiomatic expressions evoke stronger emotional responses in the brain than literal sentences [J]. *Neuropsychologia*, 131, 233-248..

Citron, F. , Michaelis, N. , & Goldberg, A. E. 2020. Metaphorical language processing and amygdala activation inL1 and L2 [J]. *Neuropsychologia*, 140, 107381 - 107381.

Clark, A. 2016. *Surfing Uncertainty: Prediction, Action, and the Embodied Mind* [M]. New York: Oxford University Press.

Clore, G. L. & Ortony, A. 2013. Psychological construction in the occ model of emotion [J]. *Emotion Review*, 5(4), 335-343.

Collins Dictionary.com. Available online: https://www.collinsdictionary.com/us/dictionary/english-thesaurus/fear (accessed on 26 June 2022).

Corcoran, A.W. & Hohwy, J.. 2018. Allostasis, interoception, and the free energy principle: feeling our way forward[C]. In: Tsakiris M, De Preester H (Eds), *The interoceptive mind: from homeostasis to awareness*, Chapter 15. Oxford: Oxford University Press, pp 272–292.

Craig, A. D. 2015. *How Do You Feel? An Interoceptive Moment with Your Neurobiological Self* [M]. Princeton, NJ: Princeton University Press. doi, 10, 9781400852727.

Craig, A.D., 2016. Interoception and emotion: a neuroanatomical perspective [C]. In: Barret, L.F., Niedenthal, P.M., Winkielman, P. (Eds.), *Handbook of Emotions, 4th ed.* New York, London: The Guilford Press, pp. 215-234.

Critchley, H.D., Wiens, S., Rotshtein, P., Öhman, A., Dolan, R.J. 2004. Neural systems supporting interoceptive awareness [J]. *Nature neuroscience,* 7(2), 189-195.

Cunningham, W. A., Dunfield, K. A., & Stillman, P. E. 2013. Emotional states from affective dynamics [J]. *Emotion Review*, 5(4), 344–355.

Damasio, A. R. 1994. Descartes᾽ error and the future of human life [J]. *Scientific American,* 271(4), 144.

Damasio, A. R. 1996. The somatic marker hypothesis and the possible functions of the prefrontal cortex [J]. *Philosophical Transactions of the Royal Society of London. Series B: Biological Sciences,* 351(1346), 1413-1420.

Damasio, A. R. 1999. *The feeling of what happens: Body and emotion in the making of consciousness* [M]. New York: Houghton Mifflin Harcourt.

Damasio, A. R. 2000. A second chance for emotion [C]. In: Lane, R.D., Nadel, Ahern, G.L., Allen, L. & Kaszniak, A. W. (Eds.), Cognitive Neuroscience of Emotion. New York: Oxford University Press. pp. 12--23.

Damasio, A. R. 2018. *The Strange Order of Things: Life, Feeling, and the Making of Cultures*[M]. New York: Pantheon Books.

Damasio, A.R. 1989. The brain binds entities and events by multiregional activation from convergence zones [J]. *Neural computation,* 1(1), 123-132.

Damasio, A.R. 2021. *Feeling and Knowing: Making Minds Conscious* [M]. New York: Pantheon Books.

Denton, D.A., McKinley, M.J., Farrell, M., Egan, G.F., 2009. The role of primordial emotions in the evolutionary origin of consciousness [J]. *Consciousness and cognition,* 18(2), 500-514.

Desai, R.H., Binder, J.R., Conant, L.L., Mano, Q.R., Seidenberg, M.S. 2011. The neural career of sensory-motor metaphors [J]. *Journal of cognitive neuroscience,* 23(9), 2376-2386.

Descartes, R. 1970 . *The Philosophical Works of Descartes* [M]. Rendered into English by Elizabeth S. Haldane and G.r. T. Ross. New York: Cambridge University Press.

Dixon, T. 2023. The History of Emotions: A Very Short Introduction [M]. New York: Oxford University Press.

Ekman, P. & Cordaro, D. 2011. What is meant by calling emotions basic [J]. *Emotion Review,* 3(4), 364-370.

Ekman, P. 1980. *The face of man: expressions of universal emotions in a New Guinea village* [M]. New York: Garland STMP Press.

Ekman, P. 1989. The argument and evidence about universals in facial expressions of emotion [C]. In: H. Wagner & A. Manstead (Eds.), *Handbook of social psychophysiology,* John Wiley & Sons, pp. 143–164).

Ekman, P. 1992. An argument for basic emotions [J]. *Cognition & emotion,* 6 (3-4), 169-200.

Ekman, P., & Friesen, W. V. 1971. Constants across cultures in the face and emotion [J]. *Journal of Personality and Social Psychology, 17*(2), 124–129. https://doi.org/10.1037/h0030377

Ekman, P., Levenson, R. W., & Friesen, W. V. 1983. Autonomic nervous system activity

参
考
文
献

distinguishes among emotions [J]. *Science*, 221(4616), 1208-1210.

Ellsworth, P. C., & Scherer, K. R. 2003. Appraisal processes in emotion [C]. In: Davidson,R. J., Scherer, K. and Goldsmith, H.H. (Eds), *Handbook of affective science*. New York: American Psychological Association, 572.

Enfield, N. J. & Wierzbicka, A. 2002. Introduction: The body in description of emotion [J]. *Pragmatics & Cognition*, 10 (1-2), 1-25.

Evrard, H. C. 2019. The organization of the primate insular cortex [J]. *Frontiers in Neuroanatomy*, 13（43）, 1-21.

Fehr, B. & Russell, J. A. 1984. Concept of emotion viewed from a prototype perspective [J]. *Journal of Experimental Psychology General,* 113(3), 464-486.

Feldman, J. 2008. *From molecule to metaphor: A neural theory of language* [M]. Boston: MIT press.

Fernandino, L., Binder, J.R., Desai, R.H., Pendl, S.L., Humphries, C.J., Gross, W.L., Conant, L.L., Seidenberg, M.S., 2016. Concept representation reflects multimodal abstraction: A framework for embodied semantics [J]. *Cerebral Cortex,* 26(5), 2018-2034.

Fodor, J. 1975. *The Language of Thought* [M]. Harvard University Press.

Fontaine, J. R., Scherer, K. R., & Soriano, C. (Eds.). 2013. *Components of emotional meaning: A sourcebook* [M]. Oxford University Press.

Fotopoulou, A., Tsakiris, M., 2017. Mentalizing homeostasis: The social origins of interoceptive inference [J]. *Neuropsychoanalysis* 19(1), 3-28.

Fox, E. 2008. *Emotion science cognitive and neuroscientific approaches to understanding human emotions* [M]. Palgrave Macmillan.

Fox. E. 2012. Rainy Brain, Sunny Brain: The New Science of Optimism and Pessimism [M]. London: Arrow Books.

Frijda, N. H. , Markham, S. , Sato, K. , & Wiers, R. W. 1995. *Emotions and emotion words* [M]. Springer Netherlands.

Friston, K. 2010. The free-energy principle: A unified brain theory?[J]. *Nat. Rev. Neurosci., 11,* 127–138.

Frith, C. 2007. Making up the Mind: How the Brain Creats our Mental World [M]. MA: Blackwell Publishing.

Gaby, A. R. 2008. Guts Feelings: Locating Emotion, Life Force and Intellect in the Thaayorre Body [C]. In: Sharifian, F., Dirven, R., Yu, N., & Niemeier, S. (Eds.), *Body, Culture and Language*. Berlin: Mouton de Gruyter, pp. 27–44.

Gallese, & Vittorio. (2008). Mirror neurons and the social nature of language: the neural exploitation hypothesis [J]. *Social Neuroscience, 3*(3-4), 317-333.

Gallese, V. & Lakoff, G. 2005. The brain's concepts: The role of the sensory-motor system in conceptual knowledge [J]. *Cognitive neuropsychology,* 22(3-4), 455-479.

Gärdenfors, P.1999. Does semantics need reality?[C]. In: Riegler, A., Peschl, M., and von Stein, A.(Eds) *Understanding Representation in the Cognitive Sciences.* Boston, MA: Springer., pp. 209-217.

Garfinkel, S.N., Critchley, H.D., 2013. Interoception, emotion and brain: new insights link internal physiology to social behaviour. Commentary on: "Anterior insular cortex mediates bodily sensibility and social anxiety" by Terasawa et al. 2012 [J]. *Social cognitive and affective neuroscience,* 8(3), 231-234.

Garfinkel, S.N., Seth, A.K., Barrett, A.B., Suzuki, K., & Critchley, H.D. 2015., Knowing your own heart: distinguishing interoceptive accuracy from interoceptive awareness [J]. *Biological psychology,104,* 65-74.

Geertz, C. 1973. *The interpretation of cultures: selected essays* (Vol. 5019) [M]. New York: Basic books.

Gelman, S. A. 2003. *The essential child: Origins of essentialism in everyday thought* [M]. New York: Oxford University Press.

Gendron, M. , & Barrett, L. F. 2009. Reconstructing the past: a century of ideas about emotion in psychology [J]. *Emotion Review Journal of the International Society for Research on Emotion, 1*(4), 316-339.

Gershon, M. 1999. *The Second Brain : The Scientific Basis of Gut Instinct and a Groundbreaking New Understanding of Nervous Disorders of the Stomach and Intestines* [M]. New York: Harper Perennial.

Gibbs, R.W. 2006. Metaphor interpretation as embodied simulation [J]. *Mind & Language,* 21(3): 434-458.

Glenberg, A. M. & Kaschak, M.P. 2002. Grounding language in action [J]. *Psychonomic Bulletin and Review*, 9(3), 558-565.

Glenberg, A. M., Sato, M., Cattaneo, L., Riggio, L., Palumbo, D., & Buccino, G. 2008. Processing abstract language modulates motor system activity [J]. *The Quarterly Journal of Experimental Psychology*, 61(6), 905-919.

Gottman, John, M., Katz, Lynn, & Fainsilber, et al. 1996. Parental meta-emotion philosophy and the emotional life of families: theoretical models and preliminary data [J]. *Journal of Family Psychology,* 10(3), 243-268.

Gross, J. J. 1998. The emerging field of emotion regulation: An integrative review [J]. *Review of general psychology*, 2(3), 271-299.

Guillory, S. A., & Bujarski, K. A. 2014. Exploring emotions using invasive methods: review of 60 years of human intracranial electrophysiology [J]. *Social Cognitive & Affective Neuroscience,* 9(12), 1880-1889.

Han, S., & Ma, Y. 2015. A culture–behavior–brain loop model of human development [J]. *Trends in Cognitive Sciences*, 19(11), 666-676.

Harré, R. (Ed.). 1986. *The social construction of emotions* [M]. New York: Blackwell.

Hauk, O., & Pulvermüller, F. 2004. Neurophysiological distinction of action words in the fronto‐central cortex [J]. *Human brain mapping,* 21(3), 191-201.

Hauk, O., Johnsrude, I., & Pulvermüller, F. 2004. Somatotopic representation of action words in human motor and premotor cortex [J]. *Neuron*, 41(2), 301-307.

Hebb, D. O.. 2013. *The Organization Of Behavior A Neuropsychological Theory* [M]. New York: John Wiley, Chapman & Hall.

Holz-Mänttäri, J. 1984. *Translatorisches Handeln. Theorie und Methode* (Annales Academiae Scientiarum Fennicae B 226.)[M]. Helsinki: Suomalainen Tiedeakatemia

Hupka, R. B., Zaleski, Z., Otto, J., & Reidl, L. 1996. Anger, envy, fear, and jealousy as felt in the body: A five-nation study [J]. *Cross-Cultural Research: The Journal of Comparative Social Science, 30*(3), 243–264.

Hydcd.com. Available online: http://www.hydcd.com (accessed on 4 January 2022).

Iacoboni, M. 2009. *Mirroring People: The Science of Empathy and How We Connect with Others* [M]. 2008. Nueva York: Farrar, Straus and Giroux-Picador.

Immordino-Yang, M.H. 2015. *Emotions, learning, and the brain: Exploring the educational implications of affective neuroscience* (the Norton series on the social neuroscience of education). WW Norton & Company.

Izard, C. E. , & Buechler, S. 1980. Aspects of consciousness and personality in terms of differential emotions theory [C]. In: Plutchik , R. & Keelerman, H. (Eds.) *Theories of Emotion*. Academic Press, pp.165-187.

Izard, C. E. 2011. Forms and functions of emotions: matters of emotion-cognition interactions [J]. *Emotion Review*, 3(4), 371-378.

Jack, R. E., Garrod, O. G., Yu, H., Caldara, R., & Schyns, P. G. 2012. Facial expressions of emotion are not culturally universal [J]. *Proceedings of the National Academy of Sciences*, 109(19), 7241-7244.

James, W. 1884. What is an emotion? [J]. *Mind*, (34), 188-2-5.

James, W. 2007. *The principles of psychology* (Vol. 1) [M]. Cosimo, Inc..

Johnson, M. 1987. *The body in the mind: The bodily basis of meaning, imagination, and reason* [M]. University of Chicago Press.

Johnson, M., & Rohrer, T. 2007. We are live creatures: Embodiment, American pragmatism and the cognitive organism [C]. In: Zlatev, J., Ziemke, T., Frank, R., Dirven, R. (Eds.). *Body, Language, and Mind, vol. 1*. Berlin: Mouton de Gruyter, pp.17-54.

Johnson-Laird, P.N., & Oatley, K.1989. The language of emotions: an analysis of a semantic field [J]. *Cognition and Emotion*, 3, 81-123.

Kashdan, T. B., Barrett, L. F., & McKnight, P. E. 2015. Unpacking emotion differentiation: Transforming unpleasant experience by perceiving distinctions in negativity [J]. *Current Directions in Psychological Science*, *24*(1), 10-16.

Kassam, K. S. , Markey, A. R. , Cherkassky, V. L. , George, L. , Adam, J. M. , & Marcus, G. . 2013. Identifying emotions on the basis of neural activation [J]. *PLoS ONE,* 8(6), e66032.

Keltner, D., & Shiota, M. N. 2003. New displays and new emotions: a commentary on Rozin and Cohen[J]. *Emotion (Washington, DC)*, 3(1), 86-91.

Khalsa, S. S., Adolphs, R., Cameron, O. G., Critchley, H. D., Davenport, P. W., Feinstein, J. S., ... & Meuret, A. E. 2018. Interoception and mental health: a roadmap [J]. *Biological Psychiatry: Cognitive Neuroscience and Neuroimaging*, 3(6), 501-513.

Kitayama, S., & Markus, H. R. (Eds.). 1994. *Emotion and culture: Empirical studies of mutual influence*[C]. American Psychological Association. https://doi.org/10.1037/10152-000

Kitayama, S., Markus, H. R., & Kurokawa, M. 2000. Culture, emotion, and well-being: Good feelings in Japan and the United States [J]. *Cognition & Emotion*, 14(1), 93-124.

Kleinman, A., Good, B. J., & Good, B. (Eds.). 1985. *Culture and depression: Studies in the anthropology and cross-cultural psychiatry of affect and disorder* [M]. Berkeley, CA: Univ of California Press.

Kleinman, A., Kleinman, J., 1985. Somatization: The Interconnections in Chinese Society Among Culture, Depressive Experience, and the Meaning of Pain[C]. In: Kleinman, A., & Good, B. (Eds.), *Culture and Depression: Studies in the Anthropology and Cross-cultural Psychiatry of Affect and Disorder*. Berkeley, CA: University of California Press, pp. 429-490.

Kober, H. , Barrett, L. F. , Joseph, J. , Bliss-Moreau, E. , Lindquist, K. , & Wager, T. D. 2008. Functional grouping and cortical-subcortical interactions in emotion: a meta-analysis of neuroimaging studies [J]. *Neuroimage,* 42(2), 998-1031.

Koscinski, C. 2018. *Interoception: How I Feel: Sensing My World from the Inside Out* [M]. MartinPulishingServices.com.

Kousta, S.T., Vigliocco, G., Vinson, D.P., Andrews, M., Del Campo, E. 2011. The representation of abstract words: Why emotion matters [J]. *Journal of Experimental Psychology General* 140(1), 14-34.

Kövecses, Z. 1990. *Emotion concepts* [M]. New York: Springer-Verlag.

Kövecses, Z. 1995. Introduction: Language and emotion concepts [C]. In: Russell, J. A. , JM Fernández-Dols, Manstead, A. , & Wellenkamp, J. C.(Eds.), *Everyday conceptions of emotion. An Introduction to the psychology, anthropology and linguistics of emotion*. Dordrecht, Boston, London: Kluwer Academic, pp. 3–15.

Kövecses, Z. 2003. *Metaphor and emotion: Language, culture, and body in human feeling* [M].

Cambridge: Cambridge University Press.

Kövecses, Z. 2005. *Metaphor in culture: Universality and variation* [M]. Cambridge: Cambridge University Press.

Kövecses, Z. 2014. Conceptualizing emotions. A revised cognitive linguistic perspective [J]. *Poznan Studies in Contemporary Linguistics, 50*(1), 15-28.

Kuriyama, S. 1999. *The Expressiveness of the Body and the Divergence of Greek and Chinese Medicine* [M]. New York: Zone Books.

Lakoff, G. & Johnson, M.1980. *Metaphors we live by* [M]. Chicago, IL: University of Chicago.

Lakoff, G. & Núñez, R. 2000. *Where mathematics comes from* [M]. New York: Basic Books.

Lakoff, G. 1987. *Women, fire, and dangerous things: What categories reveal about the mind* [M]. Chicago: University of Chicago.

Lakoff, G. 2008. The Neural Theory of Metaphor [C]. In: Raymond W. Gibbs, J. (Ed.), *The Cambridge Handbook of Metaphor and Thought.*Cambridge, New York, Melbourne, Madrid, Cape Town, Singapore, São Paulo: Cambridge University Press, pp. 17-38.

Lakoff, G. 2014. Mapping the brain' s metaphor circuitry: Metaphorical thought in everyday reason [J]. *Frontiers in human neuroscience*, 8(958), 1-14.

Lakoff, G. 2016. Language and emotion [J]. *Emotion Review*, 8(3), 269-273.

Lakoff, G.& Johnson, M. 1999. *Philosophy in the flesh: The embodied mind and its challenge to western thought* [M]. New York: Basic Books.

Lang, P. J. 1995. The emotion probe：Studies of motivation and attention [J]. *American Psychologist*, 50(5), 371-385.

Lange, C. G. 1885. The emotions [C]. In: Dunlap, E. (Ed.), *The Emotions*. Baltimore: Williams & Wilkins.

Lazarus, R. S. 1966. *Psychological stress and the coping process* [M]. McGraw-Hill..

LeDoux, J. 1998. *The emotional brain: The mysterious underpinnings of emotional life* [M]. Simon and Schuster.

Lefevere, A. (Ed.). 1992. Translation，History，Culture: A Source Book[C]. London/New York: Routledge.

Levy, R.I. 1973. *Tahitians*. Chicago: University of Chicago Press.

Lexical Computing, 2003. Available online: https://www.sketchengine.eu/skell/ (accessed on 24 June 2022).

Li, J., Ericsson, C., & Quennerstedt, M., 2013. The meaning of the Chinese cultural keyword xin. *Journal of Languages and Culture* 4(5), 75-89.

Lieberman, M. D., Inagaki, T. K., Tabibnia, G., & Crockett, M. J. 2011. Subjective responses to emotional stimuli during labeling, reappraisal, and distraction [J]. *Emotion*, 11(3), 468-480.

Lindquist, K. A. , & Barrett, L. F. 2008. Emotional complexity. In: Lewis,M., Jeanette M.

Haviland-Jones, M. H., & Barrett, L. S.(Ed.), *Handbook of Emotions, 3rd edition*. New York: Guilford Press, pp. 513-530.

Lindquist, K. A. 2013. Emotions emerge from more basic psychological ingredients: A modern psychological constructionist model [J]. *Emotion Review,* 5(4): 356-368.

Lindquist, K. A., & Gendron, M. 2013. What's in a word? Language constructs emotion perception [J]. *Emotion Review,* 5(1), 66-71.

Lindquist, K. A., Satpute, A. B., & Gendron, M. 2015. Does language do more than communicate emotion? [J]. *Current directions in psychological science,* 24(2), 99-108.

Lindquist, K., Gendron, M., & Satpute, A., Barrett, L., Lewis, M., Haviland-Jones, J. 2016. Language and emotion: Putting words into feelings and feelings into words [C]. In: Barrett, L.F., Lewis, M., Haviland-Jones, J.M. (Eds.), *Handbook of Emotions, 4th ed.* New York, London: The Guilford Press, pp. 579-594.

Lindquist, K., Wager, T., Kober, H., Bliss-Moreau, E., & Barrett, L. 2012. The brain basis of emotion: A meta-analytic review. *Behavioral and Brain Sciences,* 35(3), 121-143. doi:10.1017/S0140525X11000446

Lindquist, K.A. , & Barrett, L. F. 2012. A functional architecture of the human brain: Insight from emotion [J]. *Trends in Cognitive Sciences,* 16(11), 533-554.

Lupyan, G., & Ward, E. J. 2013. Language can boost otherwise unseen objects into visual awareness [J]. *Proceedings of the National Academy of Sciences,* 110(35), 14196-14201.

Maciocia, G. 2015. *The Foundations of Chinese Medicine E-Book: A Comprehensive Text*[M]. Elsevier Health Sciences.

Mahler, K. 2017. *Interoception: The eighth sensory system* [M]. Lenexa: AAPC Publishing.

Ma-Kellams, C. 2014. Cross-cultural differences in somatic awareness and interoceptive accuracy: a review of the literature and directions for future research [J]. *Frontiers in psychology,* 5(1379), 1-9.

Ma-Kellams, C., Blascovich, J., & McCall, C. 2012. Culture and the body: East–West differences in visceral perception [J]. *Journal of personality and social psychology,* 102(4), 718-728.

Markus, H. R., & Kitayama, S. 1991. Culture and the self: Implications for cognition, emotion, and motivation [J]. *Psychological review,* 98(2), 224-253.

Markus, H. R., & Kitayama, S. 1991. Culture and the self: Implications for cognition, emotion, and motivation [J]. *Psychological Review,* 98(2), 224–253. https://doi.org/10.1037/0033-295X.98.2.224

Mayer, E.A. 2016. *The Mind-Gut Connection: How the Hidden Conversation within Our Bodies Impacts Our Mood, Our Choice, and Our Overall Health* [M]. New York: HarperCollins Publishers.

Mesquita, B. 2003. *Emotions as dynamic cultural phenomena* [C]. In: Davidson, R.J., Scherer, K. R., & Goldsmith, H. H. (Eds.), *Series in affective science. Handbook of affective sciences.* Oxford

University Press, pp. 871–890.

Mesquita, B., Frijda, N. H., & Scherer, K. R. 1997. Culture and emotion [J]. *Handbook of cross-cultural psychology*, *2*, 255-297.

Meteyard, L., Cuadrado, S.R., Bahrami, B., Vigliocco, G. 2012. Coming of age: A review of embodiment and the neuroscience of semantics [J]. *Cortex,* 48(7), 788-804.

Mlodinow, L. 2013. *Subliminal: How your unconscious mind rules your behavior*[M]. New York: Vintage Books.

Mlodinow, L. 2022. Emotional: How Feelings Shape our Thinking [M]. New York: Pantheon Books.

Mosher, C. P., Wei, Y., Kamiński, J., Nandi, A., Mamelak, A. N., Anastassiou, C. A., & Rutishauser, U. 2020. Cellular Classes in the Human Brain Revealed In Vivo by Heartbeat-Related Modulation of the Extracellular Action Potential Waveform [J]. *Cell Reports,* 30(10), 3536-3551.

Myers, D. 1995. *Psychology (4th edition)* [M]. New York: Worth Publishers.

Narayanan, S. 1997. Knowledge-based action representations for metaphor and aspect (KARMA) [D], Computer Science Division. Ph. D. thesis, University of California at Berkeley.

Niedenthal, P.M., 2008. Emotion concepts [C]. In: Lewis, M., M., H.-J.J., Barrett, L.F. (Eds.), *Handbook of Emotions, third ed.* New York, London: The Guilford Press, pp. 587-600.

Nord, C. 2012. *Text Analysis in Translation: Theory, Methodology, and Didactic Application of a Model for Translation-Oriented Text Analysis*[M]. 外语教学与研究出版社 .

Ochsner, K. N., Bunge, S. A., Gross, J. J., & Gabrieli, J. D. 2002. *Rethinking feelings: an FMRI study of the cognitive regulation of emotion* [J]. Journal of cognitive neuroscience, 14(8), 1215-1229.

Ogarkova, A. , Borgeaud, P. , & Scherer, K. 2009. Language and culture in emotion research: A multidisciplinary perspective [J]. *Social Science Information*, 48(3), 339-357.

Ogarkova, A.; Soriano, C. 2014. Emotion and the body: A corpus-based investigation of metaphorical containers of anger across languages- [J]. *Int. J. Cogn. Linguist*, 5, 147–179.

Osgood, C. E., May, W. H., Miron, M. S., & Miron, M. S. 1975. *Cross-cultural universals of affective meaning*[M]. Chicago: University of Illinois Press.

Ots, T.1990. The angry liver, the anxious heart and the melancholy spleen [J]. *Culture, Medicine and Psychiatry*, 14(1), 21-58.

Panksepp, J. , & Watt, D. 2011. What is basic about basic emotions? lasting lessons from affective neuroscience [J]. *Emotion Review*, 3(4), 387-396.

Panksepp, J.1998. *Affective Neuroscience* [M]. New York: Oxford University Press.

Parr, T., Pezzulo, G., & Friston, K.. 2022. *Active Inference: The Free Energy Principle in Mind, Brain, and Behavior* [M]. Cambridge, Massachusetts: The MIT Press.

Pavlenko, A. (Ed.). 2006. *Bilingual minds: Emotional experience, expression, and representation*

[C]. Multilingual Matters.

Pennebaker, J. W. 1995. Emotion, disclosure, and health: An overview[C]. In: Pennebaker (Ed.) *Emotion, disclosure, and health*. American Psychological Association.

Pennebaker, J.W. & Smyth, J.M. 2016. *Opening up by writing it down:How expressive writing improves health and eases emotional pain (3rd edition)* [M]. New York: The Guilford Press.

Petzschner, F. H., Garfinkel, S.N., Paulus, M. P., Koch, C., Khalsa, S. S. 2021. Computational models of interoception and body regulation [J]. *Trends in Neuroscience*,44 (1), 63-76. doi: 10.1016/ j.tins. 2020.09.012.

Plutchik, R. 1982. A psychoevolutionary theory of emotions [J]. *Social Science Information/sur les sciences sociales, 21*(4-5), 529–553.

Pulvermüller, F., Shtyrov, Y., & Ilmoniemi, R. 2005. Brain signatures of meaning access in action word recognition [J]. *Journal of cognitive neuroscience, 17*(6), 884-892.

Quine, W.V.O. 1960. *Words and Objects* [M]. Cambridge: The MIT Press.

Rizzolatti, G., & Craighero, L. 2004. The mirror-neuron system [J]. *Annu. Rev. Neurosci.*, 27, 169-192.

Robins, R. H. 2014. *General linguistics* [M]. New York: Routledge.

Rosaldo, M.Z. 1980. *Knowledge and passion: Ilongot notions of self and social life* [M]. Cambridge, UK: Cambridge University Press.

Rosch, E. 1975. Cognitive representations of semantic categories [J]. *Journal of experimental psychology: General*, 104(3), 192-233.

Rosch, E. E. , & Lloyd, B. B. E. . 1979. Cognition and categorization [J]. *The American Journal of Psychology, 92*(3), 561-562.

Russell, B. 2009. *The philosophy of logical atomism* [M]. New York: Routledge.

Russell, J. A. & L. F. Barrett. 1999. Core affect, prototypical emotional episodes, and other things called emotion: dissecting the elephant [J]. *Journal of Personality and Social Psychology*, 76 (5), 805-819.

Russell, J. A. 1980. A circumplex model of affect [J]. *Journal of Personality and Social Psychology*, 39(6), 1161-1178.

Russell, J. A. 1983. Pancultural aspects of the human conceptual organization of emotions [J]. *Journal of Personality and Social Psychology*, 45(6), 1281-1288.

Russell, J. A. 1991. Culture and the categorization of emotions [J]. *Psychological Bulletin*, 110 (3), 426-450.

Russell, J. A. 2003. Core affect and the psychological construction of emotion [J]. *Psychological review, 110* (1), 145-172.

Saarimäki, H., Gotsopoulos, A., Jääskeläinen, I. P., Lampinen, J., Vuilleumier, P., Hari, R., Sams, M., & Nummenmaa, L. 2016. Discrete neural signatures of basic emotions [J]. *Cerebral Cortex*,

26(6), 2563–2573.

Sapir, E. 2004. *Language: An introduction to the study of speech* [M]. Massachusetts: Courier Corporation.

Satpute, A. B. , & Lindquist, K. A. 2019. The default mode network's role in discrete emotion [J]. *Trends in Cognitive Sciences, 23*(10), 851-864.

Satpute, A. B. , & Lindquist, K. A. 2021. At the neural intersection between language and emotion [J]. *Affective Science,* 2(2)，207-220 .

Schachter, S., & Singer, J. 1962. Cognitive, social, and physiological determinants of emotional state [J]. *Psychological Review,* 69 (5), 379–399. https://doi.org/10.1037/h0046234

Schiller, D.,Yu, A., Alia-Klein, N., Becker, S., Cromwell, H.C., et al..2024. The Human Affectome [J]. *Neuroscience and Biobehavioral Reviews,* 158(1): 1-32. DOI: 10.1016/j.neubiorev.2023.105450.

Seth, A. K. , Suzuki, K. , & Critchley, H. D. 2012. An interoceptive predictive coding model of conscious presence [J]. *Frontiers in Psychology,* 2(395), 1-16.

Seth, A.K. 2013. Interoceptive inference, emotion, and the embodied self [J]. *Trends in cognitive sciences,*17(11), 565–573. .

Seth, A.K., & Friston, K.J. 2016. Active interoceptive inference and the emotional brain [J]. *Philo. Trans. Ryl. Scty. B: Bio. Sci.,* 371, 20160007..

Shaoxing University: Pool of Bilingual Parallel Corpora of Chinese Classics. Available online: http://corpus.usx.edu.cn/. (accessed on 07 June 2022).

Sharifian, F. 2008. Distributed, emergent cultural cognition, conceptualisation, and language [C]. In: Roslyn Frank, R., Dirven,R., Zlatev, J. & Ziemke, T. (Eds.), *Body, Language, and Mind (Vol. 2): Sociocultural*

Shaw,R. D. 1988. *Transculturation☐The Cultural Factors in Translation and Other Communication Tasks*[M], Pasadena, CA: William Carvey Library.

Sherrington, C.S. 1948. *The Integrative Action of the Nervous System* [M]. Cambridge, UK: Cambridge University Press.

Shiota, M., Kalat, J. 2012. *Emotion (2nd edition)* [M]. California: Wadsworth Publishing Co Inc. *Situatedness.* Berlin/New York: Mouton de Gruyter, *2,* 109-136.

Smith, K. D. , & Tkel-Sbal, D. 1995. *Prototype Analyses of Emotion Terms in Palau, Micronesia* [M]. Springer Netherlands.

Snyderman, R. , & Weil, A. T. 2002. Integrative medicine bringing medicine back to its roots [J]. *Archives of Internal Medicine,* 162(4), 395-397.

Spunt, R. P. , & Adolphs, R. 2014. Validating the why/how contrast for functional MRI studies of theory of mind[J]. *NeuroImage,* 99, 301-311.

Stearns, P.N.1994. *American cool: Constructing a twentieth-century emotional style* [M]. New

York: New York University Press.

Sterling, P. 2020. *What is Health: Allostasis and the Evolution of Human Design* [M]. MA: The MIT Press.

Tahsili-Fahadan, P.; Geocadin, R.G. 2017. Heart-brain axis: Effects of neurologic injury on cardiovascular function [J]. *Circ. Res.* , 120, 559–572.

Tettamanti, M., Buccino, G., Saccuman, M. C., Gallese, V., Danna, M., Scifo, P., ... & Perani, D. 2005. Listening to action-related sentences activates fronto-parietal motor circuits [J]. *Journal of cognitive neuroscience*, 17(2), 273-281.

Thayer, R. E. 1990. *The biopsychology of mood and arousal*[M]. New York: Oxford University Press.

Thayer, R. E. 1997. *The origin of everyday moods: Managing energy, tension, and stress* [M]. New York: Oxford University Press.

Triandis, H. C. 1989. The self and social behavior in differing cultural contexts [J]. *Psychological Review, 96*(3), 506–520. https://doi.org/10.1037/0033-295X.96.3.506

Tsai, J.L., Chentsova-Dutton, Y., Freire-Bebeau, L., Przymus, D.E., 2002. Emotional expression and physiology in European Americans and Hmong Americans[J]. *Emotion,* 2(4), 380-397.

Tsai, J.L., Simeonova, D.I., & Watanabe, J.T. 2004. Somatic and social: Chinese Americans talk about emotion [J]. *Personality and social psychology bulletin,* 30(9), 1226-1238.

Van Geert, P. 1995. Green, red and happiness: Towards a framework for understanding emotion universals [J]. *Culture & Psychology*, 1(2), 259-268.

Venuti, L. 1995. *Translation Studies* [M]. London/New York: Routledge.

Vigliocco, G., Kousta, S.-T., Della Rosa, P.A., Vinson, D.P., Tettamanti, M., Devlin, J.T., Cappa, S.F. 2014. The neural representation of abstract words: the role of emotion[J]. *Cerebral Cortex,* 24 (7): 1767-1777.

Watson, D., & Tellegen, A. 1985. Toward a consensual structure of mood [J]. *Psychological Bulletin, 98*(2), 219–235. https://doi.org/10.1037/0033-2909.98.2.219

Wenku.baidu.com. Available online: https://wenku.baidu.com/view/1bac147ee2bd960590c67796. html(accessed on 6 January 2022).

Whorf, B. L., & Carroll, J. B. 1956. *Language, Thought, and Reality: Selected Writings of Benjamin Lee Whorf (2nd edition)* [M]. Boston: MIT press.

Widen, S. C. 2013. Children's interpretation of facial expressions: The long path from valence-based to specific discrete categories [J]. *Emotion Review*, 5(1), 72-77.

Wierzbicka, A. 1992. *Semantics, culture, and cognition*[M]. New York: Oxford University Press.

Wierzbicka, A. 1994. *Emotion, language, and cultural scripts* [C]. In: Kitayama, S., & Markus, H. R. (Eds.), *Emotion and culture: Empirical studies of mutual influence.* American Psychological Association, pp. 133–196. https://doi.org/10.1037/10152-004

Wierzbicka, A. 1995. Emotion and facial expression: A semantic perspective[J]. *Culture & Psychology*, 1(2), 227-258.

Wierzbicka, A. 1999. *Emotions across languages and cultures: Diversity and universals* [M]. Cambridge: Cambridge University Press.

Wierzbicka, A. 2009. Language and metalanguage: Key issues in emotion research [J]. *Emotion review*, 1(1), 3-14.

Williams, L. E. , & Bargh, J. A. 2008. Keeping One's Distance: The influence of spatial distance cues on affect and evaluation[J]. *Psychol Sci*, 19(3): 302–308. doi:10.1111/j.1467-9280.2008.02084.x.

Wittgenstein, L. 2012. *Tractatus Logico Philosophicus* [M]. Simon and Schuster.

Xh.5156edu.com. Available online: http://xh.5156edu.com (accessed on 5 January 2022).

Yik, M. , Russell, J. A. , & Barrett, L. F. 1999. Structure of self-reported current affect [J]. *Journal of Personality & Social Psychology,* 77(3), 600-619.

Yu, N. 2002. Body and emotion: Body parts in Chinese expression of emotion [J]. *Pragmatics & cognition* 10(1-2), 341-367. http://doi.org/10.1075/pc.10.1-2.14yu

Yu, N. 2008(a). Metaphor from body and culture [C]. In: Gibbs, R. W (Ed.), *The Cambridge handbook of metaphor and thought.* New York: Oxford University Press, 247-261.

Yu, N. 2008(b). The relationship between metaphor, body and culture. In: Frank, R.M., Dirven, R., Ziemke, T., & Bernárdez, E. (Eds.), *Body, Language and Mind 2ed(vol. 2).* Berlin: De Gruyter Mouton, pp. 387-408.

Yu, N. 2009. *The Chinese HEART in a cognitive perspective: Culture, body, and language (Vol. 12)*[M]. Walter de Gruyter.

Yu, N. 2015. Embodiment, culture, and language [C]. In: Sharifian, F. (Ed.), *The Routledge Handbook of Language and Culture.* London: Routledge, pp. 227-239.

Zeki, S. , Romaya, J. P. , Benincasa, D. , & Atiyah, M. F. . 2014. The experience of mathematical beauty and its neural correlates [J]. *Frontiers in Human Neuroscience,* (8), 1-12.

Zhidao.baidu.com. Available online: http://zhidao.baidu.com (accessed on 5 January 2022).

Zhou, P. , Critchley, H. , Garfinkel, S. , & Gao, Y. 2021. The conceptualization of emotions across cultures: a model based on interoceptive neuroscience [J]. *Neuroscience & Biobehavioral Reviews*, 125(6), 314-327 .

Zhou, P., Critchley, H., Nagai, Y., & Wang, C. 2022. Divergent Conceptualization of Embodied Emotions in the English and Chinese Languages [J]. *Brain Sciences*, 12(7), 911.

中文

曹雪芹 , 高鹗 .1998. 红楼梦 [M]. 北京 : 大众文艺出版社 .

曹雪芹 , 高鹗 .1999. 红楼梦：汉英对照 [M]. 杨宪益 , 戴乃迭，译 . 北京 : 外文出版社 .

曾文星 .1998. 华人的心理与治疗 [M]. 北京：北京大学医学院出版社 .

陈波 .1996. 蒯因的语言哲学 [J]. 北京社会科学 (4): 31-34.

陈家旭 .2007. 英汉语"喜悦"情感隐喻认知对比分析 [J]. 外语与外语教学 (07),36-37.

陈家旭 . 2008. 英汉语"恐惧"情感隐喻认知对比 [J]. 四川外语学院学报 (01),66-68.

陈勇 . 1994. 从钱穆的中西文化比较看他的民族文化观 [J]. 中国文化研究 (1), 9.

成语大词典编委会 .2021. 成语大词典（彩色本）[M]. 北京：商务印书馆国际有限公司 .

程宙明 .2012. 美国肌肉文化的时代价值——基于中西方传统身体文化的历时发展 [J], 体育科学，232(8)：73-80.

《辞海》编委会 . 2020. 辞海（第七版）[M]. 上海：上海辞书出版社 .

段云峰 .2018. 晓肚知肠：肠菌的小心思 [M]. 北京：清华大学出版社 .

范家材 . 1992. 英语修辞赏析 [M]. 上海：上海交通大学出版社 .

费建平 . 2007. 费伯雄学术思想探讨 [J]. 江苏中医药 , 39(10), 22-24.

费孝通 .2016. 乡土中国 [M]. 北京：外语教学与研究出版社 .

福克斯，E.2014. 为什么幸运的人一再走运，不幸的人继续倒霉？ [M]. 丁丹，译 . 北京：东方出版社 .

高雅 .2021. 基于内感受具身语义学的躯体化情感词的英译研究——以《红楼梦》的两个译本为例 [D]. 上海：上海海事大学 .

郭建中 . 1998. 翻译中的文化因素：异化与归化 [J]. 外国语（上海外国语大学学报），(2),13-20.

何祚庥 . 唯物主义的元气学说 [J] . 中国科学 , 1995(5).

黄帝内经·素问（大中华文库（汉英对照））[M].2005. 北京：世界图书出版公司 .

黄顺基 .2008. 从科学哲学看中、西医学之异同——再诘难何祚庥院士"中医不科学"之说 [J]. 首都师范大学学报（社会科学版），增刊（中医与复杂性问题研究），20-33.

江帆 . 2007. 他乡的石头记：《红楼梦》百年英译史研究 [D]. 复旦大学 , 2007.

靳松 .2010. 认识何以形成——洛克哲学思想的认识论基础 [J]. 西南大学学报（社会科学版），(4)：97-101.

科恩 H.F.2012. 世界的重新创造：近代科学是如何产生的 [M]. 张卜天，译 . 长沙：湖南科技出版社 .

孔文清 .2012. 论蒯因的翻译的不确定性 [J]. 外语教学理论与实践，(4)：83-87+47.

蒯因 W.V.O. 1987. 从逻辑的观点看 [M]. 陈启伟，等译 . 上海：上海译文出版社 .

蒯因 W.V.O. 2007. 本体论的相对性 [C]// 涂纪亮，陈波 . 蒯因著作集（第 2 卷）. 贾可春，译 . 北京：中国人民大学出版社 .

赖功欧，郭东 .2005. 钱穆对中国农业文明起源及其发展的基本认识 [J]. 农业考古，(3)：16-21.

李孝英，陈丽丽 . 2017.《黄帝内经》中情感隐喻类型及其认知机制研究 [J]. 西安外国语大学学报 (01),46-50. doi:10.16362/j.cnki.cn61-1457/h.2017.01.009.

李孝英，解宏甲 .(2018).《黄帝内经》中"悲"情感的概念化研究 [J]. 外语电化教学 (03),33-38.

李孝英 .2018. 认知心理合成视域下《黄帝内经》"悲"情感隐喻意义构建探微 [J]. 中国外语 (03),38-45. doi:10.13564/j.cnki.issn.1672-9382.2018.03.010.

李辛 .2019. 精神健康讲记 [M]. 北京：中医古籍出版社 .

林德伯格 D.2013. 西方科学的起源（第二版）[M]. 张卜天，译 . 长沙：湖南科学技术出版社 .

刘凤云 .2016. 万条成语词典（第二版）[M]. 北京：商务印书馆国际有限公司 .

刘莹，刘巍松 .2021. 脑小血管病所致认知障碍的诊断与评估新进展 [J]. 脑与神经疾病杂志，29(02):123-127.

罗思文，安乐哲 .2020. 儒家角色伦理——21 世纪道德视野 [M]. 吕伟，译 . 杭州：浙江大学出版社 .

洛克 J. 2007. 人类理解论 [M]. 谭善明，徐文秀，编译 . 西安：陕西人民出版社 .

吕小康，汪新建 . 2012. 意象思维与躯体化症状：疾病表达的文化心理学途径 [J]. 心理学报，44(2), 276-284.

迈耶 E.2019. 第二大脑：肠脑互动如何影响我们的情绪、决策和整体健康 [M]. 冯任南，李春龙，译 . 北京：机械工业出版社，中国纺织出版社 .

潘震 .2011. 中国传统情感英译研究 [D]. 上海：华东师范大学 .

钱穆 .2004. 晚学盲言 [M]. 桂林：广西师范大学出版社 .

钱穆 .2012. 民族与文化 [M]. 台北：九州出版社 .

邱能生，邱晓琴 .2019. 文化背景差异下英汉习语翻译的异化和归化处理探微 [J]. 上海翻译（1）:51-59+95.

任德山，李伯钦 .2015. 中华成语大词典 (精装全四册)[M]. 合肥：黄山书社 .

束定芳 .2000. 隐喻学研究 [M]. 上海：上海外语教育出版社 .

书杰 .2022. 人，诗意地栖居 [M]. 北京：华文出版社 .

孙冠臣 .2004. 蒯因彻底翻译的不确定性论题 [J]. 现代哲学，（1）：97-104.

孙广仁，郑洪新 .2018. 中医基础理论 [M]. 北京：中国中医药出版社 .

孙毅 .2011. 基于语料的跨语言核心情感的认知隐喻学发生原理探源 [J]. 中国外语 (06),40-46. doi:10.13564/j.cnki.issn.1672-9382.2011.06.006.

孙毅 .2010. 英汉情感隐喻视阈中体验哲学与文化特异性的理据探微 . 外语教学 (01),45-48+54. doi:10.16362/j.cnki.cn61-1023/h.2010.01.008.

孙毅 .2013. 核心情感隐喻的具身性本源 [J]. 陕西师范大学学报（哲学社会科学版）(01),105-111.

塔尔博特 S.M.2023. 神奇的营养心理学：如何用营养保持身心健康 [M]. 赵晓曦，译 . 北京：中国出版集团中译出版社 .

谭惟 .2021. 儒家哲学核心范畴的现代阐释——以钱穆在 " 知情意 " 框架下论 " 情 " 为例

[J]. 中国文化研究 (1), 12.

唐美彦, 王岗 .2014. 身体视角下中国武术与西方体育的差异性比较 [J]. 体育科学, 34(003), 82-87.

汪庆华 .2015. 传播学视域下中国文化走出去与翻译策略选择——以《红楼梦》英译为例 [J]. 外语教学, 36(3):5.

汪全玉 .2018. 中西方身体观的对比及发展历程的研究 [J]. 体育风尚 (8)：270.

王涛 .2020. 中国成语大辞典（新一版）. 上海：上海辞书出版社 .

王尧, 张凤, 金松南, 文今福, 曹景宇 .2009. 自主神经系统与心脏功能调节 [J]. 生命的化学 ,29(01):64-67.

文旭, 张钺奇 .2023. 认知翻译学研究新进展 [J]. 上海翻译, （1）：6-12.

沃尔夫 R. P.2005. 哲学概论 [M]. 郭实渝, 等译 . 黄藿, 校阅 . 桂林：广西师范大学出版社 .

西格里斯特, H.E.2019. 人与医学：西医文化史 [M]. 朱晓, 译 . 北京：中国友谊出版社 .

谢晓家 .2012. 天人合一与天人对立——中西自然观比较 [J]. 剑南文学：经典阅读（上） (3), 2.

徐盛桓 .2016. 镜像神经元与身体 - 情感转喻解读 [J]. 外语教学与研究 (01),3-16+159.

徐艳利 .2013. 论"翻译的不确定性"论题中的译者主体性问题 [J]. 外语研究, （1）：80-83.

杨军 .2009. 变通与同一：中西方体育活动中 " 心性思维 " 和 " 身体思维 " 的文化差异 [J]. 广州体育学院学报 , 029(003), 11-17.

袁红梅, 汪少华 .2014. 基于语料库的英汉"愤怒"概念的 ICM 透视 [J]. 当代外语研究 (01),12-19+77.

张岱年 .1958. 中国哲学大纲 [M]. 北京：商务印书局 .

张冠夫 .2013. 新文化运动语境中梁启超"情感"观的转变 [J]. 南开学报：哲学社会科学版 (1), 8.

张冠夫 .2016. 新文化运动期间中国知识界的"情感"观——1920 年前后有关"情感"问题的几次论争 [J]. 中国文化研究 (2)：56-70.

张介宾 .2020. 类经 [M]. 北京：中医古籍出版社 .

张节末 .2021."兴"的中国体质与西方象征论 [J].《中国文学批评》, （2）：51-59.

张克峰 .2015 ."强"与"寿"的分道与融合 ——论中西方二元体育文化体系的理论架构 [J]. 山东体育学院学报 ,31(4):49-57.

赵岷, 李翠霞, 王平 .2011. 体育——身体的表演 [M]. 北京：知识产权出版社 .

赵敏, 刘亮, 姚树坤, 刘凤军 .2013. 益生菌治疗肠易激综合征的可能机制 [J]. 中国现代普通外科进展 ,16(12):994-997.

中国社会科学院语言研究所词典编辑室 .2016. 现代汉语词典（第七版）[M]. 北京：商务印书馆 .

钟友彬 .1983. 神经衰弱解体了吗 ?[J]. 国外医学·精神病学分册 (2)：65-68.

周佳，马剑虹，何铨 .2011. 情绪与决策 : 躯体标记假设及其研究新进展 [J]. 应用心理学 (02), 66-74.

周频 .2010. 对涉身哲学理性观的反思 [J]. 外国语（上海外国语大学学报），33（06）：21-27.

周频 .2020. 神经科学的发展与具身语义学的兴起 [J]. 外国语（上海外国语大学学报），250(06), 75-85.

周晓梅 .2011. 知识论观念的演进与译学范式的嬗替 [J]. 上海翻译，（4）:12-16.

朱志方 .2008. 翻译何以可能——蒯因的翻译不确定性论题批判 [J]. 学术月刊，（4）:40-46.

庄子 .2007. 庄子今注今译 (最新修订版 全两册) [M]. 陈鼓应，注译 . 北京：商务印书馆 .

附录一
汉语中包含内脏 / 内感受词的相关成语

包含胆的成语

胆大心麤	臑胆抽肠	沥胆臑肝	输肝写胆	亡魂丧胆	开心见胆	丧胆游魂
心胆俱碎	提心吊胆	明目张胆	胆大包天	胆小怕事	胆破心寒	胆颤心寒
胆颤心惊	色胆包天	闻风丧胆	浑身是胆	赤胆忠心	琴心剑胆	一身是胆
同心合胆	摅肝沥胆	肝胆相照	贼人胆虚	群威群胆	熊心豹胆	色胆迷天
独胆英雄	沥胆抽肠	魂飞胆战	大胆海口	倾心吐胆	倾肝沥胆	有胆有识
胆粗气壮	胆大心粗	胆大妄为	心寒胆战	胆小如鼠	析肝吐胆	忠肝义胆
肝胆欲碎	露胆披肝	剖心析胆	心粗胆壮	合胆同心	沥胆披肝	魂惊胆落
怒从心头起，恶向胆边生			放心托胆	惊心悼胆	剖析肝胆	魂消胆丧
魂亡胆落	胆大如斗	胆略兼人	胆小如豆	胆大泼天	胆丧魂消	胆丧魂惊
照人肝胆	忠心赤胆	神丧胆落	披肝挂胆	吐心吐胆	铜心铁胆	失魂丧胆
胆裂魂飞	胆壮气粗	析肝刿胆	肝胆涂地	侠肝义胆	胆战心摇	胆壮心雄
胆小如鼷	吐肝露胆	悬心吊胆	开口见胆	输肝沥胆	肝胆过人	惊神破胆
惊心吊胆	惊心裂胆	狗胆包天	丧胆亡魂	胆寒发竖	义胆忠肝	去魂丧胆
瞋目张胆	肝胆楚越	色厉胆薄	露胆披诚			
……						

包含肝的成语

臑肝尝胆	沥胆臑肝	输肝写胆	输肝剖胆	肝肠寸断	虫臂鼠肝	摅肝沥胆
肝胆相照	全无心肝	锦绣肝肠	沥血披肝	倾肝沥胆	别有心肝	析肝吐胆
忠肝义胆	肝胆欲碎	凄入肝脾	沥胆披肝	剖肝泣血	铁石心肝	肝心若裂

照人肝胆　肝心涂地　感人肺肝　赤胆忠肝　析肝刿胆　刺心裂肝　肝胆相见

大动肝火　如见肺肝

……

包含肾的成语

刿鉥肝肾　刿心鉥肾

……

包含脾的成语

沁人心脾　不伤脾胃　凄入肝脾　痛入心脾　感人心脾

……

包含心的成语

齿少心锐	齐心涤虑	齐心併力	胆大心麤	良工苦心	鹗心鹂舌	苞藏祸心
设心处虑	用尽心机	用心竭力	疴心疾首	挂肚牵心	貌如其心	焦心劳思
灰心丧意	眼约心期	等夷之心	兰质熏心	万箭攒心	一心一德	一心一意
一心一计	三心二意	上下一心	一片丹心	不得人心	丹心碧血	人心向背
人心所向	专心一志	专心致志	伤心欲绝	促膝谈心	全心全意	别具匠心
别有用心	协力同心	勠力同心	刻骨铭心	包藏奸心	口不应心	口是心非

呕心沥血	哕心沥血	居心叵测	处心积虑	开心见胆	大快人心	丹心如故
叩心泣血	人心所归	人心皇皇	人心莫测	师心自用	心中无数	心中有数
心中没底	心力交瘁	心向往之	心如刀割	心如古井	心存芥蒂	心广体胖
心心相印	心怀叵测	心怀若谷	心怀鬼胎	心急如焚	心惊肉跳	心慈手软
心灰意冷	心照不宣	心狠手辣	心猿意马	心神不宁	心胆俱碎	心腹之患
心花怒放	心血来潮	心醉神迷				

心领神会	忧心如焚	忧心忡忡	无所用心	暗室欺心	有口无心	歪心邪意
死心塌地	枉费心力	深入人心	洗心革面	漫不经心	爽心悦目	灰心丧气
独具匠心	独出心裁	目眩心骇	竭尽心力	耳软心活	苦口婆心	赤子之心
言为心声	蛇蝎心肠	额蹙心痛	面是心非	问心无愧	雪操冰心	怦然心动

扣人心弦	一片冰心	莫逆于心	于心何忍	十指连心	财迷心窍	赤胆忠心
琴心剑胆	痛心疾首	人面兽心	鬼迷心窍	从心所欲		
抚心自问	日久见人心		匠心独运	万众一心	狼心狗肺	做贼心虚
明心见性						
花貌蓬心	云心月性	骇目振心	木形灰心	枉使心机	使心作幸	痛心伤臆
利欲熏心	心神不安	眼意心期	心不二用	自出心裁	一寸丹心	一心百君
一心两用	动魄惊心	枯体灰心	得心应手			
天理良心	仁心仁术	心甘情愿	心服口服	心驰神往	心不在焉	心比天高
心乱如麻	心满意足	一见倾心	笼络人心	心平气和	枯脑焦心	花貌蓬心
毕力同心	望岫息心	正身清心	正心诚意	病风丧心	白水鉴心	灰心短气
挖空心思	民心不一					
无所容心	略迹论心	灵心慧性	略迹原心	修心养性	困心衡虑	白首之心
清心寡欲	惬心贵当	枉费心计	戳心灌髓	竭力虔心	全无心肝	蛇蝎为心
真心诚意	眉头一蹙，	计上心来	困心横虑	动人心魄	动人心弦	心灵手敏
计上心头	众心成城	痛切心骨	目注心营	同心合力	鼠心狼肺	心烦意冗
中心是悼	中心如噎	中心藏之	指日誓心	收买人心	神会心融	匠心独妙
降心俯首	降心顺俗	切齿痛心	昧己瞒心			

......

包含肺的成语

感人肺腑	肺腑之言	狼心狗肺	鼠心狼肺	焦唇干肺	刿心刳肺	感人肺肝
沁人心肺	枯肠渴肺	驴心狗肺	别具肺肠	如见肺肝	好心做了驴肝肺	

......

包含肠的成语

肝肠寸断	牵肠挂肚	搜索枯肠	铁石心肠	小肚鸡肠	荡气回肠	无肠可断
热肠古道	回肠九转	柔肠百转	九曲回肠	石心铁肠	割肚牵肠	冰肌雪肠

鼠腹鸡肠　柔肠粉泪　擢发抽肠　回肠结气　百结愁肠　徊肠伤气　热肠冷面
鼠腹蜗肠　机心械肠　刚肠嫉恶　木石心肠　倾肠倒腹　铁心石肠　肝肠断绝
眼穿肠断　魂销肠断　泪干肠断　悬肠挂肚　吞刀刮肠　倾吐衷肠　热心快肠
熬肠刮肚　热血柔肠　泪出痛肠　牵肠萦心　儿女心肠　翻肠搅肚　兜肚连肠
牵肠割肚　刮腹湔肠

……

附录二

汉语中包含身体部位的成语

包含骨的成语

骨软觔麻	生肉枯骨	病入骨髓	粘皮着骨	刻骨铭心	哀毁骨立	奴颜媚骨
换骨脱胎	骨肉相连	骨鲠在喉	鸡骨支床	铭心刻骨	道骨仙风	毛骨悚然
铜筋铁骨	入骨相思	形销骨立	病入骨髓	敲骨吸髓	粉身碎骨	情同骨肉
凿骨捣髓	伤筋动骨	痛之入骨	泽及髊骨	尸骨未寒	挫骨扬灰	柴毁骨立
抽筋拔骨	风骨峭峻	骨肉之恩	粉骨糜身	肉薄骨并	顽皮贼骨	悬头刺骨
鹤骨松姿	鹤骨松筋	鹤骨龙筋	鹤骨霜髯	鹤骨鸡肤	恨入骨髓	灰躯糜骨
切骨之寒	凡胎浊骨	玉骨冰姿	骚情赋骨	刻肌刻骨	冰肌玉骨	镌骨铭心
呕心镂骨	劲骨丰肌	敲骨剥髓	泽及枯骨	铄金毁骨	骨鲠之臣	痛入骨髓
积谗糜骨	擢筋割骨	钻心刺骨	钢筋铁骨	骨肉私情	骨肉之情	顽皮赖骨
骨肉相残	骨软筋酥	骨化形销	铭心镂骨	神湛骨寒	神清骨秀	骨寒毛竖
齑身粉骨	丰肌秀骨	傲骨嶙嶙	骨肉离散	骨肉团圆	骨肉至亲	情逾骨肉
染神刻骨	刺心刻骨	析骨而炊	陨身糜骨	劳筋苦骨	骏骨牵盐	

包含肌的成语

面黄肌瘦	铭肌镂骨	刻肌刻骨	冰肌玉骨	劲骨丰肌	肌劈理解	丰肌弱骨
浃髓沦肌	攘肌及骨	擘肌分理	冰肌雪肠			

……

包含发的成语

毛发悚然	令人发指	一发千钧	怒发冲冠	千钧一发	发指眦裂	发上指冠

发上冲冠　丝恩发怨　发矕　　　胆寒发竖
……

包含牙齿的成语

咬牙恨齿　咬定牙关　以牙还牙　咬定牙根　张牙舞爪　牙角口吻　聱牙诎曲
诘曲聱牙　利齿伶牙　嗑牙料嘴　没齿不忘　唇亡齿寒　令人齿冷　何足挂齿
不足挂齿　齿牙春色　含牙带角　爪牙之将　讪牙闲嗑　挑牙料唇　铁面枪牙
打牙犯嘴　能牙利齿　金口玉牙　齿牙之猾　强嘴硬牙　铁嘴钢牙
……

包含眉的成语

眉高眼低　眉飞色舞　眉开眼笑　眉来眼去　眉目如画　眉清目秀　眉目传情
眉目不清　愁眉不展　愁眉苦脸　慈眉善目　横眉怒目　挤眉弄眼　燃眉之急
须眉毕现　扬眉吐气　愁眉锁眼　白眉赤眼　火烧眉毛　迫在眉睫　看人眉睫
巾帼须眉　举案齐眉
……

包含耳的成语

耳聪目明　耳根清净　耳目一新　耳濡目染　耳熟能详　耳提面命　耳闻目睹
充耳不闻　洗耳恭听　掩耳盗铃　震耳欲聋　抓耳挠腮　酒酣耳热　面红耳赤
掩人耳目　遮人耳目　俯首帖耳　交头接耳　言犹在耳　忠言逆耳
……

包含体的成语

体无完肤　体态轻盈　体贴入微　遍体鳞伤　量体裁衣　五体投地　赤体上阵
身体力行　心宽体胖　魂不附体　衣不蔽体　赤身裸体
……

包含腹的成语

腹背受敌　腹心之患　满腹经纶　满腹疑团　心腹之患　捧腹大笑　口蜜腹剑
推心置腹
……

包含指的成语

指桑骂槐　指手画脚　屈指可数　了如指掌　千夫所指　首屈一指
……

包含背的成语

腹背受敌　虎背熊腰　离乡背井　汗流浃背　芒刺在背　人心向背　望其项背
……

包含足的成语

足不出户　鼎足之势　裹足不前　捷足先得　举足轻重　手足无措　手足之情
手舞足蹈　金无足赤　不一而足　捶胸顿足　胼手胝足　评头品足　情同手足
……

包含血的成语

血海深仇　血口喷人　血流如注　血气方刚　血肉相连　血债累累　血战到底
血雨腥风　血脉相通　狗血喷头　含血喷人　热血沸腾　歃血为盟　心血来潮
有血有肉　浴血奋战　碧血丹心　兵不血刃　腥风血雨　头破血流　呕心沥血
一针见血　费尽心血
……

包含首的成语

首当其冲　首屈一指　首鼠两端　首尾相应　昂首阔步　俯首帖耳　俯首听命
马首是瞻　畏首畏尾　不堪回首　群龙无首　痛心疾首　罪魁祸首
……

包含脑的成语

脑满肠肥　肝脑涂地　绞尽脑汁　头昏脑胀　置之脑后　呆头呆脑　鬼头鬼脑
没头没脑　探头探脑　摇头晃脑　油头滑脑　虎头虎脑
……

包含肉的成语

骨肉离散　食肉寝皮　血肉相连　弱肉强食　骨肉相残　心惊肉跳　形尸走肉

有血有肉　至亲骨肉

……

包含唇的成语

唇齿相依　唇枪舌剑　唇亡齿寒　唇焦舌敝　反唇相讥　摇唇鼓舌　舌敝唇焦
……

包含舌的成语

舌敝唇焦　赤舌烧城　唇枪舌剑　瞠目结舌　缄口结舌　贫嘴薄舌　七嘴八舌
三寸之舌　摇唇鼓舌　鹦鹉学舌　油嘴滑舌　张口结舌
……

包含脚的成语

脚踏实地　接踵而至　手忙脚乱　蹑手蹑脚　缩手缩脚　指手画脚　七手八脚
大手大脚　束手束脚　轻手轻脚　笨手笨脚　毛手毛脚　头重脚轻
……

附录三

汉语中用内感受概念化情绪的英译

汉语中用内感受概念化情绪的英译如下表所示。

脏腑	Happiness	Anger	Sadness	Fear
心 / Heart	（1）XIN TIAN YI QIA（心甜意洽） Heart is sweet and spirit harmonious. Means "warm and happy/enjoy oneself". （2）XIN HUA JU KAI（心花俱开） All flowers in heart blossom. Means "be beside oneself with joy/be overjoyed/burst with joy".	（3）XIN TOU QI HUO（心头起火） Outbreak of a fire in heart. Means "flare up/take offence". （4）ZHEN NU GONG XIN（真怒攻心） Real anger attacks the heart. Means "be genuinely outraged". （5）NU CONG XIN SHANG QI（怒从心上起） Anger rises from one's heart. Means "anger surges/be filled with anger".	（6）WAN JIAN CUAN XIN（万箭攒心） Ten thousand arrows pierce the heart. Means "be grief-stricken/extremely sad". （7）XIN ZHONG WU NEI CUI SHANG（心中五内摧伤） Injuries of five internal organs (heart, lung, liver, spleen and kidney) in heart. Means "feel a sharp, stabbing pain, as if one's bowels had been cut through". （8）XIN LI SUAN TONG（心里酸痛） Soreness in one's heart. Means "heart aches/be brooding".	（9）XIN TOU LUAN TIAO（心头乱跳） Heart beats wildly. Means "be anxious and worried". （10）ROU TIAO XIN JING（肉跳心惊） Flesh is beating and heart frightened. Means "quake with terror/be in a state of terror/be nervous and shivery".
肝 / liver		（1）GAN HUO SHENG（肝火盛） Flourishing fire in one's liver. Means "fractious/flare up/inflammable". （2）XIN TENG GAN DUAN（心疼肝断） Heart aches and liver ruptures.	（4）ZHAI XIN QU GAN（摘心去肝） Remove the heart and liver. Means "extremely sad/grieved/a tearing of heart from body". （5）GAN CHANG BENG LIE（肝肠崩裂） The rupture of liver and intestine.	

脏腑	Happiness	Anger	Sadness	Fear
肝 / liver		Means "inwardly fuming/pent-up anguish". （3）GAN QI SHANG NI（肝气上逆） Reversed upward flow of the liver energy. Means "irritable/fractious/flare up".	Means "heart-rending/be deeply grieved/be heartbroken". （6）CE FEI GAN（恻肺肝） Sorrowful lung and liver. Means "feel anguish/be deeply grieved".	
脾 / spleen	（1）QIN REN XIN PI（沁人心脾） Refreshing one's heart and spleen. Means "galdden the heart and refresh the mind/mentally refresh/be refreshing". （2）QIN RU XIN PI（沁入心脾） Seeping into the heart and spleen. Means "be refreshing".		（3）QI RU XIN PI（凄入心脾） Melancholy into the heart and spleen. Means "extremely sad/grieved". （4）TONG RU XIN PI（痛入心脾） Pain enters the heart and spleen. Means "heart breaking".	
肺 / Lung			（1）CE FEI GAN（恻肺肝） Sorrowful lung and liver. Means "feel anguish/be deeply grieved".	
肾 / Kidney	（1）KU XIN DIAO SHEN（刳心雕肾） Cutting heart and carving kidney. Means "a strong emotion".			
胆 / Gallbladder				（1）WU DAN WU XIN（无胆无心） No gallbladder no heart. Means "too spineless to dare".

读懂情绪：倾听身体的声音

脏腑	Happiness	Anger	Sadness	Fear
胆 / Gallbladder				（2）TI XIN DIAO DAN（提心吊胆）Lifting the heart and hanging the gallbladder. Means "on tenterhooks/ inunbearable suspense/ having one's heart in mouth". （3）XIN DAN JU LIE（心胆俱裂）Having one's heart and gall broken. Means "extremely frightened/scared out of one's wits". （4）JING XIN DIAO DAN（惊心吊胆）Alarming the heart and hanging the gallbladder. Means "to be frightened out of one's senses/ on tenterhooks/in dreadful suspense".
肠 / Intestine			（1）XIN SUI CHANG DUAN（心碎肠断）Heart breaks and intestine ruptures. Means "be heartbroken/ be grief-stricken". （2）GAN CHANG BENG LIE（肝肠崩裂）The rupture of liver and intestine. Means "heart-rending/ be deeply grieved/be heartbroken". （3）DUAN CHANG（断肠）Cutting off the intestine. Means "be heartbroken/ be grief-stricken".	（7）QIAN CHANG GUA DU（牵肠挂肚）Pulling on intestine and hanging on stomach. Means "be very worried/be deeply concerned/feel deep anxiety".

脏腑	Happiness	Anger	Sadness	Fear
肠 / Intestine			（4）LEI GAN CHANG DUAN（泪干肠断） Weeping one's eyes out and rupturing the intestine. Means "weep one's heart out/be grief-stricken". （5）CHOU CHANG（愁肠） Distressed intestines. Means "pent-up anxiety/sadness". （6）ROU CHANG JI DUAN（柔肠几断） Tender intestines almost rupture. Means "be heartbroken/be overcome with great sadness".	

附录四

汉语中包含气的成语

一团和气	怒气冲冲	生气勃勃	浩气凛然	神清气爽	秋高气爽	气喘吁吁
财大气粗	气急败坏	垂头丧气	敛声屏气	理直气壮	气象万千	神气十足
趾高气扬	珠光宝气	血气方刚	气势汹汹	忍气吞声	心浮气躁	乌烟瘴气
歪风邪气	唉声叹气	低声下气	气势磅礴	意气用事	沆瀣一气	意气风发
瓮声瓮气	一鼓作气	朝气蓬勃	有气无力	平心静气	小家子气	阴阳怪气
死气沉沉	扬眉吐气	好声好气	正气凛然	气宇轩昂	灰心丧气	喜气洋洋
气吞山河	心高气傲	心平气和	串通一气	大气磅礴	英雄气短	和气生财
杀气腾腾	长他人志气,	灭自己威风	怪声怪气	荡气回肠	雄纠纠,	气昂昂
气冲斗牛	气息奄奄	盛气凌人	一气呵成	避其锐气,	击其惰归	天高气爽
索莫乏气	死声淘气	气盖山河	鞠躬屏气	少气无力	意气相投	分形共气
书生气十足		气吞虹蜺	沉声静气	窝火憋气	气断声吞	有气没力
气高志大	年壮气盛	使性傍气	通同一气	目指气使	屏声息气	气冲霄汉
天朗气清	吐哺握气					
严气正性	气踰霄汉	申冤吐气	意气相投	意气激昂	年壮气锐	神完气足
神气自若	鼓衰气竭	天高气轻	颐指气使	眉扬气吐	痛心绝气	有气无烟
使心憋气	徊肠伤气	声气相求	神清气全	赔身下气	意气自如	志同气和
霜气横秋	丰城剑气	气满志得	声求气应	回肠结气	灰心短气	垂首丧气
粗心浮气	血气之勇	吐气扬眉				
一门同气	吞声忍气	下气怡声	气决泉达	神清气正	气急败丧	年盛气强
气逾霄汉	屏气不息	趾气高扬	气压山河	不声不气	意气相倾	平心易气

259

心醇气和	英雄短气	言气卑弱	血气方壮	仗气直书	饮气吞声	重迹屏气
粗心大气	移气养体	心浮气粗	心高气硬	气度不凡	气吞宇宙	颐神养气
神清气朗	四时气备	血气方勇	气冠三军	重足屏气	仗气直书	神安气定
右军习气	肃杀之气	瑞气祥云	紫气东来	酒色财气	霸气外露	林下风气
和气致祥	浩气长存	同气连枝	气宇不凡	壮气凌云	沉心静气	仙风道气
韶光淑气	血气未动	神闲气定	志满气得	气谊相投	占风望气	剑气箫心
同气相求	秋高气肃	气焰熏天	占风望气	轩昂气宇	气贯长虹	同气共类
异香异气	元气淋漓	傲气十足	三鼓气竭	出言吐气	重气徇命	血气方盛
负才任气	浩气英风	神清气茂	心平气温	才高气清	蔚成风气	

······